# VEIAS ABERTAS -QUE- SANGRAM O BRASIL

CIP-BRASIL. CATALOGAÇÃO NA PUBLICAÇÃO
SINDICATO NACIONAL DOS EDITORES DE LIVROS, RJ

D132v    Daiello, Felipe
           Veias abertas que sangram o Brasil : sagas e heranças de Portugal / Felipe Daiello. – 1. ed. – Porto Alegre [RS] : AGE, 2024.
           268 p. ; 16x23 cm.

           ISBN 978-65-5863-312-9
           ISBN E-BOOK 978-65-5863-313-6

           1. Brasil – História. 2. Portugal – História. I. Título.

24-93933           CDD: 981.04
                         CDU: 94(81+469)

Gabriela Faray Ferreira Lopes – Bibliotecária – CRB-7/6643

Felipe Daiello

# VEIAS ABERTAS -QUE- SANGRAM O BRASIL

### Sagas e heranças de Portugal

EDITORA
AGE

PORTO ALEGRE, 2024

© Felipe Daiello, 2024

*Capa:*
Nathalia Real,
utilizando imagem de Shutterstock/Inacio Pires

*Diagramação:*
Nathalia Real

*Revisão textual:*
Marquieli Oliveira

*Supervisão editorial:*
Paulo Flávio Ledur

*Editoração eletrônica:*
Ledur Serviços Editoriais Ltda.

Reservados todos os direitos de publicação à
**EDITORA AGE**
editoraage@editoraage.com.br
Rua Valparaíso, 285 – Bairro Jardim Botânico
90690-300 – Porto Alegre, RS, Brasil
Fone: (51) 3223-9385 | Whats: (51) 99151-0311
vendas@editoraage.com.br
www.editoraage.com.br

Impresso no Brasil / Printed in Brazil

*Às minhas netas: Gabriela, Júlia e Sofia,
para continuarem as viagens do vô e da vovó.*

# PREFÁCIO

O livro de Felipe Daiello é um relevante trabalho histórico sobre a história de Portugal e Brasil, com interpretações pessoais que, embora possam ser contestadas, são apresentadas com boa fundamentação exegética.

O período por ele retratado, numa visão semelhante à minha na história de Portugal, é rico em dados e exames desde o nascimento até sua grande aventura oceânica e sua influência na geração de uma nação continental, tornando a América Portuguesa uma só, alargada pelos bandeirantes, enquanto a América Espanhola foi pulverizada num grande número de nações.

Com efeito, nascido da rebelião de herdeiros de um dos ramos dos reis que disputavam o predomínio entre os diversos reinados espanhóis, tem em Afonso Henriques o seu fundador, ao vencer, na batalha de São Mamede (1128), aqueles que queriam desfazer as sementes do futuro Condado Portucalense (1141).

A fim de enfrentar os espanhóis, de um lado, e os mouros, de outro, Portugal nasce e se expande, tendo, como líderes incontestes, reis fortes e senhores feudais a servi-los.

É, portanto, Portugal uma exceção no cenário europeu, em que as diversas regiões não se unem, e os países se desconcentram em face da pulverização do poder por uma infinidade de reis fracos, com senhores feudais fortes.

Alguns países que se formam não conseguem constituir um poder central unificado, capaz de orientar as expansões nacionais, dividindo-se entre lutas intestinas, lutas externas contra reinos vizinhos e contra mouros. Portugal, não. Percebendo seus fundadores que, sem unidade, seria impossível a manutenção do país recém-criado, alicerça seu projeto político na centralização de poder, característica que o acompanhará pela história e que influenciará, até os dias atuais, a história brasileira.

Roma dominou o mundo porque soube unir o centralismo político e a descentralização administrativa. Portugal segue seus passos e, à medida que se expande, põe em prática idêntica lição. Compreende-se, pois, a razão que faz das Ordenações Afonsinas, Manuelinas e Filipinas os mais avançados textos jurídicos da Europa no fim da Idade Média e no período da

Renascença, visto que a estabilidade política e econômica permite o regrar da vida social sem perturbações ou turbulências maiores.

A estabilidade política e a unidade de poder permitem a Portugal vencer simultaneamente, em sua história, mouros e espanhóis e descortinar a grande saga das descobertas, fruto exclusivo de seu gênio. Espanhóis, italianos, franceses, ingleses e holandeses foram discípulos dos portugueses, seja na escola que permitiu a grande descoberta, a Escola de Sagres, pois os grandes navegadores, inclusive Colombo e Magalhães, lá estudaram, seja na conquista real de territórios de além-mar, como a América do Sul, os do périplo da África, a Ásia, seja em inúmeras viagens e explorações. Colombo e Magalhães servem a outros senhores, após receberem formação portuguesa, pela impossibilidade de Portugal realizar, ao mesmo tempo, seu projeto de conquista mundial, à falta de gente e de recursos. O mundo conhecido já em Sagres descortinara em meados do século XV.

Mesmo o Brasil, assegurado em extensão maior pela revisão do Tratado de Tordesilhas, é declarado português para o mundo – por erro estratégico de Cabral, que revela o continente americano antes do momento oportuno –, visto que Portugal, que já o descobrira, não tem condições de colonizá-lo. Assim é que apenas trinta e dois anos após sua "descoberta oficial", à falta de recursos e gente, para tomar posse da região, é que é enviada a primeira grande expedição (Martim Afonso de Sousa).

Portugal, em verdade, detém, à época, o controle do mundo em suas dimensões atuais, direta ou indiretamente, graças à estabilidade política e econômica gerada pelas conquistas sociais e jurídicas dos primeiros ordenamentos criados, ao fim da Idade Média.

É de se notar, entretanto, que o gigantesco esforço conquistador leva Portugal a abrir frentes em número maior do que poderia sustentar, razão pela qual não é possível manter, por mais de um século, o território conquistado.

Em dissertação de especialização preparada para a disciplina de ciências de finanças da Faculdade de Direito da Universidade de São Paulo (FDUSP), em 1971, transformada em livro com prefácio de Roberto de Oliveira Campos, considerei que três foram os grandes passos dados na evolução da humanidade na história, a saber: o domínio do fogo, as grandes descobertas e a conquista do espaço, pois nesses momentos o homem deu novo salto para o conhecimento de um universo maior.

Portugal, portanto, coloca-se no centro dessa tríade de eventos descortinadores de novos horizontes para o homem. O centralismo político português, todavia, transforma-se em uma herança política para o Brasil, visto que à época do Brasil-Colônia (de descentralização administrativa com capitanias hereditárias, governadores gerais, bandeirantismo de apresamento, ciclo da cana, de pastoreio e de busca de metais e pedras preciosas), as diretrizes políticas vindas da metrópole não são desrespeitadas, tendo, inclusive, Amador Bueno se negado a ser coroado rei, na restauração do poder português, em 1640, após sessenta anos de controle espanhol.

Tais centralismo político e descentralização administrativa fazem Portugal considerar suas colônias de forma diferente como eram consideradas as colônias espanholas, inglesas ou francesas, ou seja, meras extensões territoriais habitadas por povos inferiores.

O centralismo português não subordina os vencidos, nem considera inferiores os que vivem nas colônias, razão pela qual a mudança da família real para o Brasil não é senão a consequência dessa união nacional incontestada, realidade irrepetível pelos contornos de formação histórica dos demais países europeus.

Compreende-se, pois, que a essa centralização de poder, no melhor estilo do centralismo romano, deve-se, de um lado, o fracasso do regime federativo no Brasil, mas, de outro lado, a unidade continental de seu território. A unidade nacional é, portanto, preservada na América, ao contrário das experiências espanhola, francesa e inglesa, sem rupturas e sem conquistas ou libertação, até porque a independência do Brasil é oferecida por um rei português, que nessa condição morre em Portugal, com o título de Pedro IV, após afastar seu irmão Miguel da coroa.

Enquanto a América espanhola se pulveriza, os Estados Unidos só ganham a dimensão atual por conquistas após a independência, e o Canadá vive ainda hoje a junção de duas conquistas não de todo assimiladas (inglesa e francesa); a unidade brasileira é fruto dessa vocação para o centralismo político e para a descentralização administrativa, herdada de Portugal.

À evidência, tal característica termina por moldar o país, com a monarquia centralizada, no início, e uma Federação republicana irreal até os dias que correm, tornando o constitucionalismo brasileiro um denso reflexo dessa realidade. Graças a Portugal, o Brasil é hoje uma nação continental. Mas graças a Portugal, o Brasil não é uma Federação. É apenas um Estado unitário tripartido. Esta longa digressão para um prefácio objetivou demonstrar a convergência de ideias de Felipe e minhas sobre a colonização portuguesa a partir de sua história.

No que se refere propriamente aos 200 anos da nossa história, também convergimos em muito e divergimos muito pouco, lembrando que considerei os governos de Sarney adequados, a ele se devendo o processo constituinte, modernizador o governo de Collor, corretivo da inflação o de Itamar, muito bom o de Fernando Henrique, tolerável o de Lula, trágico o de Dilma, recuperador o de Temer, sem liturgia do cargo, mas eficiente o de Bolsonaro – que vacinou com recursos da União percentualmente mais que a maioria dos países europeus e entregou ao presidente Lula as contas públicas com um superávit superior a 50 bilhões de dólares – e ideológico e alarmante o atual governo Lula, com um déficit histórico das contas públicas superior a 270 bilhões de dólares.

O livro de Felipe é um estudo sério, pormenorizado na narrativa dos fatos, bem escrito na sua forma expressional e corajoso na interpretação histórica, mostrando o senso do historiador, a sensibilidade do político e o patriotismo do cidadão.

Cumprimento-o, pois, por sua bem elaborada pesquisa e admirável obra.

**Ives Gandra da Silva Martins**
Professor emérito das Universidades Mackenzie, UNIP, UNIFIEO, UNIFMU, do CIEE/O Estado de São Paulo, das Escolas de Comando e Estado-Maior do Exército (ECEME), Superior de Guerra (ESG) e da Magistratura do Tribunal Regional Federal – 1.ª Região; professor honorário das Universidades Austral (Argentina), San Martin de Porres (Peru) e Vasili Goldis (Romênia); doutor honoris causa das Universidades de Craiova (Romênia) e das PUC-PR e RS e Catedrático da Universidade do Minho (Portugal); Presidente do Conselho Superior de Direito da Fecomércio – SP; ex-Presidente da Academia Paulista de Letras (APL) e do Instituto dos Advogados de São Paulo (IASP).

# APRESENTAÇÃO DE ORIGEM E RAÍZES DAS TERRAS BRASILIANAS

Cada ação, mesmo um sonho, necessita do primeiro passo, de abrir os olhos para as mensagens que o sono desperta. No início de 2022, as comemorações do Bicentenário da Independência do Brasil os trabalhos realizados e as pesquisas em busca de detalhes desconhecidos ou esquecidos geraram diversos artigos, revistas e mesmo livros. Em 2023, noutra missão, a discussão da diáspora portuguesa envolveu novas pesquisas, recordações de livros lidos, lembranças de viagens realizadas, nas quais pequenos segredos estão escondidos nas poeiras da memória ou em milhares de fotos obtidas. Preciso recuperar lembranças para desvendar o que acontece no mundo, no Brasil e na Europa a partir do final do século XI até o início do século XXI. A saga lusitana desperta em mim curiosidade, concentração e isolamento para montar um quebra-cabeça literário.

Numa Europa fragmentada, com condados e ducados, de cidades-estados, poucos reinos aparecem como embriões de futuras nações. Na região do Douro, já perto do Atlântico, três povoações com Guimarães, Braga e Porto constituem o pequeno Condado Portucalense, sujeito ao Reino de Leon e que fora legado em 1085 do Rei Afonso VI à sua filha Teresa, casada com cavaleiro francês, Henrique de Borgonha. Em 1128, ao atingir a maioridade, o príncipe Afonso Henriques, filho único de Teresa, já viúva, destrona sua mãe e declara ser o primeiro rei de Portugal, não aceitando ser vassalo do seu primo, Afonso VII de Leon.

O gênio militar do príncipe após a vitória em Mamede, perto de Guimarães, contra as tropas da sua mãe, agora como Afonso I, com apoio de templários franceses, inicia uma guerra e razias para recuperar as terras ainda em poder muçulmano. Ao vencer os mouros em Ourique, ele consolida fronteiras em 1138. Retoma Santarém e Lisboa com o apoio de cavaleiros cruzados que iam para Jerusalém em 1147/48.

No centro do escudo da bandeira de Portugal, aparecem cinco torres que representam os cinco reinos mouros conquistados na primeira etapa, depois, as setes fortalezas, no entorno, representam as cidades muradas conquistadas.

Os lusitanos, de todos os povos que viviam na província romana da Espanha, foram os que mais absorveram costumes e métodos de administração de Roma. Centrada no poder de um rei forte, absoluto no poder, contando com o apoio de condes e duques fiéis, mas com uma administração descentralizada espalhadas pelo seu domínio, Portugal se prepara para ser a primeira nação global do mundo. Com fala distinta do castelhano, Portugal começa a construir o seu destino, ainda mais após a reconquista do Faro, em 1249. Não mais um singelo condado, mas uma nação sempre atrás de mais territórios, ultrapassando limites considerados impossíveis, forjando guerreiros e reis para futuras vitórias.

A conspiração na França de Filipe, o Belo, com o papa Clemente V, arcebispo de Bordeaux, eleito papa com o apoio real e que transfere o papado para Avignon, depois de derrubar o papa Bonifácio VIII do Vaticano, foi tramada na cidade de Tours. O processo contra a ordem dos templários, além de acabar com as dívidas impagáveis do rei, permitiu-o confiscar os bens e a fortuna da Ordem Templária. Numa sexta-feira, 13 de outubro de 1312, uma ordem de prisão, mantida em sigilo absoluto, é dada por toda a França para prender os chefes e os principais cavaleiros da Ordem. Em julgamento tendencioso, sob tortura, o mestre Jacques de Molay é condenado à fogueira por heresia, sodomia e sacrilégio em 1314. Numa ilhota do Sena, perto da igreja de Notre-Dame, onde existe uma placa comemorativa, numa profecia ou maldição antes de acessa a pira, o mestre Molay afirma: "O castigo virá do céu. Todos vós, rei, papa e juiz, dentro do ano estarão mortos". O certo é que todos os seus algozes morrem em 1314.

O rei D. Dinis, numa atitude de estadista, acolhe todos os refugiados templários que trazem recursos, experiência militar, conhecimentos náuticos e visão do comércio e dos serviços bancários. A Ordem da Cruz de Cristo, com sede em Tomar, é fundamental na defesa e na expansão futura de Portugal para ser uma nação global. As naves portuguesas nas velas trazem as cruzes da Ordem de Cristo, que financia as expedições para as Índias.

Como as fronteiras terrestres estão delimitadas, tendo uma Espanha em gestação e nem sempre amistosa, o Infante D. Henrique, filho do rei João III, percebe que o destino de Portugal está nas águas do desconhecido Atlântico. Para isso, uma gigantesca operação precisa ser montada. A indústria naval precisa ser ampliada, e mestres carpinteiros e artesões ligados à construção de barcos e dos seus acessórios precisam ser estimulados para a construção e a melhoria das naves existentes, pois a caravela com velas latinas permite velejar contra o vento, o que facilita as manobras em águas desconhecidas. Especialistas em artilharia buscam melhorar a cadência de tiro com o uso de bronze, em vez do ferro. Cartógrafos, artesões de instrumentos navais, matemáticos, todos foram chamados. Não interessava a nacionalidade e a fé, o importante era formar um grupo unido, para criar novos métodos de localizar uma nave perdida num mar azul infinito. Em 1415, a expedição militar, com 200 naves e 20 mil soldados, conquista Ceuta, no norte da África, além do botim em ouro, importante para financiar o projeto do Infante D. Henrique. Desse modo, agora Portugal tem uma posição forte no norte da África.

Na era dos descobrimentos, Cristóvão Colombo, Vasco da Gama e Fernando de Magalhães, como pioneiros, usam a tecnologia lusa nas suas jornadas épicas. Abrem caminho para as futuras conquistas de Portugal no Caminho das Índias, para o Reino da Pérsia, na conquista de Ormuz, para a Taprobana de Camões, para Goa, a capital do Império Lusitano, para Malaca, para as Molucas, para Macau, na China, e Nagasaki, no Japão. A tecnologia naval de Portugal não tem competidores, pois os seus galeões são fortalezas móveis. O monopólio muçulmano na rota das especiarias, do incenso e mesmo da seda, em muitos dos roteiros, fragilizado, agora acaba em Lisboa, o porto mais importante da Europa. Primeira nação global do mundo, durante 120 anos, o símbolo das cinco torres da bandeira de Portugal será temido e respeitado.

Não há como escapar, é necessário reler *Os Lusíadas*. O clássico apresenta outros desafios, e é necessário refazer o roteiro vivido por Camões, cabo a cabo, porto a porto, sempre seguindo os aventureiros portugueses que rompem fronteiras e constroem um império. Os detalhes, as curiosidades e as batalhas requerem releitura, pois novas interpretações são vitais. Luís de Camões, no seu perfil de poeta, conquistador de donzelas, briguento, sempre procurando confusões, envolvido com mulheres casadas, foi condenado ao exílio, maneira de refrear o sangue quente e de evitar confusões do poeta, cuja morte, em 1524, faz 500 anos em 2024.

Como muitos de Portugal, é lançado na rota das Índias, importante tornar os mares e os seus deuses em vassalos do Reino. A glória Lusitana exige bravura e persistência, bem como coragem no desafio de velejar por mares plenos de perigos e alcançar portos apenas conhecidos na mitologia. Ao cruzar a Taprobana, nome da ilha do Ceilão em grego, recordo versos famosos, e outra visão do poeta emerge:

> *As armas e os barões assinalados,*
> *Que da ocidental praia Lusitana,*
> *Por mares nunca antes navegados,*
> *Passaram ainda além da Taprobana,*
> *Em perigos e guerras esforçados,*
> *Mais do que prometia a força humana,*
> *E entre gente remota edificaram*
> *Novo reino, que tanto sublimaram.\**
>
> Os Lusíadas – Luís de Camões

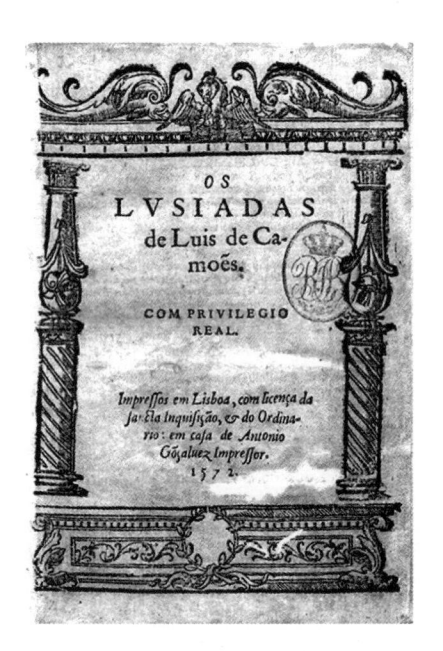

---

\* CAMÕES, L. *Os Lusíadas*. São Paulo: Abril Cultural, 1982.

# SUMÁRIO

# Parte 1

1. As raízes de Portugal. Diáspora Portuguesa ..................21
2. Origem das Terras Brasilienses ..................25
3. Desígnios de D. Manoel I, o Venturoso ..................27
4. A Arte da Construção Naval em Portugal. Naus e galeões fazem História. Diu ..................31
5. Portugal derrota o Império Otomano no Mar Índico. Afonso de Albuquerque: O Terrível Leão das Índias ..................40
6. O papel de Portugal no mundo em meados do Século XVI. Ensaios ..................51
7. Hernando de Magallanes. Palavras de Pigaffeta ..................58
8. O Período Filipino. Consequências ..................69
9. Antecedentes da Restauração Portuguesa. Dinastia dos Bragança no Brasil ..................72
10. Final do Período Filipino. Consequências no Império Português e no Brasil. ..................77
11. A guerra entre Portugal e Holanda. Entre 1581 E 1664 ..................79
12. Brasil Colônia: de 1706 a 1750 ..................83
13. Brasil Colônia: de 1750 a 1808 ..................87

# Parte 2

1. Os primeiros passos da Independência ............... 93
2. D. Leopoldina: conspiradora do Palácio São Cristóvão (1815-1822) ............... 98
3. Império. D. Pedro I do Brasil. Morte de Maria Leopoldina ......... 101
4. Final do Primeiro Reinado. D. Pedro IV de Portugal ............... 106
5. Regência. Início do Segundo Reinado do Brasil ............... 112
6. Casamento de D. Pedro II. Questão Christie. Rendição de Uruguaiana ............... 118
7. Guerra do Paraguai. Antecedentes ............... 123
8. Queda de Humaitá. Queda de Assunção. Morte de Lopes. ......... 129
9. Mauá, o industrial do Brasil. Imperador Viajante. Princesa Isabel, a Regente ............... 134
10. Feira Mundial da Filadélfia. Isabel Cristina, a Regente. A queda de Mauá ............... 139
11. O Brasil em fase dourada ............... 144
12. Última viagem. Baile da ilha Fiscal. Conspiração republicana. Erros da monarquia ............... 149
13. República. Golpe ou quartelada. Quebra de paradigmas. Consequências ............... 154
14. A Rebelião Federativa de 1893/95. Júlio de Castilhos, o inventor da ditadura no Brasil ............... 158
15. Canudos. Prudente de Morais enfrenta Antônio Conselheiro ...... 163
16. Encilhamento. *Funding loan*. Campos Sales. Rodrigues Alves. Osvaldo Cruz ............... 167
17. Ciências e artes no Brasil. Da Colônia à República ............... 172
18. Marechal Hermes da Fonseca ............... 177

19. Centenário da Independência. Eventos em 1922.........................182
20. Artur Bernardes na Presidência. Conflitos militares. 1922/26 .....186
21. Washington Luís. 1926/1930.
    Coluna Miguel Costa/Luís Carlos Prestes. Revolução de 30........190
22. Revolução de 1930. Revolta de 32. Constituição de 34.
    Intentona comunista de 35 ........................................................195
23. Estado Novo. Osvaldo Aranha. FEB. A cobra vai fumar?
    Renúncia de Vargas..................................................................199
24. Getúlio em São Borja. Eleição de Dutra. Constituição.
    Retorno de Getúlio ..................................................................204
25. Governo Café Filho. Juscelino e Jango. Brasília.......................209
26. Anos de sombras: 1961 a 1964. Os três jotas: JK, Jango
    e Jânio .....................................................................................214
27. A data de 31 de março de 1964, reflexos no Brasil. ...................221
28. O governo de Castelo Branco até 1966 e os atos institucionais....226
29. Marechal Costa e Silva............................................................230
30. Governos militares: Ernesto Geisel e João Baptista Figueiredo.....233
31. A democracia desperta no Brasil..............................................236
32. O caçador de marajás...............................................................239
33. Os governos e desacertos de FHC de 1994 a 2002...................242
34. Governos do PT. 2002 A 2016. Final do governo FHC.
    A propaganda leva Luiz Inácio da Silva ao Planalto.
    Fora FHC está em todos os muros, com paz e amor promete
    resolver todos os problemas do Brasil .......................................246
35. Governo Temer. Operação Lava Jato. Bolsonaro......................251
36. Governo Bolsonaro. Covid-19. Bicentenário da Independência ..256
37. Veias abertas sangram o brasil? ................................................262

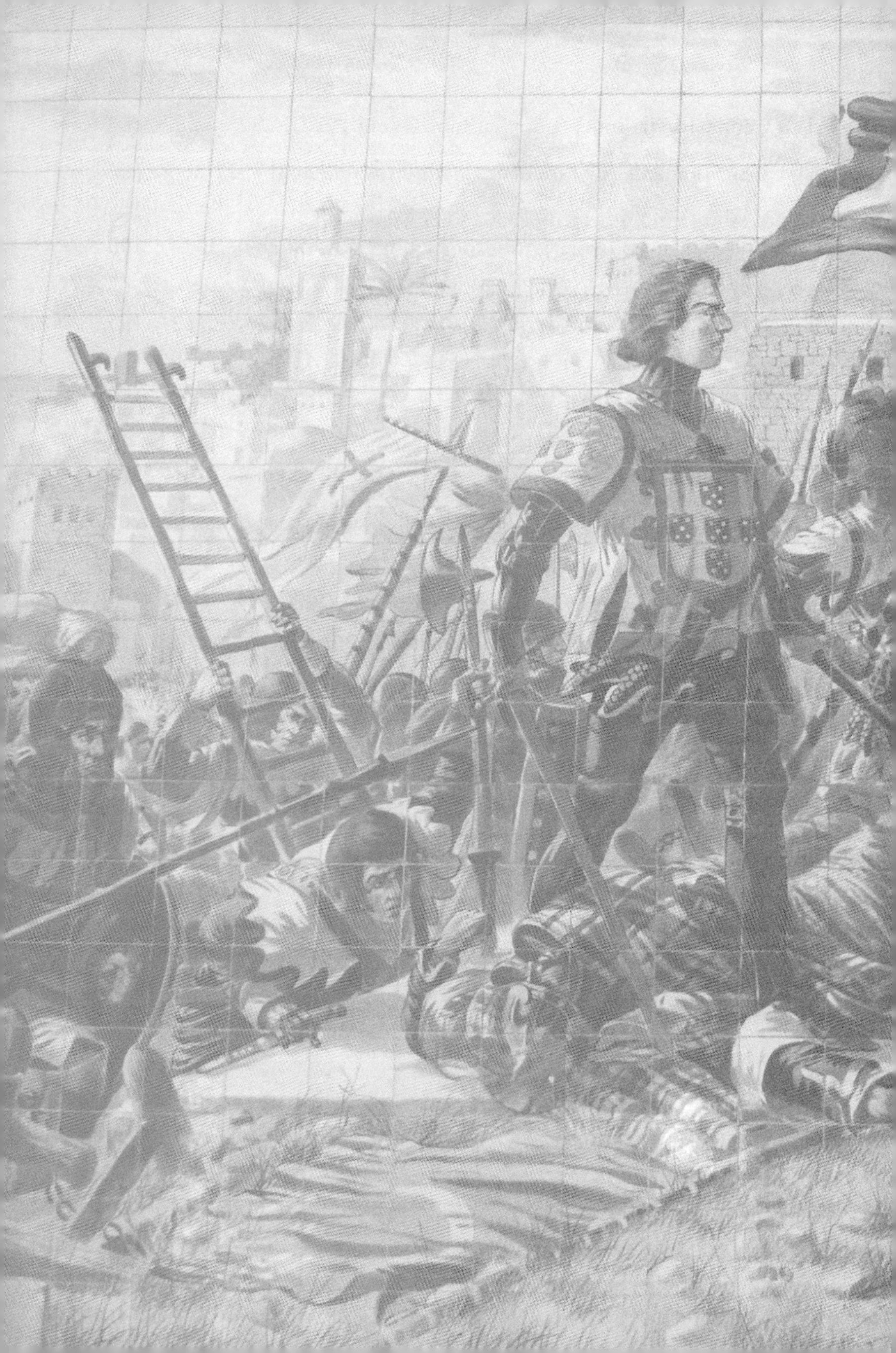

# PARTE 1
# ORIGENS E HERANÇAS DE PORTUGAL

vertical

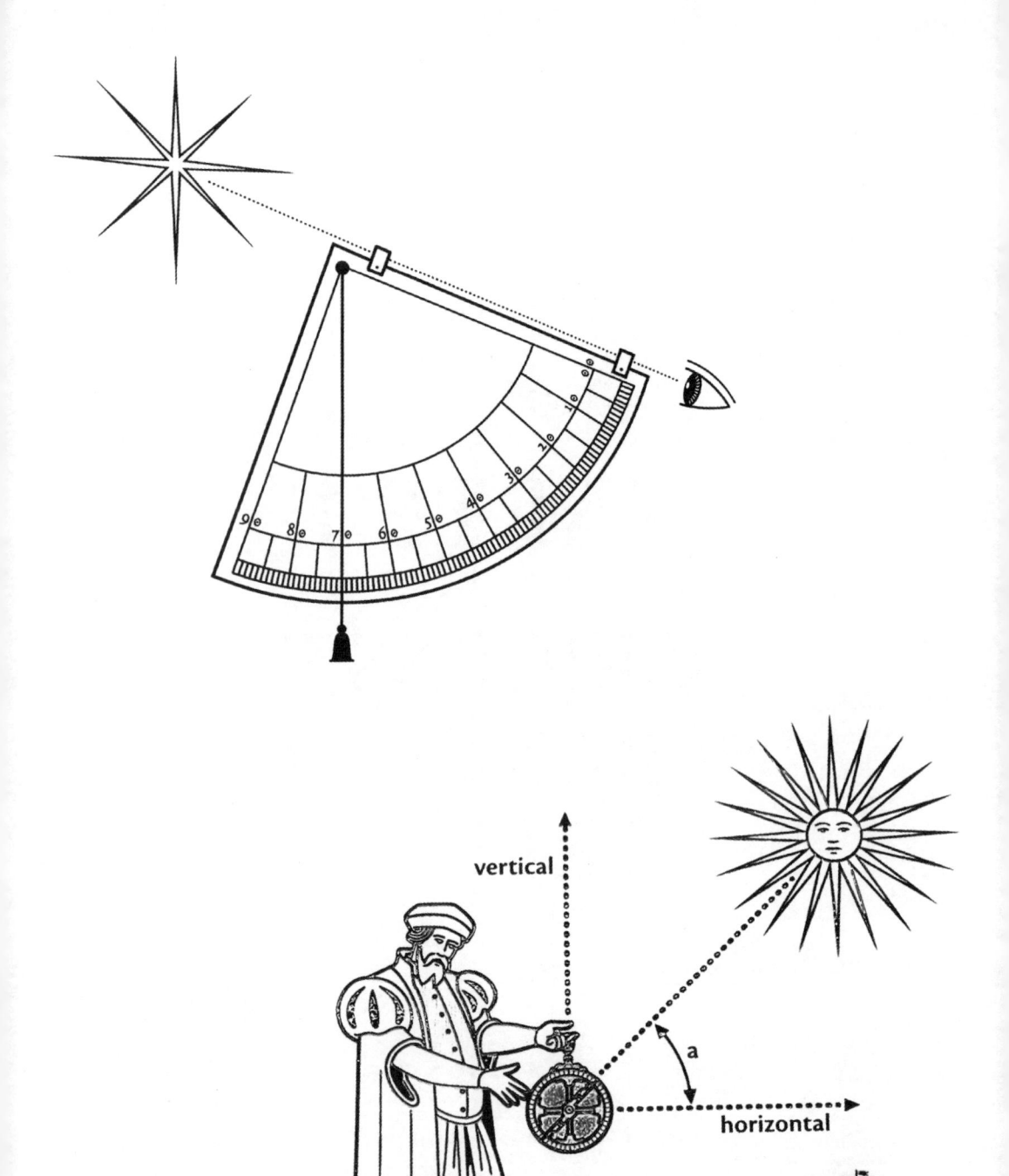

horizontal

a

HORIZONTE

# 1. AS RAÍZES DE PORTUGAL.
# DIÁSPORA PORTUGUESA

No século X e final do XI da época medieval na Europa, não existia o conceito de países, uma fragmentação de condados, de ducados, de principados e de cidades-estados, como Gênova, Veneza e Milão e Florença, onde as guerras em busca de ampliar territórios, de recuperar antigas povoações e mesmo velhos castelos eram uma constante. Na Península Ibérica, após a invasão muçulmana de 711, que criara a Andaluzia e o Algarves, desde as lutas de Pelágio nos Pirineus e a derrota imposta aos infiéis em Poitiers por Charles Martel, ocorre o início da época da Reconquista, ainda mais depois da desintegração dos califados principais, que foram substituídos por pequenos sultanatos que se misturam entre os núcleos cristãos. Apenas Córdoba e Granada eram a exceção. Nenhuma menção quanto a Portugal como unidade política nos anais de época.

No final do século XI, o pequeno condado portucalense, sob o domínio do Rei D. Afonso VI de Leon, é dado como dote ao cavaleiro francês Henrique de Borgonha ao se casar com a filha do rei Teresa de Leão, enquanto seu primo Raimundo de Borgonha se casa com a filha e herdeira do trono, Urraca. Raimundo de Borgonha, agora Conde de Portugal, junto a outros cavalheiros franceses, foi importante nas guerras de reconquista contra os mouros. Os cavaleiros francos, em busca de riquezas obtidas dos saques das vilas e cidades recuperadas, traziam a experiência militar imprescindível às vitórias, bem como à retomada de Toledo, em 1085.

Afonso Henriques, o filho Henrique e de Teresa, ao alcançar a maioridade, em 1128, destrona sua mãe, já viúva. Afonso I declara-se o primeiro rei de Portugal, recusando vassalagem a Afonso VII de Leon, seu primo, o filho de Urraca. Na batalha de San Mamede em Guimarães contra os castelhanos invasores, com a vitória, Afonso I confirma o nascimento de um pequeno país, em julho de 1128: Portugal, uma mancha nos mapas da Europa.

Afonso Henriques, fortalecido após derrotar as tropas muçulmanas na batalha de Ourique, começa a lenta recuperação das terras ocupadas pelos infiéis desde a invasão em 711. Suas tropas contam com o apoio dos cavalheiros templários. Depois de recuperar Santarém, em 1139, Lisboa capítula, em 1147, com o apoio dos cruzados que iam em primeira cruzada para libertar Jerusalém. Uma pequena nação, ao tomar Évora, volta-se para o Algarves, que, com a queda do distrito de Faro, em 1249, define suas fronteiras, onde a ocupação militar dos mouros desaparece. Portugal aparece nos mapas espremido entre a Andaluzia e o Oceano Atlântico.

Em 22 de março de 1312, após a conspiração entre Felipe IV, rei da França e o papa Clemente V, com reuniões sigilosas sem Tours, a Ordem dos Templários é extinta, e os seus membros são aprisionados por toda a França numa sexta-feira 13. Através de mentiras, de calúnias, de julgamentos forjados, os chefes são queimados como hereges. No entanto, os tesouros, os recursos em ouro e prata, desaparecem, bem como as naves ancoradas no porto de La Rochelle. Evidências indicam que o rei Dinis acolhe os refugiados, dando-lhes guarida e proteção, criando em Portugal a Ordem de Cristo, que, após muitas negociações com o novo papa, através de bula papal, é reconhecida pela igreja. De modo calculado, Portugal abriga e dá força aos antigos templários. A experiência e os recursos dos cavaleiros da cruz, serão importantes no fortalecimento de Portugal, pois, com experiência militar, força no comércio e esperteza na construção de fortalezas, constroem castelos como o de Tomar e financiam os empreendimentos da coroa, pois também são banqueiros experientes.

Quando o soberano D. Fernando I falece, em 1383, tendo apenas uma filha casada com o soberano castelhano, João de Castela, como rei da Espanha, ele exige os seus direitos sucessórios, algo impensável para os portugueses. Para enfrentar as tropas castelhanas que avançam com 30 mil soldados, incluindo cavaleiros franceses, as Cortes de Coimbra escolhem João de Avis, meio-irmão de Fernando I, como novo rei. Este, então, convoca o guerreiro Nuno Pereira para organizar a resistência com menos de 6 mil homens. Devido às boas relações com a Inglaterra, ingleses, com seus arcos longos e um conjunto de cavaleiros experientes, fortalecem os lusos. Aljubarrota é o local do destino de Portugal. Chegando por primeiro à melhor posição, os elevados da planície são ocupados pelos lusitanos, que cavam armadilhas para deter os ataques frontais dos inimigos. Os castelhanos, vendo a disposição dos portugueses, alteram a tática do ataque, fazendo um desvio para a direita, de modo que o assalto seria pela retaguarda. Devido ao lento deslocamento das tropas ao chegar a Aljubarrota, os castelhanos encontram o inimigo reposicionado, e não tão cansado. Contando com a superioridade numérica, eles lançam ataque da cavalaria francesa, com o objetivo de romper a linha lusa, o que abriria campo para o ataque dos peões. Uma chuva de flechas desorganiza o ataque da cavalaria, enquanto as armadilhas jogam ginetes e cavalos para o solo. Para superar o infortúnio, a ordem para a infantaria avançar para o terreno que favorecia os portugueses é dada. A linha lusa resiste, e é hora para as reservas e a cavalaria inglesa escondidas nas matas darem um cheque-mate num inimigo já desorganizado e confuso. A vitória em Aljubarrota em 14 de agosto de 1385 concretiza a independência de Portugal, que começa um projeto para expandir os seus limites. Agora é preciso vencer os deuses dos mares e realizar uma façanha que dura séculos.

Para isso, é importante dispor de recursos, melhorar a construção naval e a fabricação de velas e aprimorar os meios da navegação. Mestres em várias ciências são atraídos para Lisboa, onde cartógrafos, matemáticos e práticos nas artes de guerra do mar chegam de todas as partes. Passo a passo, um bando de navegadores surge para iniciar a conquista do Atlântico e dar continuação à diáspora portuguesa. A ilha da Madeira e, depois, os Açores são pequenas conquistas. Em 1415, uma frota de 200 embarcações com 20 mil homens parte de Lisboa para Faro. O objetivo é a conquista de Ceuta, porto estratégico no norte da África. O ouro conquistado vai financiar o projeto da diáspora. O Infante D. Henrique, terceiro filho de D. João I e da princesa inglesa Filipa de Lencaster, participante da tomada de Ceuta, merece um capítulo à parte por se dedicar à conquista do Atlântico e da costa da África, em busca do ouro da Guiné. Ele reúne os especialistas no assunto, talvez em Sagres ou em Lisboa, incluindo carpinteiros, construtores navais, metalúrgicos para a técnica dos canhões, fabricantes de pólvora e mesmo os principais pilotos de Portugal. O novo astrolábio, junto ao quadrante e à balestilha, definem melhor as latitudes; o problema maior está em conhecer as longitudes, algo que os portulanos ajudam com as informações coletadas a cada passo dado no Atlântico.

Agora com a técnica do bronze, os canhões portugueses têm maior alcance, pois o fato de a carga ser feita pela culatra aumenta a cadência dos tiros; o uso de fuzileiros a bordo é outra novidade. Ao ultrapassar o lendário Cabo Bojador, Gil Eanes abre espaço para Bartolomeu Dias cruzar o temido Cabo das Tormentas e, depois, para Vasco da Gama, em 1498, na primeira armada a chegar a Calicute nas Índias e estabelecer novo trajeto da rota das especiarias. Portugal será a nação mais rica da Europa. Depois de aniquilar a frota otomana nos mares do Índico, o Império de Portugal, sonho de muitos séculos, torna-se realidade. Com nova tática naval, com os embates feitos a distância com canhões de longo alcance, evitando as tradicionais abordagens com regimentos bem treinados de fuzileiros, a marinha portuguesa não tem rivais no mundo.

*Oh mar salgado, quanto do teu sal são lágrimas de Portugal!*
FP

## 2. ORIGEM DAS TERRAS BRASILIENSES

Garantidas pelo Tratado de Tordesilhas, as terras adjudicadas pelo papa para o reino de Portugal, conhecidas por Terra dos Papagaios, Terra do Pau Brasil e Terra da Santa Cruz, mesmo aparecendo nos mapas, só terão o seu reconhecimento oficial em 1500, quando a segunda esquadra destinada às Índias, comandada por Pedro Alvares Cabral, tendo na frota a presença do navegador Bartolomeu Dias, aporta em Porto Seguro, na atual Bahia.

Com escassa população e poucos recursos, Portugal investe nessa terceira fase da sua diáspora todas as energias e os recursos disponíveis nas armadas das Índias. É impossível investir no Brasil, onde não existe nada em termos de povoações, nada de alimentos e de apoios logísticos, apenas grupos isolados de indígenas, ainda na idade da pedra, lutando entre si por mulheres, por territórios e usando a antropofagia como suprimento alimentar de proteínas. O sucesso nas Índias, conforme o projeto do rei Manuel I, é bem claro. Os fabulosos recursos trazidos das Índias pelas armadas de retorno incluíam, além de especiarias, caixas com moedas de ouro e de prata, pedrarias, incenso, brocados e tecidos com filamento de ouro, presas de elefante e artigos da China, como sedas e porcelanas.

Todos os recursos são alocados na construção naval, pois o essencial é construir cada vez mais naus, com maior capacidade de cargas e mais bem artilhadas. Além disso, era essencial aparelhar as naves para uma viagem de mais de 6 meses. Como Bartolomeu Dias afirma em 1488, após contornar o Cabo das Tormentas com suas três caravelas:

*"Para alcançar as Índias precisamos de naves maiores, mais velozes e mais robustas, para enfrentar os furacões do mar Índico."*

A nau é a resposta possível. Projetadas para carga comercial e com canhões pesados para defesa e ataque e velas redondas, as naus têm maior velocidade do que as caravelas com suas velas latinas, mas exigem ventos de popa, algo que as informações dos pilotos portugueses já registram nas cartas náuticas e nos portulanos existentes. Trabalho formiguinha que foi resultado das primeiras expedições na conquista dos oceanos.

O Brasil fica esquecido até 1532, quando, devido às invasões de piratas franceses, holandeses e ingleses, que buscam locais de apoio e mesmo iniciar futuras povoações, o rei D. João III envia Martim Afonso de Souza, que estivera nas Índias, para mapear a costa brasileira e iniciar a colonização do novo território, implantando a cultura da cana-de-açúcar em Pernambuco. Navegando para o extremo sul da ilha de Santa Catarina, ele encontra uma faixa costeira plana e arenosa, onde uma barra imensa lança as águas interiores para o oceano, região que chama de Rio Grande e que vai ser lembrada por muitos séculos depois. Outra atitude de D. João III foi a decisão de constituir as capitânias hereditárias. Apesar do pouco interesse dos nobres, o modelo administrativo dividia a colônia em 15 faixas de terras, nas quais o donatário deveria implantar uma estrutura capaz de colonizar seu domínio produzindo alimentos. Iniciado em 1534, o processo foi um fracasso, principalmente pelos ataques dos indígenas e pela falta de interesse dos donatários na administração dos seus territórios. Apenas Pernambuco e São Vicente tiveram algum sucesso, pois os donatários prefeririam fazer fortuna nas Índias.

Em 1549, Tomé de Souza é designado governador geral da Colônia, fundando Salvador, na Bahia, cidade que será a nova capital. Somente quando os franceses huguenotes, vindos de La Rochelle, ocupam uma faixa de terra na Baía de Guanabara, em 1552, iniciando a construção da chamada França Antártica com o apoio dos tamoios, é que Lisboa precisa reagir. Estácio de Sá, vindo de São Vicente, com apoio dos tupinambás, derrota os franceses, que são expulsos do Rio de Janeiro em 1556. Estácio de Sá morre devido a um ferimento de flecha, mas funda a cidade do Rio de Janeiro.

No Brasil, começa o ciclo da cana-de-açúcar e a implantação de usinas que vão produzir o desejado açúcar, a nova guloseima que a Europa demanda. Agora, além do pau-brasil, a monocultura da cana-de-açúcar será o principal produto de exportação da Terra da Santa Cruz.

*Por te cruzar, quantas mães choraram. Quantos filhos em vão rezaram!*
*FP*

## 3. DESÍGNIOS DE D. MANOEL I, O VENTUROSO

Começa a grande diáspora portuguesa, epopeia que vai sangrar o pequeno reino luso, espremido entre o oceano desconhecido e o agressivo Império Espanhol que, desde a queda de Granada e da expulsão dos mouros, unificado, encontra o seu destino e futuro no caminho descoberto por Cristóvão Colombo. Com pequena população, pouco mais de um milhão e meio de almas, o desafio a vencer exigia a concentração de energias e de recursos na expansão e na consolidação de um caminho alternativo. Bases de apoio, de aguadas e de fortificações eram essenciais. Depois de conquistar Cochim e de avançar para Goa, era necessário eliminar a frota naval muçulmana que dominava aquelas áreas e destruir as bases e as fortalezas existentes, sem descurar e obter locais onde estocar as preciosas especiarias, que chegariam a Lisboa nas armadas anuais ao retornar, trajeto que, dependendo da boa vontade dos deuses dos ventos, levava mais de ano. Em 1511, ao tomar o controle de Malek, o principal baluarte malaio, façanha saudada por badalos dos sinos da Europa, Portugal avançará para as Molucas, para Hong Kong, para Macau, para Formosa, para a China e mesmo para o misterioso Japão. As naus portuguesas, com seus castelos de popa e seus canhões de nova geração, superavam as galeras muçulmanas. Impondo as cruzes vermelhas das suas velas como padrão de domínio, nas entre vagas e ondas surge um personagem que vai alterar o mundo: Fernando de Magalhães, personagem que tem capítulo à parte.

D. Manuel I, o Venturoso, rei de Portugal, está por trás dos futuros descobrimentos depois dos primeiros passos rumo às terras desconhecidas das Índias, projeto em que lança todas as energias e os recursos do seu reino.

Depois de dobrar o famoso Cabo das Tormentas, inflexão de dois oceanos poderosos protegidos por ventos e deuses furiosos, Bartolomeu Dias sinaliza outra etapa da diáspora portuguesa, sempre em busca de novas fronteiras. Chega até a atual Natal, na África do Sul, mas não pode prosseguir, pois as monções agora não permitem o avanço para a desejada

Índia. A gloria ficará para Vasco da Gama, o primeiro marujo a chegar pela rota do ocidente às Índias, aportando em 1498 em Calicute.

Depois da conquista de Constantinopla em 1453 por Mehmed II, os otomanos têm o monopólio da tão desejada rota das especiarias, que mantém tanto Veneza quanto Gênova como submissos aliados. Comparando a descoberta do Novo Mundo por Cristóvão Colombo, usando a tecnologia portuguesa das caravelas com suas velas latinas, levando poucas semanas para alcançar ilhas no Caribe, o feito de Vasco da Gama, o primeiro europeu a alcançar as Índias pela rota do Cabo das Tormentas, agora renomeado Cabo da Boa Esperança, supera o do genovês tanto em milhas náuticas como nos meses de viagem.

O projeto de D. Manuel I, após tanto trabalho e tentativas de mapear as correntes e os ventos no Atlântico Sul, precisa estabelecer contatos amigáveis com os próceres das diversas regiões, onde são encontrados Samorins e sultões de fé muçulmana, bem como marajás indianos seguindo o budismo. Diferentemente da América Portuguesa, a Índia possui civilização própria, bem estruturada, com cidades e exércitos próprios, com artesãos e artífices com enormes aptidões em todas as artes e um sistema de comércio em que os comerciantes árabes têm o controle do comércio das especiarias.

Dom Manuel I, para quebrar o monopólio muçulmano que usa a Arábia e o Mar Vermelho como rotas para alcançar Alexandria e o Cairo, sabe que precisa usar o seu poder naval para dominar o mar Índico, além de usar primeiro a força da diplomacia. Quando, na segunda armada, Pedro Alvares Cabral chega a Calicute, além da má vontade do Samorim, não encontra as quantidades de pimenta-do-reino, cravo-da-índia e noz-moscada necessárias para completar a carga dos navios. Depois os portugueses deixados por Vasco da Gama estavam mortos ou aprisionados, pois a reação aos novos concorrentes pelos comerciantes locais foi devastadora.

Pedro Alvares Cabral, que perdera uma caravela logo após a saída do rio Tejo ao alcançar o promontório, agora batizado como Cabo da Boa Esperança, atingido por violenta tempestade, perde mais quatro embarcações, incluindo a que levava Bartolomeu Dias, cuja sina era a de não chegar ao objetivo da sua vida. Para enfrentar o Samorim, Cabral é obrigado a usar os seus canhões, bombardeando o palácio do soberano até obter o carregamento exigido. Cabral retorna com seis embarcações a Lisboa e, mesmo com os ganhos obtidos, nunca recebeu outra oferta de comando.

Para comandar a quarta armada, com 24 naus e caravelas, em 1502, Vasco da Gama, na sua segunda viagem à Índia, para além do comércio, tem assuntos militares para assuntar. Era importante criar bases de apoio, locais com fortes e alojamento para os portugueses, dispondo de instalações de apoio e de manutenção para os navios das armadas, bem como de locais de aguada e obtenção de mantimentos. Entrepostos comerciais, com armazéns para estoque das valiosas especiarias, eram importantes na construção de rede logística para garantir o projeto de construir um Estado português nas Índias, que seria gerido por um vice-rei. Devido à distância, as comunicações de Lisboa a Calicute podiam levar mais de ano. Em Cochim, Vasco da Gama consegue autorização para construir um forte e um entreposto. Além disso, um palacete é destinado para a administração portuguesa, e com trabalhadores especializados nos ofícios das pedras, das madeiras e metais, há mão de obra abundante e especializada, sendo um ponto positivo para as construções que o Império Português exige.

Calicute continua ponto de atrito, pois, devido às chicanas criadas pelos mercadores árabes, os portugueses eram assassinados com o beneplácito do Samorim, que organiza uma flotilha com milhares de guerreiros para abordar de surpresa os barcos lusos. Em Cananor, no primeiro encontro, Portugal muda as regras das batalhas navais. Agora os embates ocorrem a distância, enquanto os canhões falam. A supremacia lusa vai permitir que pouco a pouco o domínio dos mares do Índico tenham novo dono. Todas as embarcações que tentam levar especiarias para os mercados de Alexandria são detidas e saqueadas. Os barcos capturados no Mar Vermelho que levam peregrinos para Meca e Medina produzem elevados ganhos em ouro e prata. Joias e pedrarias, com rubis, safiras e pérolas, são botins repartidos entre comandantes, pilotos mestres e os demais marujos.

Quando Vasco Gama retorna para Lisboa com cinco naus, o valor enviado permite a construção de naus e galeões, com mais tonelagem e peças de artilharia. Os estaleiros da Beira da Ribeira, junto ao Tejo, não param. Breve o Flor de la Mar, galeão de 400 toneladas, três mastros e 32 canhões pesados, construído para navegar pelos mares da Índia e da Indonésia, fará história ao ser destinado às carreiras da Índia, tendo em Cochim a primeira base sólida de Portugal. Dois nomes precisam ser lembrados sobre transformar Portugal em nação global, a mais rica pelo monopólio criado pela nova rota das especiarias: Francisco de Almeida, o primeiro vice-rei, e Afonso de Albuquerque, o segundo vice-rei.

Outra preocupação de Manuel I, além da parte econômica, por ser um soberano cristão, era a de encontrar o lendário Prestes João, bispo que mantinha a primitiva fé cristã nos ermos da Etiópia, local a ser acessado pelo domínio do Mar Vermelho, o que permitirá esmagar a rota de peregrinação dos fiéis muçulmanos para Meca e Medina, abrindo caminho para a reconquista de Jerusalém.

Francisco de Almeida, seguindo ordens reais, tendo como nave capitânia a Flor de la Mar, com seu filho único, Lourenço de Almeida, procura eliminar o fluxo de mercadorias vindas das ilhas Moluscas em barcos pequenos. Eles chegam ao baluarte de Malaca, para depois seguir por terra em caravanas, ou pelas naves dos mercadores árabes pelo Mar Vermelho até Alexandria e Cairo, ou pelo Golfo Persa para o Mediterrâneo e mesmo Istambul.

As naus e os galeões portugueses atacam todas as embarcações que não levam nas velas a cruz templária, pilhando as cargas, sequestrando as riquezas, cobrando tributos em moedas de ouro e prata e fazendo reféns para futuros resgates, ao mesmo tempo que armazenam nos entrepostos as especiarias que agora fluem para Lisboa pela rota do Atlântico, que está sob domínio total de Portugal. O bloqueio é de tal ordem que o porto de Alexandria está vazio, e os prejuízos crescem bem, como os protestos dos mamelucos do Cairo, que se queixam e exigem providências do Sultão Bajazeto I, o filho de Mehmed II, em Istambul.

*Quantas noivas ficaram por casar.*
*Para que fosses nosso ó mar.*
*FP*

# 4. A ARTE DA CONSTRUÇÃO NAVAL EM PORTUGAL. NAUS E GALEÕES FAZEM HISTÓRIA. DIU

Dependendo dos rios e dos mares para obter a necessária proteína, a construção de embarcações, primeiro para navegar pelos rios e depois pelas costas do Mediterrâneo, cria a figura do marinheiro e do pescador, bem como exige a instalação de pequenos estaleiros, o que forma outra categoria de artesões, como carpinteiros, fabricantes de pregos e especialistas em calafetar os cascos. Com o projeto do Infante Fernando Henriques, além da necessidade de embarcações para a pesca do bacalhau nos mares do norte, agora a construção das pequenas caravelas, com suas velas latinas nos estaleiros na beira do Tejo, proporciona emprego para muitos obreiros. Surge uma estrutura de especialistas tanto na construção de barcos quanto na produção de todos os artigos imprescindíveis à indústria naval. Desde o corte da madeira e a sua imersão em água salgada, cada vez mais a indústria naval se expande em Portugal, podendo fabricar em série as naus e os galeões exigidos para a conquista e a manutenção do novo império nas Índias.

A atividade da construção naval nas margens do rio Tejo sem o uso de plantas e de desenhos é uma atividade em que os conhecimentos passam de pai para filho. Uma série imensa de artesões, de carpinteiros e mestres vão projetar embarcações conforme as exigências crescentes do reino. Começam com as caravelas com velas latinas, que são ágeis no deslocamento, podendo navegar com ventos contrários, mas com pequena capacidade de cargas e de tripulantes. Elas são úteis na fase das descobertas marítimas, por exigências da fase das armadas para as Índias, que demandam maior velocidade e maior capacidade de carga, com mais tripulantes e soldados, resultando na construção da caravela redonda, com a adição de vela redonda à embarcação tradicional. Bartolomeu, ao explicar o porquê, depois de cruzar o temido Cabo das Tormentas, de não continuar na sua expedição para as Índias, apontou para o fato de não dispor de embarcações que permitissem enfrentar os mares desconhecidos e os furacões do Índico. A resposta dos estaleiros lusos foi o lançamento das naus.

As naus com velas redondas com maior tonelagem e capacidade de carga exigem ventos favoráveis do barlavento para terem maior velocidade. Com os seus portulanos, onde os cartógrafos traçavam as correntes marítimas e a época dos ventos dominantes e as suas localizações, os portugueses eram os únicos do mundo que podiam navegar nos mares desconhecidos, sem ficar perdidos. Os lusos conheciam os meses para ir para as Índias e quando retornar. Os portulanos lusos eram conhecimentos que as potências europeias queriam obter de qualquer maneira, por isso Lisboa estava plena de espiões, que pagavam em ouro a aquisição dos mapas secretos lusos.

Na 3.ª armada de 1501, com apenas quatro naus, João da Nova parte em missão apenas comercial. Todos esperavam que Pedro Alvares Cabral tivesse concluído os contratos comerciais solicitados. No entanto, em Cochim, os depósitos estavam quase vazios. Indo para Calicute, foi bem recebido pelo Samorim, que se prontificou a completar a carga exigida em pimenta e gengibre. Numa festa durante a noite, os portugueses são surpreendidos pela chegada da frota malabar do Samorim, e mais de 40 naus e dezenas de pequenas embarcações plenas de soldados fecham a baía. A armadilha estava preparada. João da Nova, após reunião, decide lutar. Espera um vento propício e conta com sua artilharia e naus mais robustas do que os navios comerciais de Calicute. Recusando a oferta de abandonar os navios e de manter uma posição defensiva em terra, proposta do Samorim, João da Nova lança os dados da fortuna. Com brisas à barlavento, inicia uma descarga de canhões que confunde os inimigos. Apesar do maior número, as naus de Calicute não podem manobrar e, sentindo o peso dos pelouros lusos, abrem brechas, por onde as naus portuguesas, evitando as abordagens, chegam em alto-mar, onde os portugueses têm melhor conhecimento das novas táticas navais. Mesmo podendo escapar, João da Nova não foge à luta, numa guerra de gato e rato, mesmo atacado, sempre à barlavento, influi pesados danos ao inimigo, afundando as carracas maometanas e os inúmeros *paraus e as zambucas* que tentam as abordagens. Sentindo a derrota, o restante aborta o ataque e começa a fugir para o sul, para Calicute. João da Nova, incansável, passa a ser o perseguidor. Aproveitando as virações dos ventos, na primeira batalha naval do mundo, demonstra a superioridade da esquadra lusa sobre os seus inimigos, que sofrem pesadas perdas em navios e em homens.

Partindo inicialmente da cidade de Cochim e depois de Cananor, locais onde foram construídos os primeiros fortes, era importante dispor de uma frota local permanente para dar apoio em caso de ataques de piratas às feitorias existentes e coletar especiarias dos pequenos mercados para estocar nos entrepostos, esperando a chegada das armadas anuais. Atacar as embarcações que levam fiéis para Meca e Medina proporcionava bons lucros, bem como as embarcações que tentavam quebrar o monopólio luso. Outra possibilidade era de ajudar militarmente os soberanos amigos, principalmente os hindus, que entravam em guerra com inimigos muçulmanos. Além disso, era importante controlar o Samorim de Calicute, sempre conspirando contra os interesses portugueses e as tentativas dos frades e sacerdotes católicos que traziam as palavras de Cristo e do evangelho para os nativos. Para os indianos, com milhares de divindades, mais uma ou duas não fazia diferença, mas os muçulmanos eram inimigos na fé e nos negócios.

Nos estaleiro da Beira das Naus, em 1502, com o dobro do tamanho das naves usuais, um galeão vai fazer história nas carreiras das Índias. *O Fior de la Mar*, denominação da época, fará parte da quarta armada, sob comado de primo de Vasco da Gama, no projeto de criar no ultramar uma administração independente de Lisboa, com marinha e exército de atuação e comando em Cochim, a primeira sede lusa nas Índias. No retorno em 1503, na costa de Moçambique, devido às fortes correntes, o galeão precisa de reparos emergenciais e só chega em Lisboa em dezembro de 1503. Em 1505, na sétima armada, sob o comando de João da Nova, conduz o primeiro vice-rei, Francisco de Almeida, e seu filho, Lourenço, para Cochim.

No retorno, em 1506, para Lisboa, sofre avarias severas, de novo em Moçambique, obrigado a ficar em reparos por mais de 10 meses, até que a armada sob o comando Tristão da Cunhas, que transporta o 2.º vice-rei, Afonso de Albuquerque, o socorra em 1507. Sua carga é transferida para a nau que retorna para Lisboa, permitindo vazio que os reparos exigidos sejam feitos. Desde então, o Flor de la Mar vai participar como capitânia de todos os combates que tornam o Índico um mar português: Socotorá, Muscat, Ormuz, Diu, Goa, Malaca, Ormuz.

Em 1506, partem de Cochim dois galeões carregados de especiarias, além de moedas de ouro e prata, presas de elefantes, pérolas, tecidos finos e porcelanas, sendo embarcações com grande calado, com dificuldades de entrar e sair dos portos locais, levando comandantes de classe elevada e fama que desejavam regressar a Lisboa, ficando o comando local ficava acéfalo. Francisco de Almeida, como vice-rei, nomeia seu filho como comandante da esquadra naval das Índias. Apesar de jovem, com pouco mais de vinte e quatro anos, Lourenço de Almeida, tendo físico avantajado, seguindo os passos e as lições do pai, já demonstra qualidades de guerreiro e de comandante. Pelo porte, pelos cabelos e pela maneira de luta, era chamado de Diabo Louro.

Com notícias de que uma nova esquadra muçulmana fora formada para atacar Cananor, Lourenço de Almeida se prepara com três naus, quatro caravelas e uma galera para a segunda batalha de Cananor. A ordem recebida do pai e do vice-rei era de esperar a saída da frota, estimada em 60 naus e perto de 100 barcos pequenos *(paraus e zambucos)* com soldados treinados em abordagens, da baía de Calicute. Conforme o planejamento ao chegar em Calicute, as duas naves portuguesas que faziam o bloqueio do porto foram integradas à esquadra de Lourenço. Como usual, antes dos combates todos rezam, recebem as bênçãos dos frades e ocupam os seus locais de combate. A disciplina, a aguerrida capacidade de combate dos portugueses, já era conhecida. A tática de combate para aqueles mares já fizera escola. O ataque é feito com os canhões de longo alcance, que laçam pelouros mais pesados, fazendo estragos em barcos com estruturas mais fracas, enquanto do outro lado uma nuvem de flechas, por acaso da distância e das proteções das armaduras dos lusos, causa poucos ferimentos.

Em pouco tempo, 12 das naus mais atingidas arribam para a costa salvadora, enquanto sempre usando o vento a barlavento com maestria a esquadra lusa continua o ataque às naves sobreviventes, afundando no caminho todos os *paraus* e *zambucos* que se atreveram a tentar abordagens impossíveis. Com seus castelos de proa e de popa, as naus com a cruz de malta nas velas eram verdadeiras fortalezas, móveis, rápidas e com poder de fogo impossível de resistir. Depois, a fumaça da pólvora e o ruído das espingardas produziam um efeito moral mais eficiente do que as balas certeiras e assassinas de fuzileiros bem treinados. Lourenço de Almeida entra no rol dos heróis portugueses na conquista de um Império nas Índias, mesmo morrendo mais tarde no combate de Chaul, perto da fortaleza maometana de Diu, quando em inferioridade numérica não tentou escapar do destino. Defendendo a retirada das suas tropas, fica para traz, com sua espada abrindo clareiras. Com a sua armadura refletindo o sol, sua estatura e seu porte, ele atrai a mira dos artilheiros, e dois pelouros em sequência destroçam seu torso e seus membros, não sobra nada para enterro cristão.

Os galeões surgem com a necessidade de levar mais carga e de transportar mais soldados, marujos, canhões e artilheiros. Eram fortalezas móveis com imenso poder de fogo. O galeão Flor de la Mar, com 400 toneladas de deslocamento, foi destinado para comandar a esquadra lusa no mar Índico. Afonso de Albuquerque, nomeado como segundo vice-rei das Índias, em 1508, chega nele em Cochim. No entanto, Francisco de Almeida, o primeiro vice-rei, tem outros planos, precisa vingar por primeiro a perda do seu único filho, morto em luta contra o Samorim de Gujarat, que pedira apoio dos mamelucos do Cairo e do sultão de Constantinopla. Com o Flor de la Mar como capitânia e mais 17 naves, incluindo a frota de Afonso de Albuquerque, ruma para Diu, importante entreposto comercial árabe na região, local de encontro de vários trechos das rotas das especiarias. Seu plano é simples: vai bloquear a baía, com o Flor de la Mar e uma nau auxiliar, onde está a frota de galeras vindas de Suez no Mar Vermelho, que, com soldados mamelucos de elite, aguarda o momento adequado para abordar as naves lusas. Parte da frota lusa aguarda o sinal para iniciar o ataque às fortalezas de Diu, junto da parte antiga e do bairro comercial da cidade, enquanto o resto fica em posição de reserva, pronto para intervir em caso de emergência.

Aguardando vento favorável, o primeiro disparo do Flor de la Mar dá início ao combate. As galeras turcas, lentas, com canhões de pequeno alcance, têm dificuldades na movimentação. São como patos mancos nas águas da baía. Num erro crasso de estratégia, bloqueadas na baía com dificuldade de manobrar, imobilizadas, elas são alvos fáceis para os artilheiros portugueses. Mantendo elevada cadência de tiro, com canhões de bronze e artilheiros eficientes, durante horas a nave capitânia dispara mais de 600 pelouros e consegue destruir toda a frota muçulmana. Ao mesmo tempo, o ataque avassalador às fortalezas neutraliza a sua capacidade de defesa, para depois destruir ou tomar as embarcações de Gujarat e Diu ancoradas junto às fortalezas. Usando os canhões na horizontal em uma nova tática naval, os petardos disparados ricocheteam no mar, formando uma cortina de água que esconde as naus lusas e dificulta a mira dos artilheiros de terra. Depois a superioridade dos canhões portugueses aniquila qualquer reação, permitido a destruição e a abordagem das naves do Samorim de Gujarat que haviam procurado a proteção das fortalezas terrestres. A vingança de Francisco de Almeida não termina. Ele arrasa a parte antiga e comercial da cidade e não tem piedade com os prisioneiros, sujeitos às maiores barbaridades possíveis. Os comerciantes árabes são obrigados a pagar indenizações pesadas, mais de 300 mil moedas de ouro, entre outras mercadorias, botim repartido entre os vencedores. A maior vitória naval de Portugal, em 1509, além de colocar os brasões das cinco torres em Diu, mostra à Europa que as naus e os galeões de Portugal dominam todo o mar Índico e que em breve a conquista de Goa por Afonso de Albuquerque, o cérebro e o Leão do Mar Índico, com excelente baía, capaz de abrigar galeões de elevada tonelagem, será o local da futura capital do Império Português de Ultramar.

Com os recursos que chegam a Lisboa nas armadas de retorno, fortunas em especiarias, em ouro, em prata, tecidos finos e pérolas, além de melhorar a infraestrutura logística de apoio ao caminho das Índias, as encomendas de novas naves nos estaleiros não param ao contrário, os artífices navais ampliam as dimensões dos galeões, maiores em dimensões, em armamentos e mais canhões e com facilidades desenvolvidas por escolas de pilotos, de matemáticos e de cartógrafos. Não podemos nos esquecer de que a cólera dos deuses dos mares cobra o seu pedágio em navios e vidas humanas. Mais de 300 naves foram perdidas durante a ousadia lusa de conquistar os oceanos.

*Oh! Mar Infinito quanto do sal das tuas águas são lágrimas das mulheres de Portugal.*

Alguns dos galeões deixam façanhas de que não podemos olvidar. Em 1512, construído em Cochim, o galeão Santa Catarina do Monte Sião espanta tanto pelas dimensões como pelo pioneirismo de usar pequenos canhões, mais de cem espalhados pelos diversos *decks*. Esteve na Itália levando a filha de D. Manuel I para casar com o Duque de Saboia. Em 1524, era a nave capitânia de Vasco da Gama na sua 3.ª viagem às Índias, agora como vice-rei. Foi importante na conquista de Mombasa e a nave com maior tempo de serviço ativo na sua época. Com 800 toneladas, o dobro do Flor de la Mar, podia levar mais de mil soldados e marujos, um exército que com canhões móveis, dispostos por todo o navio, estava preparado para abordar e tomar qualquer embarcação, pois à média distância o seu poder de fogo eliminava qualquer reação, visto que todos os adversários eram massacrados e varridos dos conveses por metralha vinda de todos os lados.

O galeão João Batista, com mil toneladas e mais de 300 canhões de todos os calibres, é requisitado em 1535 pelo Imperador Carlos V para participar de Liga Católica para enfrentar a ameaça das embarcações sarracenas, que tumultuam a vida das cidades costeiras e o comércio naval do Mediterrâneo. O objetivo era recuperar o porto de La Golleta, na cidade de Túnis, que fora reconquistada no ano anterior pelo pirata berbere Barba Roxa, ameaçando a Sicília. Como novidade, um esporão metálico sobressai na proa no João Batista, pois a entrada do porto é defendida por corrente de ferro. Após o fracasso da primeira tentativa, com maior velocidade, a corrente é rompida, e o galeão João Batista, sob o comando de D. Luís, o irmão do rei D. João III, na vanguarda, começa a lançar uma barragem de tiros das suas bocas de fogo, com tal intensidade que surpreende o inimigo e leva a confederação à vitória. Desde então, o galeão será chamado de Botafogo.

Em 1588, sob o comando de Medina Sidônia, o irmão de Felipe II, o São Martinho é o galeão português mais importante da Invencível Armada. Como nave capitânia, consegue retornar mesmo com avarias resultantes dos embates contra Francis Drake e os seus brulotes, pois o almirante da frota inglesa usa a mobilidade das suas naus menores como tática de combate.

Em 1592, uma esquadra de seis naves piratas inglesas patrulha as águas dos Açores. Onze ilhas vulcânicas servem de apoio às naves das carreiras das Índias e mesmo para as naus espanholas vindas do Caribe. As embarcações lusas, diferentes no tamanho e nos velames, não tinham a mesma velocidade. A regra era aguardar a chegada da última nau da carreira, para depois seguirem em comboio até Lisboa, com a proteção de galeões de escolta armados e com soldados e marinheiros. Um dos maiores problemas era o excesso de carga. Portugueses retornando para Lisboa com todas as economias e os recursos obtidos durante os seus anos atuando no Império Português de Ultramar escondiam o volume, o peso e o valor da sua bagagem. Muitos desastres e naufrágios ocorreram pela perda da velocidade e da manobrabilidade durante as tempestades e mesmo enfrentando corsários. Os porões ficam tão repletos que dificultam as manobras dos canhões, o transporte da pólvora e os consertos nas estruturas e no casco pelas infiltrações que surgem durante as viagens. O manuseio das bombas manuais de esgotamento fica complicado, quase impossível. Como afirma o capitão:

*Nosso problema não é a água que está violenta lá fora, mas a que invade os porões.*

Imenso, com quase 1.400 toneladas de deslocamento, supercarregado, o galeão Madre de Deus transporta uma fortuna e veleja em lenta solidão. O pior, não carrega a carga de pólvora usual. Mesmo em desvantagem numérica, seus canhões podiam impedir a abordagem. Como uma alcateia de lobos, os atacantes, alternando-se, assumem posição pela popa, de modo a evitar os canhões do galeão, mas infligindo danos à estrutura a cada passagem, causando baixas entre os artilheiros e tripulantes. Depois de mais de 3 dias de combates com escassez de pólvora e ausência de tripulantes, menos de 30 ainda tentam resistir, e o capitão é obrigado a capitular.

Quando a presa chega em Londres, sua estrutura impressiona os londrinos, que não eram capazes de construir um galeão com tais dimensões. Além do valor das mercadorias, os registros de bordo, o manifesto das cargas, os apontamentos e os dados do modo que os portugueses atuavam nas Índias e na Ásia vão motivar os ingleses para futuras conquistas no Império Ultramar de Portugal.

Em 1612, os franceses invadem o Maranhão, fundando a cidade de São Luís no projeto da criação da França Equinocial, mas a reação dos portugueses radicados no Brasil é imediata, contando com o apoio dos indígenas aculturados pelos jesuítas nas operações de cercos. Só em 1615 os invasores serão expulsos, quando o nome do capitão Pedro Teixeira, pela valentia e pelo arrojo nos combates, se destaca.

Nos anos de 1620 a 1622, a região do Amazonas atrai tanto holandeses quanto ingleses em busca de novos territórios, numa expansão das áreas ocupadas no Caribe. Na foz do rio Amazonas, os holandeses edificam três fortes, como base de futuras colônias: Orange, Nassau e Marituba. Já os britânicos, na parte norte do estuário, implantam o núcleo de Tauriga. Mesmo construções provisórias, com a chegada de colonos e comerciantes, representam perigo para a integralidade territorial do Brasil. O militar Pedro Teixeira é o escolhido para formar um exército capaz de eliminar a ameaça. Com três naves e alguns homens e soldados, ele precisa fundar um núcleo populacional tanto para abrigo como para lugar de apoio e base para sua frota e empreitada. O Forte do Presépio, bem na entrada do rio Amazonas, primeiro núcleo luso numa região deserta da colônia, é o local onde, com qualidades inatas de comando e gestão, Pedro Teixeira inicia a sua tarefa, os indígenas representam a maior parte das forças auxiliares. Pedro Teixeira precisa agir rápido para destruir os fortes antes da chegada de reforços e de material para concluir os muros defensivos e os bastiões para os canhões. Com o apoio do tenente Fernando da Costa Talavera, o seu braço direito, os estabelecimentos batavos são eliminados um a um. Marituba só será aniquilado na segunda tentativa, quando barcos de apoio chegam, inimigos que foram subjugados após vários combates. O Forte do Presépio, futura Belém do Pará, passa a ser a povoação mais setentrional do Brasil, um núcleo armado para evitar futuras invasões é o local onde obter mantimentos e guerreiros indígenas para sustentar o destacamento militar implantado. Depois da missão militar cumprida subindo o rio, Pedro Teixeira mapeia a região, deixando padrões de posse e pequenos fortins. Efetua durante 2 anos o trajeto contrário ao de Fernando Orelhano, que, saindo de Quito, descobre o rio Amazonas e chega ao Atlântico. Nos próximos anos, o tenente Talavera continua mapeando a região amazônica, deixando padrões de posse e construindo fortes para ocupação provisória, como o Forte do Rio Negro, que no futuro dá origem à cidade de Manaus. Graças a dois pioneiros, desbravadores incansáveis, em 1750, pelo Tratado de Madri, o Brasil engloba a maior parte da região amazônica e ultrapassa as dimensões de Tordesilhas.

*Valeu a pena? Tudo vale a pena se a alma não é pequena.*
*FP*

# 5. PORTUGAL DERROTA O IMPÉRIO OTOMANO NO MAR ÍNDICO. AFONSO DE ALBUQUERQUE: O TERRÍVEL LEÃO DAS ÍNDIAS

Depois de dobrar o temível Cabo das Tormentas, encontro de dois oceanos poderosos e de deuses furiosos contra intrusos, Bartolomeu Dias sinaliza o próximo passo da diáspora portuguesa, com Portugal sempre em busca de novas fronteiras. Devido às condições do tempo, era impossível continuar a jornada para a desejada Índia, de modo que Bartolomeu Dias não alcança as glorias eternas que Vasco da Gama consegue em 1498.

Ao chegar a Calicute, Vasco da Gama é o primeiro marujo a chegar à Índia pela rota do Atlântico, iniciando uma revolução no mundo que poucos conhecem. Depois da conquista de Constantinopla em 1453 por Mehmed II, o Conquistador, a rota das especiarias e as fontes na Ásia estão em mãos muçulmanas, o que mantêm Veneza e Gênova como submissas aliadas.

Depois da viagem de Cristóvão Colombo à América, em trajeto reduzido em milhas marítimas e em pouco mais de 30 dias, usando as pequenas e ágeis caravelas portuguesas que, com suas velas latinas triangulares, podiam navegar contra o vento, Colombo inicia a época dos descobrimentos. Mas Vasco da Gama o supera em tudo. Nos tempos modernos, com outras tecnologias, o feito seria equivalente à descida do homem na Lua.

*"Um gigantesco passo é dado pela humanidade."*

Com Vasco da Gama, Pedro Alvares Cabral, Fernando de Almeida, Afonso de Albuquerque e Tristão da Cunha, Portugal, de modo lento, programado, começa a dominar o mar Índico, o Golfo Persa, com o porto de Ormuz, e o Mar Vermelho. Águas que pertencem ao Califado do Cairo, ao Império Otomano, em Constantinopla, e ao Império Persa, adversários que em breve vão reagir aos invasores, com suas cruzes dos Cavaleiros de Cristo estampadas nas velas das suas naus.

Contando com naus com castelos na popa e proa elevada, com dezenas de canhões de longo alcance, com fuzileiros com suas espingardas distribuídos pelos costados, como fortalezas flutuantes, e com comandantes experientes, os portugueses enfrentam galeras pequenas, pouco artilhadas e movidas a remo.

Desde 1501, expedições partem de Portugal para construir ao longo do percurso uma rede de apoio, incluindo portos para abrigo e fornecimento de mantimentos, fortalezas para proteção contra ataques dos locais ou de piratas, locais com boas aguadas, armazéns para estoque de especiarias e de material de manutenção e consertos das naves, com viagens que podiam durar até um ano.

Portugal, mesmo com escassa população, sangra ao deslocar soldados, artífices, comerciantes, sacerdotes e comandantes experientes que pudessem por rota longa e perigosa chegar à mina dourada das especiarias. Muitos estrangeiros, em busca de fortuna e mesmo marranos, alistam-se em busca de riquezas ou modo de fugir da inquisição.

Afonso de Albuquerque, desde a sua chegada, em 1507, como almirante, estrategista e diplomata, sabe o momento de usar os canhões quando os acordos falham. Pelas armas, ele conquista Calicute e constrói um forte em Cochim, cidade onde Vasco da Gama é enterrado após morrer na época do Natal de 1524, poucas semanas após a sua chegada na nau Gabriel, na sua terceira viagem, possivelmente de malária. Na primeira igreja edificada pelos portugueses, a lápide marca o local do sepultamento. Mais tarde, um dos seus filhos vai transladar os despojos do herói das Índias para Portugal.

Em 1507, Afonso de Albuquerque conquista o porto de Ormuz, cidade que domina a estratégica entrada do Golfo Persa, onde instala uma nova base de apoio para comerciar com os persas, que estavam em guerra com os turcos, mas, devido à falta de mantimentos, é obrigado a se retirar. A conquista de Goa, em 1510, vai definir o local da futura administração do Império Português nas Índias. Pela quantidade de templos, por abrigar São Francisco Xavier e Matteo Ricci, jesuítas famosos, Goa será conhecida como a Roma do Oriente.

Em 1509, ocorre uma batalha naval em Diu, porto e centro comercial dos mercadores árabes em Gujarat, onde o Samorim local pedira ajuda dos mamelucos do Cairo, dos otomanos de Constantinopla e mesmo de Veneza, que enfrenta guerra comercial com Lisboa, onde os preços das especiarias são mais baixos, pois Portugal agora compra ou troca os produtos direto nas fontes. Essa batalha vai mudar o cenário da região. O bloqueio das naves portuguesas e os ataques e as apreensões de todo barco inimigo que tentasse levar especiarias aos antigos comerciantes provocam a paralisação do tradicional e rendoso comércio para os muçulmanos. Os prejudicados, unidos, tentam eliminar a presença lusitana na sua região, pois o porto de Alexandria resta deserto.

Veneza, que não pode competir com Lisboa pelos preços ofertados pelas especiarias, constrói mais de 200 galeras que, depois de chegarem à Alexandria, foram desmontadas e transportadas até o Mar Vermelho, onde em Suez seriam remontadas, equipadas e guarnecidas por soldados mamelucos de elite, seguindo depois para Diu, cidade onde todas as tropas que lutavam para destruir o inimigo comum tanto no comércio quanto na fé se unem.

O almirante Fernando Almeida, primeiro vice-rei da Índia, que perdera o filho único, Lourenço de Almeida, conhecido como o Diabo Louro e futuro sucessor, em batalha naval em Gaul, em 1508, desejoso de vingança, não aceita nenhum acordo com o Sultão de Gujarat nas missivas, nas ameaças, e é claro que vai tomar a cidade e destruir com os seus canhões tudo que encontrar pela frente.

*"Vocês mataram o frango, mas agora chega o galo."*

Comandando a maior frota já reunida naqueles mares, com 18 naus e 1.200 soldados, incluindo as tropas e as naus trazidas por Afonso de Albuquerque, nomeado por el rei como segundo vice-rei da Índia, em substituição a Francisco de Almeida, Afonso de Albuquerque concorda com as decisões de Almeida, pois Diu era um centro comercial importante no comércio com a China e Malaca e a sua tomada facilitaria a futura conquista de Goa; contudo, o objetivo de Albuquerque fica para 1510. Com todos os portugueses com suas armaduras e espingardas, contando com nativos de

Malabar bem treinados como força de apoio, após as tradicionais bênçãos, todos esperam o canhonaço de início de batalha.

Francisco de Almeida traz experiência de combates marítimos nas águas do Índico, ao contrário dos comandantes muçulmanos, ainda ligados às ações das galeras a remos e às lutas de abordagem em combates corpo a corpo. Francisco de Almeida tem como nave capitânia o galeão mais poderoso da época, contando com artilharia de longo alcance de 32 peças e tripulantes bem treinados. O galeão foi construído especialmente para dominar os mares do Índico. Sua estratégia vai mudar todas as táticas das guerras navais em 1509. Em Diu, Portugal demonstra para todos que possui a melhor frota de guerra do mundo e que todo empenho nacional logo vai mostrar quem é o novo senhor dos mares.

*Se Deus fala português? Não Sei! Mas meus canhões, sim!*

Depois de ter os ventos favoráveis, o plano de ação é posto em prática. Com uma nau de apoio ao seu galeão capitânia com 32 canhões, vai bloquear a entrada do golfo onde as galeras muçulmanas se abrigam em errada estratégia, pois aguardam o momento das abordagens, para com maioria de soldados em assalto envolvente aniquilar pelo número os portugueses. No entanto, Francisco de Almeida, como num jogo de guerra naval, bloqueia totalmente a frota muçulmana de 217 galeras, impedidas de socorrer a armada de Gujarat e Diu, quando, ao disparar o primeiro pelouro, dá o sinal para as suas naus iniciarem o ataque às fortalezas da ilha de Diu.

Deixando quatro naus em reserva, todas as demais naus portuguesas atacam o porto onde a artilharia de costa preocupa, enquanto as poucas embarcações de guerra de Gujarat estão estáticas, contando com proteção da artilharia terrestre.

Usando a tática de dirigir os canhões na horizontal, algo novo em guerra naval, as cortinas de água levantadas durante o percurso dos pelouros escondem as naus lusas, dificultando a mira dos artilheiros terrestres. Depois, a eficiência da artilharia portuguesa anula as defesas da cidade, e começa a sistemática destruição da área comercial de Diu, enquanto os barcos adversários encurralados são tomados um a um, mesmo com luta terrível, usando granadas explosivas, mesmo com a fama de guerreiros invencíveis, são armas contra os mamelucos da guarda de elite do Califa do Cairo. O desespero é tal, que muitos se jogam ao mar para escapar da morte certa. Há uma maldição no ar.

*Que a ira dos franques caia sobre ti.*

No outro lado, contando com superioridade na artilharia naval com maior potência e alcance dos canhões do galeão Flor de la Mar, Francisco de Almeida aniquila toda a frota de galeras muçulmanas, mais de 200 naves, que, amontoadas, com dificuldade nas manobras, lentas, com poucos canhões de pequeno alcance, são alvo fácil para os mais de 600 canhonaços disparados durante 6 horas. Em Diu, Francisco de Almeida muda toda a estratégia dos combates navais; agora as lutas serão à distância, e a vitória depende do ritmo e da frequência dos disparos, do treinamento dos artilheiros, do alcance e do peso dos pelouros.

Mas a vingança do galo não termina com a vitória. Os comerciantes árabes pagam uma fortuna pela derrota e 300 mil moedas de ouro locais se destacam entre outras mercadorias exigidas. Do botim, 100 mil moedas são repartidas entre os marujos e soldados combatentes, pequena fortuna que vai incentivar vitórias em outros combates. Quanto aos prisioneiros, o galo não titubeia, todos serão passados pela espada, enforcados nas vergas ou destroçados por tiro direto ou mesmo colocados dentro das bocas dos canhões. Era a vingança em ação pela morte trágica do filho, cujo corpo despedaçado não deixou nenhum resto. A vitória em Diu transforma Portugal numa superpotência global, agora dona dos mares e do comércio mundial. A superioridade dos galeões portugueses, a perícia dos seus comandantes, as armas e a bravura dos soldados lusos não têm adversários nos mares. Luís de Camões encontra fatos para divulgar em versos os feitos dos lusos na conquista de glória e eternidade em *Os Lusíadas*. Após sua vingança, Francisco de Almeida retorna por ordem real para Lisboa para justificar não ter obedecido às ordens do rei Manuel I, mas falece no meio da viagem quando, na África do Sul, numa escaramuça contra os cafres, nativos hotentotes da região, é uma das baixas. Contudo, Francisco de Almeida deixa uma mensagem:

*Toda a nossa força está no mar, desistam de nos apropriar de terra. Que tenhamos fortalezas ao longo da costa, mas apenas para proteger nossas feitorias, porque a verdadeira segurança estará nas amizades dos rajás hindus por nós colocados nos seus tronos.*

Afonso de Albuquerque, em 1510, aproveitando querelas internas, conquista Goa, que, com excelente baía, permite o acesso de naus e galeões de alto calado e passa a ser a sede do Estado Português na Ásia. Conhecida no futuro como a Roma Indiana, vai possibilitar a expansão portuguesa que chega ao Japão. Em 1511, o nome de Fernando de Magalhães aparece na conquista de Malaca bastião muçulmano na Indonésia, entreposto onde as especiarias chegam em barcos pequenos vindos de Malek Utare, hoje as Ilhas Moluscas ou Malucas, segundo os lusos, feito festejado por toda a Europa. No momento em que Constantinopla amplia o poder otomano no Mediterrâneo e nos Balcãs, a vitória em Diu e Malaca do pequeno Portugal é para ser por todos glorificada, incluindo o Vaticano.

Em 1511, Afonso de Albuquerque, o Leão e o terror das Índias, usando as informações obtidas pela flotilha de quatro naves sob o comando de Diego Lopes Sequeira, que fizera contato com o soberano mais importante do Império Otomano na Ásia no ano de 1509, sob o comando de Diego Lopes de la Sequeira, expedição acompanhada por Fernando de Magalhães, vai conquistar com 14 naus e com 1.200 homens a cidadela de Malaca, a joia do Império Muçulmano na Ásia. Todo ouro do tesouro, toneladas, bem como todas as mercadorias estocadas nos armazéns do porto, agora trocam de mãos. O domínio do estreito de Malaca, corredor das mercadorias vindas da China, possibilita o avanço tanto dos galeões portugueses em busca de novos mercados, como também permite levar a mensagem de Cristo para países do Oriente e tentar encontrar vestígios de comunidades cristãs perdidas e esquecidas naqueles ermos. Além do botim milionário, o feito, por ocorrer num momento de expansão dos exércitos otomanos, é reconhecido como uma vitória da cristandade. Portugal destrói outra rota de comércio mundial, o que aumenta a força do seu monopólio.

Do botim entre os tesouros e presentes enviados ao Papa em 1516, além do elefante Henno, estava um rinoceronte, animal desconhecido dos europeus e que após longa viagem ficou hospedado na ilha D'f na baía de

Marseille. Ele não chega vivo em Roma, pois morre durante a viagem, num naufrágio. Sobra o desenho feito por Dürer, o mestre alemão das gravuras. Em discussões através de cartas com o rei de Portugal, sabendo da sua futura substituição no posto por inimigo político, apesar de ser responsável pela consolidação do Império de Portugal, o primeiro português a entrar no Mar Vermelho, em 1513, seguindo a rota dos romanos, desbravando rotas para guerras em locais complicados e de instabilidade política, algo desfavorável para Portugal, Afonso de Albuquerque vem a falecer em Goa, em 1515, pouco antes da chegada do seu inimigo político. Com as riquezas vindas do mar Índico, Portugal financia a sua expansão não apenas para a Índia, mas para Formosa, Hong Kong, Macau e Nagasaki.

Tristão da Cunha, em 1516, é o responsável pela organização do desfile em Roma, pois D. Manoel I precisa mostrar ao mundo e ao Vaticano que ele é o soberano cristão mais rico e poderoso do mundo. Fortunas são gastas nas ofertas e nos presentes, bem como no desfile em que os soldados e os pajens, em roupas de gala, marcham ao som de trombetas e das batidas dos tambores. Mas o que encanta os romanos é ver os meneios do elefante, chamado de Henno, que todo engalanado, com palanque no dorso, conduzindo por indiano, o monarca, desfila como o principal personagem.

Mas foi Afonso de Albuquerque quem consolidou as bases do Império Português através dos procedimentos, de ações e decisões que lhe dão o cognome de Leão do Índico, de o Cesar do Oriente e de O Terrível. Como fidalgo e militar, ao chegar em Cochim, em 1508, com 55 anos, traz experiência militar, conhece as intrigas palacianas e tem caráter duro, violento e cruel. Mas sabe o momento certo de usar diplomacia e utilizar a melhor característica, a mais adequada, para concretizar as suas metas.

Como herança, ele deixa os portugueses com conceito de guerreiros temíveis, mesmo invencíveis. Os comedores de pedra (os duros biscoitos de bordo) e bebedores de sangue (o vinho tinto) são requisitados para enfrentar inimigos em lutas internas, o que proporciona em retorno favores de marajás, de califas e mesmo de mandarins. Portugal não está interessado em conquistas territoriais, mas na obtenção de favores no comércio e na possibilidade de instalar fortes, igrejas e armazéns nas áreas portuárias.

Desde 1509, ao assumir de fato o poder como segundo vice-rei, Afonso de Albuquerque, pela sua atuação de consolidar o Império de Portugal nas Índias, transforma-se no maior português, pois, longe da pátria, trabalha melhor do que o seu soberano. Estrategista, hábil na diplomacia, usa o poder para transformar os seus soldados e marujos em entes invencíveis, que mesmo em pequeno número derrotam adversários com exércitos superiores em número. Para muitos, como bruxos eles são capazes de voar, suas armas produzem mortes a distância com eficiência guiada pelos deuses. Capaz de impressionar seus adversários, vestido como um Deus, em trono, o Leão das Índias sabe usar a força e mesmo a crueldade para demostrar sem piedade o seu poder:

*Torno a lembrar a Vossa Alteza que nunca sereis bem servido enquanto vossos oficiais de Justiça e Fazenda forem tratantes mercenários.*

Sua atuação desperta inveja entre seus capitães, seus pilotos e os nobres que não aceitam os seus comandos. Em cartas, queixas de toda ordem são enviadas para Lisboa, incluindo boatos e narrativas que o chamam de ladrão no momento de repartir os botins obtidos pelas armas, deixando de fora a parte de D. Manuel I.

A tentativa de eliminá-lo por adição de veneno à sua comida falha. As investigações levam a um prisioneiro luso, que oferece dinheiro a um escravo para a ação. Mesmo antes de ser enforcado, o réu não dá o nome de quem forneceu o veneno. Sentindo a sua mortalidade, Afonso de Albuquerque sabe que não tem todo o tempo para completar seus objetivos. Precisa escolher entre retomar o porto de Ortiz, onde o novo vizir, Ahmed, é o dono de poder e do destino do Golfo Persa, ou conquistar o Mar Vermelho, avançando pela margem esquerda, onde um fortim seria construído como base de apoio para, a seguir, conquistar Jidá, porto onde chegam os peregrinos que se deslocam pelo Mar Vermelho na direção de Meca e Medina, locais sagrados para os muçulmanos. Jerusalém poderia ser retomada por ataque vindo das areias dos desertos, pois o Mediterrâneo está bloqueado pelos turcos, o grande sonho de D. Manuel I.

Como prioridade, a decisão é para Ormuz, para receber um emissário vindo da Pérsia, para onde o embaixador luso Miguel Ferreira fora enviado previamente. Uma frota com 27 naus, 1.500 soldados e 700 auxiliares malabares, todos bem armados, com audácia desembarca em porto, onde mais de 200 embarcações inimigas estão atracadas e 20 mil homens formam o exército local, onde a maioria professa a religião de Zoroastro. Com um pelotão de soldados como escolta, Afonso de Albuquerque desembarca. Com jogo diplomático entre o soberano Kurashá e Ahmed, o vizir que tudo controla, ele demanda uma residência adequada na zona da praia para receber o enviado da Pérsia, o que o soberano concede.

Durante a madrugada, material e madeiras para construir uma paliçada, tarefa realizada em Goa, são transportados dos navios para construir uma barricada para defender o local com lanças e espingardas. De modo rápido, um espetáculo é montado com bandeiras e tambores, com os soldados em trajes de gala, tudo preparado para a chegada do enviado do Xá da Pérsia. Com seus turbantes e roupas típicas, duas panteras negras treinadas para a caça, arcas contendo moedas de ouro, pedrarias e roupas bordadas com filamento de ouro, o embaixador traz um documento de paz, de felicitações e de formar aliança contra os mamelucos e os turcos. As palavras escritas em português e lavradas em ouro, obra de Miguel Pereira, não escondem o espanto da população pelo inusitado do cortejo, todos temerosos de uma surpresa mortal. O plano de Afonso de Albuquerque exige uma conferência no seu palácio, entre o rei e Ahmed, o vizir. Todos deveriam chegar desarmados, com seus pelotões de proteção fora do recinto, onde Albuquerque, com seus capitães, trazia punhais escondidos. Mesmo com as restrições, Ahmed chega com espada e adagas curvas presas nas vestes, com reclamações de parte a parte, e ao final ele entra com sua espada e alguns punhais. Com a presença do rei, a um sinal do vice-rei, a porta de entrada é trancada, enquanto os capitães lusos, com punhais nas mãos, cercam Ahmed, que mesmo surpreso tenta sacar a espada e se defender do assalto mortal. Sua escolta tenta forçar a porta de acesso, que resiste. Eliminado o principal inimigo de Portugal, o rei, temeroso de ser a próxima vítima, recebe saudações dos portugueses e, mais tarde, do balcão do palácio real, é apresentado ao seu povo, que surpreso reconhece o novo soberano.

Afonso de Albuquerque não altera as leis locais, protege os comerciantes chineses e indianos, proíbe os saques e pune os transgressores de modo exemplar. Os soldados que desertam e trocam de fé por comandos e ouro são penalizados com a forca e o esquartejamento, maneira de ter a confiança dos novos súditos de Portugal. Agora, como um fantoche luso, o rei não nega os empréstimos e o ouro que Afonso de Albuquerque prometeu aos seus capitães, pilotos e soldados. Mais de 100 mil peças de ouro. Mas a façanha vale o prêmio, pois os portugueses enfrentavam 20 mil inimigos e 200 naves. Ormuz vale a pena. Outro forte para reconstruir é o custo pago pelo tesouro real de Ormuz.

*Quando não têm nada a dizer, meus inimigos inventam.*

O prazo de Albuquerque expira, e ele sabe que em breve será substituído por seu rival político, de modo que não tem mais tempo para enfrentar as armadilhas do Mar Vermelho.

Em 1511, no Estreito de Sumatra, após a tomada de *Malek*, nome malaio de Malaca, ele escapa por pouco do naufrágio do Flor de la Mar. Sua nau capitânia carregada em excesso de tesouros não suporta os tufões, com seus ventos coléricos. Pelos dados de bordo, uma carga de ouro de cerca 60 toneladas vai para o fundo do mar sem deixar vestígios, com nenhuma notícia de alguém ter encontrado parte dessa fortuna. Hoje, na Malásia, no porto de Malek, além dos restos de fortes e de igrejas da época, encontra-se uma réplica do Flor de la Mar.

Afonso de Albuquerque morre antes em Goa, em 16 de dezembro de 1515, com mais de 60 anos, abatido pelas injustiças de D. Manuel I, o venturoso. Mas deixa legado fabuloso. Em 1511, envia delegações para o Sião, para Sumatra e para a China. Em 1512, Ternate nas Ilhas Molucas é alcançado. Devido à falta de mulheres, ele incentiva o casamento dos portugueses com as nativas, gerando filhos que vão apoiar os atos dos pais e que falam a língua local. Sabe que não se domina uma região sem a devida população:

*Mal com o el rei por amor aos homens! Mal com os homens por amor a el rei é bom acabar!*

Analisando as ações e os procedimentos utilizados nas conquistas de Goa, de Malaca e de Ormuz por Afonso de Albuquerque, verificamos que elas aparecem na obra de Maquiavel de 1513, mas editada em 1532, quando o autor dá conselhos de como dominar novo domínio em *O Príncipe*, por primeiro chegar mostrando ter poder supremo para efetuar a conquista se a diplomacia falhar. Ao tomar o objetivo, mesmo usando as armas, os dirigentes depostos devem ser mortos ou exilados, não efetuando nenhum acordo de paz ou de transição. O novo governo deve ter pessoas que aceitem a nova ordem, principalmente com correligionários fiéis. Através de desfiles, com os melhores e mais garbosos soldados com os fardamentos de gala, ao som de tambores e de cornetas, portando armaduras, lanças e espingardas, uma marcha triunfal precede a chegada do Cesar do Oriente, que se senta em trono ricamente decorado, modo de mostrar e manter o seu poder. Qualquer alternativa ou personagem que ofusque o cenário deve ser eliminada. Mostrando justiça, deve-se aplicar as leis do sistema com rigor mesmo contra saqueadores, estupradores e desertores do seu exército. Os botins após as vitórias, com moedas de ouro fornecidas pelos contrários, devem ser repartidos entre os seus comandados, assim eles sempre mantêm o príncipe no poder.

Entre datas e narrativas, com a morte de Afonso de Albuquerque, em 1515, e em 1513, quando *O Príncipe* é escrito, fica a dúvida de quem teria despertado a inspiração de Maquiavel. Seria Afonso de Albuquerque?

*Deus ao mar o perigo e o abismo deu.*
*Mas nele é que espelhou o céu.*
*FP*

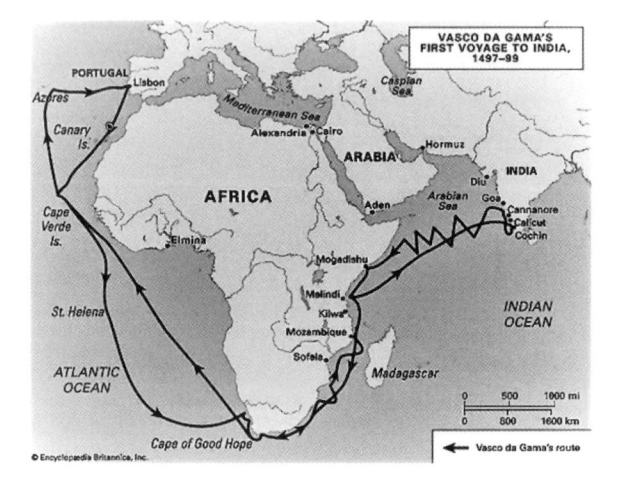

# 6. O PAPEL DE PORTUGAL NO MUNDO EM MEADOS DO SÉCULO XVI. ENSAIOS

Em 1537, as instalações portuárias de Diu, uma ilha ao longo da costa oeste da Índia, mais uma vez estão sob ataque dos tradicionais inimigos, todos levados à falência pelo bloqueio marítimo das rotas das especiarias, incluindo o Samorim de Calicute. Mesmo em inferioridade numérica, a guarnição portuguesa resiste ao ataque da frota mameluca, primeiro defendendo a cidade nas muralhas externas. Mas à medida que o número de baixas aumenta, ao final precisam se deslocar para a proteção do forte de Diu, a única salvação possível para os poucos sobreviventes. Mesmo bombardeada do mar pela frota turca, recebendo reforços de homens e de mantimentos vindos de Goa, o forte resiste, e até as mulheres estão nos baluartes e nas muralhas ao lado dos seus maridos. Os boatos da chegada de armada lusa comandada pelo vice-rei, Nunes Pereira, obrigam o almirante turco a levantar o cerco, indo com seus navios na captura de Adem, no Iêmen. Mais uma vitória de Portugal sobre o Império Otomano, que, após a batalha de Mohács, em 1526, expande o seu domínio até a Hungria, e, depois de tomar Belgrado, começa a ameaçar Viena. O enclave de Diu, mesmo sofrendo ataques de diversos inimigos ao longo dos anos, mantêm a bandeira de Portugal, símbolo da glória de um Império. Só em 1961 as tropas indianas atacam e ocupam Goa e Diu, acabando com a soberania lusa na Índia em mais de quatrocentos anos de duração do Império Luso iniciado por Vasco Gama.

Portugal atua em três cenários no mundo durante o meado do século XVI. Na colônia do Brasil, o desinteresse em explorar o novo continente era devido à inexistência de qualquer infraestrutura, muito menos de dinheiro, pois o caminho das Índias era prioritário, inclusive Portugal tinha poucos recursos humanos para desviar para todas as suas frentes. Na prática, as poucas incursões iniciais, tanto de piratas quanto de eventuais desembarques rápidos em buscas de aguadas, de frutas e do pau-brasil, não proporcionaram a fundação de povoações sustentáveis. Depois, a reação dos indígenas com arcos e flechas certeiras em ataques de surpresa eram um perigo constante. Nos combates corpo a corpo, os tacapes e as bordunas faziam a diferença.

Raras informações falavam de dois portugueses, degredados, desertores ou mesmo náufragos, que viviam em harmonia com os selvagens. Casando com a filha do cacique, além de filhos tinham posição de destaque na tribo, elementos que podiam servir como apoio e intérpretes no caso de se fundar um núcleo estável.

A vinda de Martim Afonso de Souza, em 1532, e depois de Tomé de Souza, em 1549, pela imensidão do território, foram atitudes paliativas, pois jazidas de ouro e de prata não tinham sido descobertas. Com base em São Vicente e Cananeia, locais das primitivas vilas onde os tupis foram amistosos, é que começa a reação contra os franceses do almirante huguenote Coligny de criar um território na Baía de Guanabara onde pudesse livremente expressar a sua fé, contando com o apoio dos índios tamoios, os inimigos tradicionais dos tupis. Estácio de Sá, sobrinho de Mem de Sá, vai enfrentar e derrotar os franceses, acabando com a primeira invasão vinda de La Rochelle na Bretanha francesa.

Em 1554, a publicação na Alemanha do livro de autoria do alemão Hans Staden vai nos dar uma visão do Brasil daqueles anos. O autor, que fizera duas excursões pelo Brasil, depois de várias aventuras, cai em poder dos tupinambás enquanto caçava. Com o apoio de desenhos, ele descreve como foi a sua convivência com os nativos, denominados por ele de selvagens, durante quase um ano, pois os Tupinambás eram antropófagos. Como na hora do sacrifício Hans toma uma atitude pusilânime, chorando e lamentando-se, era considerado um covarde, indigno do sacrifício, pois, no banquete em que toda a tribo participa, a festa tinha o objetivo de adquirir as energias da vítima, principalmente sendo guerreiro de porte. O certo é que ele escapa para escrever: *Duas viagens pelo Brasil*. Em São Paulo, no Museu do Itaú com o acervo da coleção de Osvaldo Setúbal, podemos apreciar os desenhos e as narrativas da vida na aldeia, bem como era realizado o sacrifício, a morte, o desmembramento do corpo, a preparação do fogo para assar o prato do dia nas grelhas rituais. Toda a tribo participava do banquete, incluindo os velhos e as crianças, que recebiam as porções menos nobres.

Noutro cenário, a área do Mediterrâneo onde, em 1415, Portugal conquista Ceuta, construindo uma praça forte que aumenta a sua influência na África do Norte e permite a conquista de Tanger, traz uma certa tranquilidade à região do Mediterrâneo, pois limita o tráfico de europeus raptados pelas incursões mouras e berberes que trazem pavor e intranquilidade às cidades costeiras com seus centros de comércio, seus diversos portos e baías de Portugal, da Espanha e da Itália. Mesmo dispondo de torres de vigias, para alerta da chegada furtiva dos mouros, muitas cidades eram construídas nos picos das montanhas.

Naqueles dias, durante o reinado de D. João III (1521 a 1557), o Império Otomano, com Suleiman II, o magnífico, estava em expansão tanto para os Balcãs como para o Mediterrâneo próximo. Contando com bons comandantes náuticos, como o famoso Barba Roxa, além de apoiar piratas profissionais na sua esquadra, naves construídas em Istanbul iam conquistando ilhas importantes no comércio tradicional, como Rodes, Chipre e Creta, usando a tática de construir túneis até as bases das muralhas, para depois, com explosões, derrubar as torres e as diversas muralhas defensivas, permitindo o avanço dos janísaros, a sua tropa de elite. Em Istanbul, uma fábrica de canhões moderniza a artilharia otomana. Os cavalheiros templários, sendo expulsos das suas sedes, numa sequência contínua desde o Acre, vão terminar em Malta, ilhas sob o comando da Espanha de Filipe II, que exige a remodelação das defesas e fortalezas da ilha, o que transforma Malta numa cidade fortaleza quase impossível de ser conquistada.

Em 1534, Barba Roxa consegue conquistar o porto e a cidade de Túnis, o que expõe a Sicília ao ataque dos exércitos otomanos, para depois seguir para Roma, onde o Vaticano seria a próxima mesquita. Uma reação da Liga Católica da defesa do Mediterrâneo, formada pela Espanha de Filipe II, pelo reino de Nápoles, pelo Vaticano, por Portugal e pelas cidades-estados da Itália, é preparada para recuperar Túnis e o seu porto de La Golleta. Uma das exigências de Filipe II era que o galeão português São João Batista, construído em 1532 nos estaleiros da Beira da Ribeira, no Tejo, com mais de mil toneladas de deslocamento, fizesse parte da expedição como nave capitânia. Na proa, um esporão metálico mostrava que ele estava apto a romper as correntes protetoras que impediam o acesso de naus inimigas à baía. Na segunda tentativa, com mais velocidade, as cadeias da corrente se rompem, permitindo o acesso da frota cristã. O galeão São João Batista, equipado com mais de trezentas peças de artilharia de vários calibres, ao entrar em ação, lança furacão de pelouros e de metralha, arrasando as defesas do porto e das naves inimigas. A artilharia portuguesa na época não tinha rival, pois os canhões carregados pela culatra possuem cadência de tiro superior à de qualquer artilharia tradicional.

O efeito aterrorizante é tal que o galeão é denominado Botafogo, apelido que muitos nobres de Portugal adicionam ao seu título de nobreza. Quis a fortuna que um desses nobres fosse para o Brasil, onde numa praia meio deserta constrói a sua morada, a casa do Botafogo. Com a vinda da família real em 1808, um passeio construído na calçada da praia atrai mais nobres e novos ricos, e será denominada praia do Botafogo, singela recordação de uma vitória da frota naval lusitana.

Em comparação, no Índico, Afonso de Albuquerque é o primeiro português a adentrar o mar citado tantas vezes na bíblia e nos relatos de gregos e romanos. A posse e o controle do Mar Vermelho permite destruir os estaleiros de Suez e avançar para o Cairo e a Alexandria pela retaguarda, o que poderia retirar os mamelucos do poder, enfraquecendo todo o norte da África, impedindo os ataques dos piratas e dos berberes às cidades costeiras da Europa.

Manoel I, além de eliminar o monopólio otomano na Índia, como monarca cristão, tem a obrigação de espalhar as palavras de Cristo para as populações e os gentios locais. Sacerdotes franciscanos e jesuítas seguiam os soldados da cruz. A vinda de intrusos de fé inimiga, que bloqueia o comércio tradicional das especiarias, provoca a ira e a reação das populações e dos dirigentes locais, quando os portugueses demandam feitorias para guarda e estoque de mercadorias por primeiro e depois a construção de fortalezas e portos. Os comerciantes muçulmanos que têm influência sobre os sultões e marajás locais estão na linha de frente, principalmente no Sultanato de Gujarat. Afonso de Albuquerque é o personagem certo para construir o nascente Império Português, até falecer em Goa, em 1515.

Mesmo com Ormuz, na entrada do Golfo Persa, trocando de posse ao longo dos anos, o que interrompe o lucrativo comércio com a Pérsia, a troca de mercadorias resulta em enormes ganhos para Lisboa. As tentativas de controlar o interior do Mar Vermelho, o que bloquearia totalmente o fluxo de mercadorias para Alexandria, não tem êxito, não obstante a ação das caravelas redondas da frota do Estado Indiano. Velozes, ágeis, podendo entrar em pequenas baías e foz dos rios, essas caravelas eram aparelhadas para operação de guerra, de captura e vigilância. Mas levando poucos tripulantes e soldados, com pequena capacidade de carga, tinham certas limitações em grandes operações bélicas, ainda mais que na região era difícil obter mantimentos. Nova invenção lusa, uma vela redonda no mastro da proa era adicionada às tradicionais velas latinas, o que fazia toda a diferença no sucesso das excursões partindo de Malaca em direção à Indonésia, passando pelo estreito de Sonda, rumando para Singapura e para as Ilhas Molucas e, mais tarde, para o Japão. Com pequeno calado, são as naves mais adequadas para singrar o Mar Vermelho, ao contrário das naus e dos galeões.

Na costa africana do Mar Vermelho, pequenos sultanatos estão lutando entre si por território e com o rei Negus da Etiópia, onde a comunidade cristã segue antigos ritos do tempo de Cristo, em que os padres podem casar e têm igrejas esculpidas nas rochas, mas ritos que são considerados heresias nos anos atuais. Nenhuma notícia do Prestes João, apenas uma lenda. Mesmo com alguns sucessos militares dos portugueses, os muçulmanos com apoio de Constantinopla, recebendo armas de fogo para as suas tropas, não são vencidos. A fome, o calor, a desidratação e as disenterias conspiram contra os desígnios lusos. De Suez, dos estaleiros, partem armadas turcas com o objetivo de retomar Diu e iniciar a expulsão dos lusitanos e da sua fé cristã.

Em 1524, na nau Gabriel, Vasco da Gama, na sua terceira viagem à Índia, tem por missão corrigir os erros do vice-rei, Duarte de Menezes, quando chega a Goa. No entanto, poucos meses depois, por malária, ele vem a falecer na véspera do natal de 1524, em Cochim. Ele é enterrado na igreja de São Francisco, uma das primeiras igrejas construída na Índia. Lápide indica o local do sepultamento. Em 1539, um dos seus filhos desloca os restos mortais para Lisboa, onde o enterro ocorre na sua cidade natal, sendo mais tarde, com honras, transladado para o Mosteiro dos Jerônimos, onde até hoje recebe honras eternas pelas descobertas associadas às maiores viagens náuticas realizadas até a época. Foram quase dois anos para ir e voltar de Goa na primeira viagem, com o apoio de Bartolomeu Dias, o idealizador da expedição.

Com a perda do poder dos mamelucos no Egito e com a chegada de sultão ligado à Constantinopla, as tentativas de eliminar da Índia os negociantes portugueses e seus sacerdotes, sempre em campanha permanente de catequese, não param. Partindo do sultanato de Gujarat, local de concentração das tropas mouras, Diu sofre em 1537 o primeiro ataque e bloqueio naval aos seus fortes na ilha de Diu. Em 1546, um ataque por terra sitia a cidade. Os dois ataques foram repelidos, e Diu permanece com as flâmulas de Portugal até 1961, quando o exército indiano recupera todos os enclaves lusos na Índia e apenas Macau é o que sobra do Império Português na Ásia. Um porto perdido na China.

Durante o governo de D. João III, de 1521 a 1557, para disciplinar os fiéis relaxados das Índias, o soberano convoca o jesuíta Francisco de Xavier, um dos fundadores da ordem jesuíta, para com seus auxiliares e noviços em Goa iniciar uma recuperação espiritual dos pecadores, além de implantar escolas, hospitais, centros de estudos e capelas. Na época, era um baluarte luso, com porto, armazéns, estaleiros, fábricas para manutenção das naves, pois a Índia tinha artesões capazes em todos os ofícios, muitos deles católicos convertidos ou filhos do segundo matrimônio oficial nas terras do ultramar. Os lusos têm permissão do governo e mesmo da igreja para ter duas famílias e muitos filhos.

Francisco de Xavier, de Navarra, começa um trabalho mais eficiente. Com noviços locais, estimula o ensino da língua e do conhecimento dos evangelhos, primeiro em Goa e depois pelas outras feitorias, praças fortes e povoações perdidas nos mapas. Viajando por todo o sul da Índia, com as caravelas dos negociantes e dos soldados, infatigável, é denominado evangelizador dos pobres e oprimidos. Ao falecer, em 1552, indo para a China, será enterrado em Goa, onde o seu corpo mumificado dentro de esquife de prata atrai cortejo de indianos e de fiéis até os nossos dias. Mais um santo no panteão indiano. No mesmo ano, na Itália, nasce Matteo Ricci, jovem com vocação sacerdotal, que após os devidos estudos teológicos em Roma, na Universidade La Sapienza, é enviado para Goa para continuar os trabalhos de Francisco de Xavier, cidade em que será ordenado. Considerado um cientista ligado aos mapas e relógios, com facilidade para a lógica e a matemática e com dons para línguas orientais, seus trabalhos se fazem na China e em Macau, onde funda uma faculdade junto à Igreja de

São Paulo para preparar os noviços e sacerdotes nas línguas nativas com que iriam trabalhar. É famoso por fazer um dicionário do mandarim para o português. Sua fama era tal que nas discussões lógicas com os mandarins chineses, da dinastia Ming, vestido com tal, impressiona pela eloquência e pelos conhecimentos. Daí a denominação Mandarim Negro: *Lì Mǎdòu*. Um mapa-múndi onde aparece a China, junto a relógios e instrumentos científicos, foram presentes para o imperador chinês.

Seu prestígio era tanto na China que, ao falecer, em 1610, em Beijing, como exceção aos estrangeiros que não podiam ser sepultados em solo chinês, ele tem permissão para enterro solene num cemitério local. Hoje, dentro de uma escola em Beijing, encontramos o memorial.

*Sou coerente, sim, com meus ensinamentos, mas permaneço ativo sempre para servir o Senhor e ajudar os meus irmãos na fé.*

Partindo de Goa ou de Malaca, muitos aventureiros portugueses enfrentam águas perigosas e locais inamistosos, pois a dominação otomana dos muçulmanos os tornava infiéis que não mereciam piedade. Até em algumas ilhas perdidas havia selvagens na idade da pedra, que atacavam qualquer estranho, mesmo os náufragos que chegavam quase mortos; vítimas dos famosos tufões que chegam de modo furioso e sem avisar os intrusos.

# 7. HERNANDO DE MAGALLANES. PALAVRAS DE PIGAFFETA

Em seis de abril de 1522, éramos 18 fantasmas numa nau desarvorada, resultado de uma façanha que vai alterar os mapas do mundo, os conceitos da navegação mundial e as relações do comércio global. A Victoria, com as suas 85 toneladas de deslocamento, um destroço que mal flutua depois de quase 3 anos de viagem, retorna ao seu porto de partida. (As palavras, as frases e as explicações de Antônio Pigaffeta vão comprovar as proezas de Hernando de Magallanes na realização da primeira circum-navegação ao redor do mundo. O livro que ele escreve vai contar a realidade dos fatos.)

Italiano, nasci em Vicenza em 1480 e, graças ao apoio do Vaticano junto à corte de Carlos V, pude participar da aventura que começa em Sevilha, onde o capitão português Fernando de Magalhães começa a realizar o seu projeto. Desde 1518, bem acolhido, logo estava associado tanto ao capitão como à sua família e a Henrique, o escravo malaio que ele comprara em Malaca, e descobria as razões que levaram Fernando de Magalhães a trocar a sua nacionalidade e vir pedir auxílio à rival de Portugal.

Como muitos portugueses, Fernando procura a sua fortuna no caminho para as Índias. Como soldado e marinheiro, vai participar dos combates contra as naves e as fortalezas muçulmanas que dominam o mar Indico, quando é ferido. As naus portuguesas, popas e proas elevadas, com os seus canhões e fuzileiros, vão acabar com as galeotas turcas e, em cercos por mar, com base em Cochim, vão dominar uma a uma as fortalezas muçulmanas, depois da vitória naval em Cananor. Seu empenho e dedicação chamam a atenção dos seus superiores, o que permite sua ascensão na escala de comando. Em 1509, faz parte de uma expedição que, com quatro embarcações, efetua um reconhecimento do poderio do baluarte muçulmano de Malek na Malásia, o centro comercial onde as especiarias eram estocadas antes de seguirem em caravanas para o Mediterrâneo e para Constantinopla. Magalhães faz contato com o aventureiro que, disfarçado de monge budista, circulara pela Ásia e o informa sobre as Maluk Utare, ilhas vulcânicas de onde a maior parte das especiarias vinha por barcos pequenos para Malaca. Os boatos e as informações obtidas de fontes ocasionais falam de uma traição em andamento para matar os portugueses e capturar as naves. Com o pretexto de fazer um acordo comercial, um banquete seria oferecido aos chefes e aos pilotos portugueses. Graças aos avisos de Fernando de Magalhães, há tempo de escapar, perdendo-se apenas alguns dos botes e poucos soldados.

Em 1511, Magalhães como piloto, sob o comando do capitão Sequeira, numa esquadra de 14 naus e mais de 2 mil soldados, num plano perfeito, ataca e conquista Malaca. O botim amealhado em ouro, em prata e em especiarias é fantástico. Toda a cristandade elogia o feito de Portugal, que num só golpe aniquila de modo definitivo a influência muçulmana no mar Índico. Por toda a Europa, os sinos das catedrais e com júbilo no Vaticano badalam a boa-nova: agora Lisboa é o porto mais importante da Europa, desbancando Veneza e Gênova. Nos anos seguintes, Magalhães, no comando da nau que protege as embarcações comerciais que circulam nas áreas de influência lusa, amplia os seus conhecimentos na navegação, na logística e no comando firme de marinheiros e soldados. (Pigaffeta aos poucos resgata o passado do seu amigo, pessoa fechada e de poucas amizades, agora conhecido em Sevilha como Hernando de Magallanes.)

De retorno a Lisboa, após ter cruzado por quatro vezes o Cabo da Boa Esperança, depois de Vasco da Gama, ele é o melhor comandante e piloto de Portugal, fato não reconhecido na corte de Lisboa e por D. Manuel, que desprezam as suas demandas por um comando. Para superar Cristóvão Colombo, que descobrira o Caminho para as Américas, e Vasco da Gama, que viabilizara o Caminho para as Índias das especiarias, Fernando de Magalhães sonha em realizar a descoberta de um caminho alternativo para os mares do sul, chegando às Índias e às ilhas de Malek Utare por caminho contrário ao de Vasco da Gama. Para isso, começa a pesquisar antigos mapas e portulanos, agora com o apoio do melhor cartógrafo de Portugal, Rui Faleiro, que será o seu sócio nos lucros pela localização de passagem pelo sul do Brasil, que, segundo os cálculos, estaria além da latitude de 40 graus sul. (As observações de Pigaffeta mostram a persistência de Fernando, não apenas no seu projeto, que mantém no silêncio, mas também nas tentativas de aumentar a sua pensão com valor que permite apenas uma vida na miséria.)

Pelas circunstâncias, Magalhães se alista como soldado para lutar no Marrocos, onde é ferido gravemente em campo de batalha desconhecido para ele, o que o deixa manco, de modo que é colocado em atividade auxiliar de controlar os cavalos capturados durante os combates. Por inveja, acusado de roubo, vai até D. Manuel para obter justiça e melhoria da pensão, agora por estar quase inválido. A negativa, a humilhação pela desconsideração, acusado de desertor, consegue dispensa honrosa do serviço militar. (Pigaffeta mostra que, para Magalhães realizar os seus projetos, a solução não mais estava em Portugal.)

No início, Hernando de Magallanes, considerado um renegado, não consegue ser notado ou ouvido em Sevilha. Só após casar-se com a filha de um rico comerciante, com dote considerável, consegue chegar à corte imperial em Toledo, onde convence os membros do Conselho Real, graças aos seus argumentos com suporte das explicações de Rui Faleiro e seus mapas. Carlos V, impressionado pela figura de Hernando de Magallanes, concede livre trânsito para as ações e decisões pertinentes para equipar a frota necessária, mas os cofres do tesouro real estão vazios. Era importante conseguir um novo investidor, modificar cláusulas dos contratos, o que se consegue com a adesão de banqueiro de Flandres, dando início à preparação e ao equipamento de armada de cinco naves, todas exigindo reparos e manutenção. (Pigaffeta registra a capacidade de Hernando de gerir e registrar todos os seus atos, como as suas compras desde um simples prego até mantimentos e assessórios imprescindíveis para viagem prevista para dois anos. Não esquecendo as bugigangas para as futuras trocas com os nativos.)

Pelo vulto da empreitada, é impossível manter o segredo. Lisboa ameaça Magalhães caso ele não desista e inclusive tenta sabotar os trabalhos nos estaleiros e espalhando boatos de pavor. Com o poder concedido por Carlos V, Hernando supera os obstáculos, inclusive no recrutamento dos tripulantes, e, no dia 10 de agosto de 1519, depois das missas, das promessas e dos atos públicos, a armada parte pelo rio Guadalquivir de Sevilha até SanLúcar de Barrameda, na foz com o Mediterrâneo, onde os últimos itens são carregados. Em 7 de setembro de 1519, era o momento de partir para realizar o sonho de Hernando de Magallanes. Éramos 265 almas, em cinco naves com 58 canhões e nove falconetes, e só o capitão sabia o roteiro da viagem.

No dia 20 de setembro de 1519, ultrapassamos o Estreito de Gibraltar, entrando no Oceano Atlântico, onde naves de guerra portuguesas tinham ordens de nos capturar, tratando os prisioneiros como piratas. Depois das Canárias, costeando a África, o curso foi alterado para o Brasil, para a região de Pernambuco, depois navegamos direto para a Baía de Guanabara, área deserta onde indígenas amistosos trocavam frutas e alimentos por espelhos e colares. Para evitar dispersões, durante as noites, com chuvas e nevoeiros, pois as naves tinham velocidades diferentes, o capitão geral implantara um sistema de sinalização com lanternas tanto na proa como na popa, para que a Trinidad, a nave capitânia, fosse acompanhada pelas demais; em caso de desgarramento, tiros de canhão indicariam a rota correta.

Bem próximo do capitão e de Henrique, mesmo um calado e solitário Hernando de Magallanes às vezes abre o seu coração, falando dos planos, mas sem dizer nada sobre a passagem tão falada, algo que provoca descontentamentos entre os quatro comandantes das outras naves, que não aceitam navegar atrás de Almirantado todo poderoso que não explica para onde estão navegando. Henrique, sempre ao lado, era mais sociável e me ajudava na preparação de manual para transformar os sons das palavras em malaio, acessíveis a um curioso estudante luso. Ao alcançar a latitude sul de 40 graus, um estuário gigante trouxe esperanças, durante semanas, explorações foram feitas, e a conclusão era de que o local era a foz de rio caudaloso que se perdia em interior desconhecido.

Desde então, Hernando parece indeciso, pois, pelo visto, a passagem, se existe, se encontra mais para o sul, mais perto do polo. Os mapas de Rui Faleiro se mostram imperfeitos. A partir de então, todas as baías, as enseadas e as fozes eram vasculhadas, sem nenhum resultado prático. Enquanto o tempo se mostrava mais impiedoso, com ventos fortes, neblinas, temperaturas cada vez mais baixas e nevascas, fica claro que é impossível retornar. No final de março de 1520, na baía de São Julião, perto da latitude sul de 50 graus, as naves encontram refúgio, onde irão hibernar até as condições meteorológicas melhorarem. Por precaução, um racionamento dos víveres é implantado, o que provoca descontentamentos entre os marujos e amplia a reação dos comandantes espanhóis. (Pigaffeta, nos seus registros, já fala em rebeldia crescente.)

O bloqueio da baía de São Julião pela Concepcion, pela San Antonio e pela Victoria deixa o capitão geral encurralado, contando apenas com a Trinidad e o pequeno Santiago. Os rebeldes, sob direção de Gaspar Quesada, haviam encarcerado os pilotos e oficiais portugueses durante a tomada da San Antônio, inclusive, no motim, um dos oficiais lusos restara morto. O objetivo dos amotinados era obter uma reunião onde o destino da expedição seria decidido em comum acordo entre todos os capitães. No entanto, Hernando, que havia passado por situações piores, prepara um contragolpe. Enquanto envia um escaler para tratar da solicitada conferência, noutro escaler, homens fortemente armados e camuflados fazem abordagem de surpresa à Victoria, cujo comando é rapidamente alterado; agora as cartas estão nas mãos do capitão geral, com três naves contra as duas rebeldes. O próximo passo é enviar o bote que ia para negociar as condições do encontro para abordar a San Antônio. Na chegada, Gaspar Quesada no comando tenta prender os assaltantes, mas as suas ordens são desobedecidas em função dos gritos do capitão geral, que assume o comando e liberta os prisioneiros, encarcerando os cabeças da rebelião. Vitória total pela rápida ação de Magallanes. (Pigaffeta registra os fatos, pois o capitão geral precisa tomar medidas para recuperar o comando, não pode deixar dúvidas sobre a sua autoridade.)

O processo segue os ritos dos mares, com testemunhos, com declarações juramentadas, uma corte e um juiz. Por ser nobre, o réu principal, Gaspar Quesada, é decapitado pela espada, e dois outros dos cabeças são degredados, o que corresponde à morte lenta, pois, com provisões para uma semana, seriam abandonados sem mais nada num deserto de gelo. Como precisa manter os tripulantes, muitos dos acusados são perdoados, mas a ação cruel e desumana acaba com qualquer reclamação. Com a melhoria do tempo, o Santiago, em maio de 1520, é enviado para explorar as regiões ao sul de São Julião. O tempo passa sem notícias, até a chegada de alguns sobreviventes do naufrágio imprevisto que haviam decidido regressar à base por terra, mesmo em condições terríveis, mas trazem notícias dos primeiros habitantes encontrados naqueles ermos. Cobertos de peles de animais, com os pés protegidos por rudimentares calçados que deixavam imensas pegadas, foram denominados patagões, expressão que ficaria associada à região. Com pinturas estranhas e desenhos misteriosos, usam máscaras de madeira que aumentam a sua altura, algo notado desde pronto. Povo primitivo que mantinha acessas de modo permanente imensas fogueiras, pois não sabiam como acender e controlar o fogo. Terra do Fogo, no futuro, seria outra das denominações daquelas plagas. Os demais sobreviventes seriam resgatados a seguir, pois o comandante geral recorda que há uma tarefa a fazer, conforme promessa ao imperador Carlos V.

As quatro naves seguem para o sul para, na latitude 53 graus sul, encontrar um meandro de ilhotas, de canais, um verdadeiro labirinto, onde a água sempre é salgada, com grandes profundidades e vestígios de marés. Com perícia e extremos cuidados, a Trinidad define a rota para avanço lento, mas sem incidentes das naves até alcançarmos baía ampla, com bons pesqueiros, água em abundância, com temperaturas agradáveis durante o dia, oportunidade para parada reparadora. Numa assembleia, Hernando de Magallanes, com autoridade absoluta desde o julgamento de São Julião, convence os demais pilotos e comandantes de continuar a expedição, mesmo com votos contrários dos comandantes da San Antonio. Devido ao grande número de canais, a Concepcion e a San Antonio partem em duas direções para descobrir o caminho correto para os mares do sul, devendo retornar em alguns dias com notícias. Magallanes envia dois botes para sondar os caminhos para o sul, pois sua expectativa é crescente. Dias depois, tiros anunciam o retorno dos botes. Gritos de alegria de vitória ecoam entre montanhas de picos nevados. Os mares do sul estão a poucas milhas e recebem a denominação *Mare Pacificum*. Dias depois, apenas a Concepcion retorna, nada da San Antonio. Depois de muitas buscas, a conclusão era de que a maior nave, com a maior parcela dos mantimentos, desertara. O que deixava apenas três naves para concluir o projeto. (Pigaffeta afirma nas suas observações que, desde a latitude 56 graus sul até as Maluk Utare perto do Equador, a distância era imensa e realizada por águas nunca navegadas, onde os mapas existentes eram imperfeitos e enganadores, ainda mais que as longitudes não eram possíveis de cálculo.)

Em 28 de novembro de 1520, após alentador discurso de Magallanes, três naves penetram em mar nunca navegado para realizar uma proeza nunca antes tentada. Nos diários, as mesmas anotações. Mar azul, com sol abrasador, mas nada no horizonte, nenhuma ilha à vista. Água potável só a recolhida de chuvas escassas. Depois, numa constante, racionamento, fome, escorbuto e morte são as anotações. Hernando de Magallanes, sempre incentiva os sobreviventes, com palavras e exemplos de líder. Tudo que é comestível, restos de biscoitos já roídos por ratos, couros, acessórios das velas, são as alternativas. Em março de 1521, uma ilha vulcânica é a esperança. Em pirogas, os nativos falando língua que nem Henrique compreende sobem às naves, fascinados por tudo que encontram e furtam, inclusive um dos botes é levado como presa. Mesmo com tripulantes enfraquecidos, o capitão geral prepara uma sortida, pois é necessário recuperar o bote e trazer mantimentos. Em terra, após uma descarga dos arcabuzes, uma fuga geral deixa a povoação livre para pegarmos os mantimentos imprescindíveis: arroz, milho, farinhas, inhames, frutas, porcos, galinhas, peixes secos, água e mesmo uma bebida fermentada do óleo de palma. Por precaução, o comandante vai para uma das ilhas desertas próximas, onde os doentes são curados e os sobreviventes renovam forças com os produtos pilhados; porcos assados são recompensas pela sobrevivência. (Pigaffeta, nas anotações, conclui que passaram a linha do Equador, mas as Maluk Utare não foram localizadas.)

Em 7 de abril de 1521, Cebu, uma das milhares de ilhas do arquipélago que seria chamado de Filipinas, é alcançado. O rajá local Hummabon, descobrindo o poder dos estrangeiros, aceita a vassalagem ao rei da Espanha e depois recebe os santos óleos ao ser batizado junto à sua corte; em poucos dias, o trabalho evangelizador e missionário do Adelantado é surpreendente. Ele é a autoridade máxima entre os nativos, e missas festivas comemoram a Páscoa. Talvez pela soberba e vaidade, o capitão-mor logo vai cometer um erro fatal.

Em 27 de abril, agora *o Adelantado* Hernando de Magallanes, título que pode usar por ter descoberto novo território para a Espanha, parte para Mactan, uma ilha próxima, para enfrentar o cacique que não aceitara as suas ofertas e era rival de Hummabon. Apesar de sempre cauteloso nas suas decisões, confiando no poder das suas armas, com grupo reduzido de 60 soldados, não aceitando os mil guerreiros oferecidos por Hummabon e não usando os canhões da sua armada, vai fazer um desembarque desastrado em território inimigo. Como havia uma barreira de corais, era impossível levar os botes até a praia. O desembarque, com dificuldades, foi feito com água pelo peito. E o pior, os arcabuzeiros e os besteiros, o nosso melhor trunfo, ficavam distantes do local da luta e seriam inoperantes. Silapulapu lança os seus guerreiros, usando escudos de madeira, lanças de bambus com ponta afiladas no fogo e setas envenenadas, em três colunas, uma para o centro e as outras duas para os flancos. Vendo a ineficiência da nossa artilharia, a audácia dos atacantes redobra, e, sabendo que as nossas armaduras não protegem as pernas, para elas arremetem lanças e flechas. Magallanes, mesmo ferido numa perna, abre claros com sua espada e, já sem o seu elmo, ordena a retirada, pois a batalha está perdida. Silapulapu, vendo a situação, concentra o ataque, e Hernando de Magallanes, devido aos antigos ferimentos, fica para trás, atraindo toda a fúria dos nativos. Para nossa desonra, não podemos evitar a morte do nosso comandante nem recuperar o seu corpo, apesar das negociações. (Pigaffeta, nas suas linhas, relaciona o que representa a perda do líder e chefe da expedição.)

A perda do líder, além de deixar os comandantes desorientados, sem saber o que fazer, provoca uma mudança da atitude de Hummabon, pois agora os estrangeiros não são mais deuses, são mortais de carne e osso, e o seu Deus não mais é o ente supremo. Precisa desfazer todos os acordos para não perder prestígio entre os soberanos das ilhas e renega o seu batismo. Para satisfazer os novos senhores no pretexto de fechar novos contratos comerciais, um banquete seria oferecido aos oficiais, aos comandantes e mesmo para a tripulação. Por estar em recuperação dos ferimentos de Mactan, eu e Henrique, como outros, estávamos dispensados do que seria alta traição. No entanto, Henrique, que, após a morte do Adelantado, por cláusula de testamento, ganhava legalmente total liberdade, pelas negativas é preso e mesmo torturado, por não obedecer aos novos senhores. Não tendo mais nenhuma obrigação com a nossa expedição. Henrique retorna para as suas origens na Malásia, sem antes ter transferido, por vingança, informações importantes para Hummabon.

A catástrofe não seria maior se um dos retardatários, vendo movimentos suspeitos nos ancoradouros, não retornasse para as naves junto a tripulantes encontrados pelo caminho, colocando as três naves em prontidão para partida. Mal as medidas de segurança eram tomadas, uma gritaria vinda do palácio, mesmo tomados de surpresa, havia reação, e os que escapavam da armadilha eram perseguidos como ratos pelo cais, sem que pudéssemos dar o menor apoio. Já a largo contagem indicava a presença de 115 sobreviventes, bem como a perda de importantes pilotos que conheciam a rota de Vasco da Gama. Seria impossível manejar as três naves, por isso a decisão era de desaparelhar a Concepción, a mais velha e já com problemas no casco, pois não sofria manutenção há mais de 2 anos. Depois da retirada do último equipamento, de qualquer acessório útil, a Concepción foi queimada, em 4 de maio de 1521.

Sem saber como proceder, duas naves piratas assolam o mar de Banda sem rumo definido, além de realizar sequestros, pilhando qualquer nave ao acaso até, numa tarde, abordar uma embarcação em que um dos tripulantes vinha de Ternate, a capital das Molucas do Norte, o nosso objetivo no início da jornada. Em 21 de novembro de 1521, alcançamos as ilhas das especiarias, onde fomos bem recebidos pelo potentado local. Fernando Serrão, o amigo e correspondente de Hernando de Magallanes, havia falecido há pouco tempo, mas a sua família nos recebe muito bem. Foi uma loucura, os preços de tudo eram verdadeiras pechinchas: especiarias, tecidos, ouro e prata eram trocados por qualquer bugiganga, incluindo roupas, armas, facas, botas ou espelhos. Depois de eliminar todos os itens trazidos para trocas, de carregar as sacas das especiarias, principalmente o cravo-da-índia, e de armazenar mantimentos para jornada de seis meses, era importante regressar. A Victoria fica sob o comando do espanhol Estêvão Delcano, onde continuo como o escrivão a bordo, enquanto a Trinidad, sob o comando de Gómez de Espinosa, português e amigo de Hernando de Magallanes, no último momento revela falhas na estrutura do casco. É necessário docar a Trinidad para os reparos depois de descarregar toda a carga, o que iria atrasar a sua partida e mudar o trajeto do retorno. Delcano seguiria para o Ocidente, para o Cabo da Boa Esperança, enquanto a Trinidad, onde estavam os bens de Magallanes, iria pelo Pacífico para Acapulco, no México, ou para a cidade do Panamá. (Pigaffeta analisa o comportamento de Delcano, que fora um dos pilotos espanhóis rebeldes, mas perdoado pelo capitão-mor.)

Parece que o espírito do Almirantado encarna em Delcano, cuidadoso em todas as providências, nos mínimos detalhes, pois sabe que precisa evitar o trajeto das naus portuguesas que dominam a costa da África, da Índia e da Indonésia. Por isso, com 47 tripulantes calejados, leva mais 15 malaios para serviços gerais, com os quais já mantenho comunicação básica. Depois de carregar uma carga de carne de porco salgada, mas não curada, precisa alcançar a ilha do Timor-Leste, onde precisa adquirir cargas de sal para a conservação da vital proteína. A seguir, em alto-mar, num trajeto longo, evitando as bases portuguesas, a inflexão é para o Cabo das Tormentas, o terror de todas as naves. Em 6 de abril de 1522, saímos de Ternate em direção a Timor, onde não conseguimos o sal vital para conservar a nossa reserva de carne de porco, que começa a se deteriorar, sendo descartada para o mar. Para piorar, uma tempestade danifica o mastro principal, o que reduz a nossa velocidade, o que é acompanhado da fome, do escorbuto; as mortes começam a reduzir a tripulação ao entrarmos no Atlântico, onde precisamos escapar da Costa do Esqueleto e das suas calmarias.

Próximo das ilhas de Cabo Verde, a situação chega ao limite: apenas 31 pessoas mal conseguem conduzir a Victoria, todos os malaios já são passados. Delcano precisa montar um ardil. A Victoria, vindo do Caribe, fora afastada da rota devido às fortes tempestades, o que qualquer inspeção mesmo de longe comprova, e precisava adquirir suprimentos, algo que as leis dos mares concedem. Obrigando os tripulantes a serem discretos, de não entrar em bares, nem mostrar evidências ou falas que pudessem anular o disfarce, as viagens de reabastecimento enchem os depósitos. Falta apenas o retorno do último bote, quando uma movimentação estranha ocorre no cais: embarcações estão indo para navios ancorados. Delcano conclui que o disfarce foi descoberto e que não tem mais tempo para aguardar, é preciso partir mesmo com apenas 18 tripulantes a bordo.

Começa outro drama, pois, mesmo com alimentos, é difícil manejar as velas, com esforços cada vez maiores para todos. Quase não há tempo para descanso; o pior é que infiltrações surgem no casco devido aos efeitos das tempestades. Agora é preciso manter as duas bombas de esgotamento funcionando de modo ininterrupto, missão quase impossível para pessoas indo além dos seus limites físicos. (Pigaffeta quase não tem tempo de escrever, pois às vezes ele está no timão, seguindo as ordens de Delcano.)

Estevão Delcano, nos estímulos exige que todos superem os seus limites. Incansável nas suas falas: "Só mais algumas horas. Estamos perto. Um dia mais para chegar ao destino. Temos uma promessa a cumprir pelos companheiros que perdemos. Depois de Gibraltar, estamos perto da Espanha onde teremos pão macio e vinho generoso. Só mais algumas horas, companheiros".

Ao chegar ao porto de SanLúcar de Barrameda, na foz do rio Gualdaquivir, não percebíamos a surpresa e as manifestações dos habitantes locais. Éramos fantasmas retornando do mundo dos mortos, numa nave em frangalhos. Exaustos, só queríamos dormir, mesmo com as homenagens e os esclarecimentos solicitados pelas autoridades. A carga a bordo, bem arrematada, paga as despesas de toda a expedição. Depois, em Sevilha, Estevão Delcano, que nas suas declarações omite fatos prejudiciais à sua atuação na expedição, recebe excelente pensão, tem suas dívidas perdoadas e recebe as glórias que seriam de Hernando de Magallanes. Com o tempo, uma dúvida permanecia insistente na minha memória. Quando em Santiago, capital das ilhas de Cabo Verde, um dos marujos afirmou que os locais festejavam na quinta-feira o Santo do Dia, enquanto os meus cálculos e anotações, mesmo revisados, afirmavam que eu estava numa quarta-feira. Nunca pude entender onde eu errara. Talvez precise consultar as eminências do Vaticano. (Pigaffeta sabia que era importante escrever e defender a atuação de Hernando de Magallanes, que mesmo morto fora o responsável pelo sucesso do seu projeto.)

As palavras, os escritos e as narrativas de Pigaffeta, sem ele o perceber, revolucionam o mundo. A Terra é um globo onde todos os mares se comunicam, de modo que os mapas existentes exigem radical transformação e nova apresentação, pois as distâncias na realidade são bem maiores. O comércio mundial, com as novas rotas marítimas, além exigir embarcações melhores, abre perspectivas para mudar o controle e o domínio dos mares entre as nações.

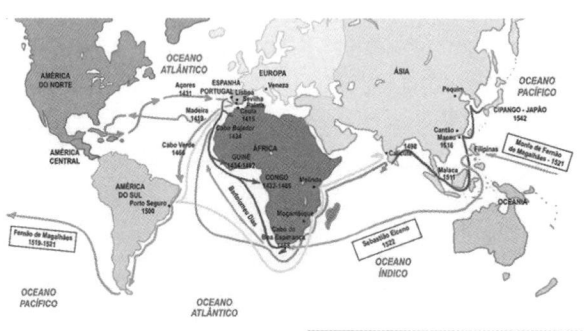

# 8. O PERÍODO FILIPINO. CONSEQUÊNCIAS

No entanto, em 1580, quando o rei da Espanha assume o trono de Portugal como Filipe I na cidade de Tomar, pois D. Sebastião havia desaparecido numa batalha no norte da África sem deixar herdeiros, um velho cardeal é o substituto, mas logo falece, oportunidade para o soberano espanhol Filipe II unir as duas coroas. A época dourada de Portugal declina, pois agora enfrenta os inimigos da Espanha. A Holanda, por meio de Amsterdã, vai atacar e capturar as possessões e os territórios de Portugal na África, na Índia, em Colombo, na Indonésia, em Formosa, no Japão e mesmo no Brasil. A Inglaterra, por meio dos seus corsários, vai atacar as naus que retornam da Índia repletas de mercadorias, indo para o ponto de reunião e abastecimento nos Açores.

Em 1588, o projeto de Filipe II de invadir a Inglaterra com 100 mil soldados estacionados ao longo do Canal da Mancha exigia por primeiro a eliminação da frota inglesa, que é comandada pelo famoso Sir Drake, o terror do Caribe. A armada espanhola, reunida para o ataque, na sua maioria era constituída por naus e galeões portugueses, incluindo a nave capitânia, o São Martinho. No entanto, boa parte das naves não estavam bem aparelhadas, faltando soldados e marujos para completar a tripulação e manejar a artilharia.

A chamada Invencível Armada iria batalhar em mares desconhecidos, com ventos apenas conhecidos pelos locais. Depois, a frota constituída apenas de naus e galeões, sem comando firme, não teria espaço de manobra, principalmente sabendo que a Inglaterra dispunha do embarcações mais leves, velozes e de fácil manejo. O pior: se os ingleses usassem a tática de enviar barcos incendiários, os brulotes, não seria possível evitar as colisões e os incêndios nas naus bem próximas, o que acabaria com a organização da esquadra, dando a vitória ao adversário.

O inevitável ocorre, a invencível armada se fragmenta, e depois um terrível temporal, além de afundar as embarcações danificadas, espalha por toda a Grã-Bretanha o restante da armada. Na Escócia, na Irlanda e no País de Gales, os sobreviventes encontram a morte em naufrágios e em escolhos e recifes desconhecidos. A derrota foi terrível para a Espanha e muda o panorama mundial. Para Portugal, a perda dos seus galeões e das tripulações enfraquece o sistema de proteção das suas possessões na África, na Ásia e no Extremo Oriente. O Império Português começa a encolher.

Em 1592, o galeão Madre de Deus, um dos maiores construído nos estaleiros da barra da Ribeira, em 1589, com 1.600 toneladas de deslocamento e podendo transportar 900 toneladas de carga, foi destinado às carreiras da Índia. Na sua segunda viagem de retorno, depois de Goa, já bem carregado, ao passar por Moçambique, ainda aceita a carga de uma nave avariada que estava em conserto demorado. Contra todas as indicações, fica com excesso de peso, o que diminui a velocidade e torna mais complicadas as manobras, tanto evasivas como defensivas. Desobedecendo às ordens de viajar em comboio, vai enfrentar esquadra de seis naves inglesas que, como uma matilha de lobos, coloca-se em posições para as quais a Madre de Deus não pode usar os seus canhões, mantendo a pressão sobre a presa por dia até a pólvora terminar. Avariada, com a maior parte da tripulação morta ou ferida, não há mais como manter a luta que dura dias, tendo os Açores como palco. Com peso perto de 1.600 toneladas, era imensa, algo nunca visto quando ela atraca na Inglaterra. O valor do botim equivalia a quase um orçamento real do ano, mesmo que parte da carga e dos valores tenham sido pilhados pelos tripulantes durante o retorno e a atracação no porto.

Os holandeses não perdem tempo. A Companhia das Índias Orientais financia e equipa frotas que começam a pilhar os galeões e naus carregados de mercadorias vindas do Oriente e do Extremo Oriente, atacam e tomam as antigas feitorias de Portugal. Em 1638/39, os lusos são expulsos do Japão junto aos jesuítas e substituídos por holandeses. Malaca é tomada em 1641. Em 1656, é a vez de Colombo. Em 1657, Cochim, a primeira feitoria, é capturada. Em 1663, Calicute entra na lista. Em acordos, mais tarde, Portugal recupera o domínio de Angola e de Moçambique, mas cede todo o espólio roubado.

Com a exceção de Ceuta, que, na restauração, decide ficar sob a bandeira espanhola, Macau sobrevive até o século XXI. A pérola da China, mesmo atacada em 1622 por uma esquadra holandesa de mais de 18 navios e perto de 2 mil soldados se mantém pela resistência dos habitantes e por canhonaço de artilharia que acerta a carreta de munições, matando muita gente e a maioria dos oficiais holandeses. Mesmo estando o exército e a frota de defesa ausentes, lutando contra inimigo do mandarim local, a detonação e a retirada dos assaltantes em pânico redobra a coragem dos habitantes e mesmo dos escravos, que, usando as armas recuperadas, repelem os ataques dos dias seguintes. A derrota não é aceita e desculpada em Amsterdã, onde, pelo investimento e pela grandeza da expedição, a vitória era certa. Os ataques e ocupações por estrangeiros no Brasil serão apresentados a seguir.

# 9. ANTECEDENTES DA RESTAURAÇÃO PORTUGUESA. DINASTIA DOS BRAGANÇA NO BRASIL

Bem antes de 1640, já em 1631, um movimento surge com o objetivo de afastar Portugal da União Ibérica antes da sua assimilação ao reino da Espanha. Apesar de certa liberdade administrativa, os impostos, o emprego de tropas lusas e o custo em armas, em navios e nos mantimentos, devido ao envolvimento bélico de Madri em contendas por todo o globo – como durante mais de 60 anos em Flandres, principalmente durante as guerras religiosas dos 30 anos – mantêm Portugal em constante tumulto e perigo, principalmente nas suas colônias no Brasil, na África, na Índia e na Ásia. Apesar de ser o maior império global, com seus terços bem disciplinados, equipados com picas imensas e apoiados por mosqueteiros com armas modernas, com marinha capaz de deslocar rápido as tropas necessárias, apesar das vitórias em vários embates, os custos do financiamento das operações em todos os mares e terras não mais era coberto pelas riquezas vindas das Américas, da Ásia e das Filipinas, tampouco os juros dos empréstimos eram pagos, o que leva a Espanha a declarar bancarrota várias vezes.

Os 40 conspiradores, denominação do grupo palaciano, já tinham um candidato para assumir o trono. O Duque de Bragança, o nobre mais rico de Portugal, com mais de 40 mil servidores, também tinha raízes reais. Era o candidato adequado, talvez o único, mas relutante em enfrentar a vizinha Espanha, pois temia a força dos exércitos de Madri. Um casamento é proposto pelo Conde de Olivares, nobre ligado à coroa de Filipe III, entre o duque de Bragança e Luísa de Gusmão, duquesa espanhola da família Medina-Sidônia, segunda fortuna da Espanha. Seu projeto, ao unir famílias importantes de Portugal e da Espanha, facilitaria a futura anexação definitiva de Portugal à coroa espanhola.

Só que Luísa de Gusmão, com temperamento mais forte do que o do esposo, adere à causa portuguesa e começa a vencer as indiferenças do esposo, mais propenso à música e às artes. Como ela afirma:

*Mais vale ser rainha em Portugal por um dia do que ser duquesa toda a vida.*

O casamento ocorre em 1633, com todas pompas e honras possíveis. Aos poucos, com paciência e astúcia, agora como duquesa de Bragança, Luísa de Gusmão entra na conspiração, mas seu esposo não toma nenhuma decisão que possa ser considerada rebeldia em Madri. O tempo passa, mas, no início de 1640, a Espanha cada vez mais está envolvida em combates que não consegue vencer nem pelas armas nem diplomacia, enquanto o trabalho dos conspiradores avança silencioso. Contudo, o duque de Bragança continua inerte, numa atitude de prudência, não querendo parecer ligado a movimento militar de rebeldia, mas Luísa de Gusmão está cada vez mais ativa nos bastidores. Em 1 de dezembro de 1640, em ato revolucionário, o Conselho declara o duque de Bragança como o novo soberano, sob o nome de D. João IV, dando início à dinastia Bragança. As novas circulam por Portugal, trazendo júbilo, alegrias e vivas em todos os passos. O duque de Bragança agora aparece não como revolucionário, mas como o restaurador tão aguardado pelos portugueses para eliminar o golpe do Tratado de Tomar de 1581. Logo depois, em Lisboa, ocorre a tradicional aclamação que consagra o novo rei: D. João IV, e Luísa de Gusmão como rainha de Portugal. A reação de Madri fica restrita a escaramuças nas fronteiras. Só em 1644, em Montijo, é que ocorre o principal embate, em que o símbolo das cinco torres é o vencedor.

Luísa de Gusmão, após o falecimento de D. João IV, em 1656, agora é a rainha regente e precisa organizar melhor o exército, pois Madri, ao sufocar a rebelião na Catalunha, apoiada pela França, em 1659, libera tropas que pode usar contra Portugal. O conde de Castanheira é o escolhido para formar um exército capaz de enfrentar o futuro e previsível ataque. Toda Portugal, incluindo as ilhas Açores e Madeira, é vasculhada em busca de soldados para o devido treinamento. Em outubro de 1659, Madri desloca suas forças em direção às fortificações de Elvas, caminho mais curto até

Lisboa, pois a vitória já é considerada certa por Madri e por Filipe IV, visto que há 20 mil homens, entre infantes, cavaleiros, artilheiros e ajudantes, na tropa de assalto.

Os portugueses somam 8 mil infantes e 3 mil cavaleiros, reduzido efetivo para enfrentar a ameaça castelhana, mas com muito ardor e valentia. No dia do encontro, os espanhóis, confiantes, sob o comando de D. Luís de Haro, numa tentativa de cerco às fortalezas de Elvas desde outubro de 1659, têm o seu acampamento espalhado nas planícies de Linhas de Elvas. Pela soberba, certos da vitória, não tomam as tradicionais medidas de cautela. O conde de Castanheira e seus oficiais, observando o campo de batalha e a disposição do inimigo, tendo o nevoeiro como camuflagem, decidem pelo ataque direto, em que a cavalaria vai espalhar caos e confusão no centro do acampamento. A carga inesperada quebra a disciplina dos castelhanos, que, no tumulto, começam a fugir. Fogem mais ainda quando os infantes lusos, aos berros, avançam como um rolo compressor, algo que os oficiais inimigos não conseguem parar. Depois, as tropas acantonadas na fortaleza aproveitam o momento para uma sortida. Portugal ganha a batalha decisiva em 14 de janeiro de 1659. Canhões, armas e munições ficam abandonados durante a fuga. Mas só em 1668, depois de outras duas tentativas frustradas, a Espanha reconhece a autonomia de Portugal. O período Filipino de fato está encerrado, mas seus problemas, não.

D. João IV, ao falecer de gota, em 1656, cumpriu a sua missão de restaurar a soberania portuguesa e de manter a integridade territorial da colônia Brasil. A rainha regente, que perdera primeiro o herdeiro mais velho, com 13 anos, e depois o esposo, não confia no seu filho do meio, o futuro D. Afonso VI, pelas suas atitudes e ações que escandalizam a corte. Antes da maioridade de Afonso VI, ela continua como regente, desde 1656 até a sua morte, em 1662. Com o apoio de parte da corte, Alfonso VI assume o poder em 1663, que dura até 1683, quando o seu irmão mais jovem, num golpe palaciano, toma o cetro real como Pedro II. O reinado de Pedro II só acaba com a sua morte, em 1706.

Portugal, com o apoio da Inglaterra, da França, da Dinamarca e da Suécia, enfrenta os Países Baixos, onde Amsterdã vive a sua fase áurea. Lisboa agora depende da produção de açúcar, tabaco, algodão e café do Brasil, riquezas que vão substituir o comércio com as especiarias das Índias, cujo monopólio foi quebrado pelos holandeses.

A ocupação pelos holandeses de Pernambuco e de parte do nordeste é motivo de apreensões. Inclusive, Filipe IV propõe aceitar um Brasil holandês se os Países Baixos não apoiassem Portugal, o que poderia aumentar a ocupação batava que domina parte das Guianas. Entre acordos e tentativas de indenizações, Portugal não esquece que Amsterdã é a maior usurpadora das suas bases e feitorias na Ásia e na Índia. Macau, a pérola na China, em 1622 é atacada por uma frota de mais de 19 belonaves, com mais de 2 mil soldados e mercenários malaios. Estando as tropas defensoras ausentes, foi salva por disparo dito com a mão de Deus. Desde o Forte do Morro, ainda incompleto, o tiro alcança uma das carroças de pólvora que acompanha os invasores que ocupam a cidade antiga e o porto. O efeito em cascata das explosões em ruas estreitas e tortuosas é infernal, e há centenas de mortos e feridos, entre eles a maioria dos oficiais batavos. O pânico obriga a retirada dos assaltantes, enquanto a população ataca os invasores com todas as armas possíveis. Com moral em baixa e poucos oficiais, com a população animada pelo que eles afirmam ser ação divina, mais organizada a população repele as sortidas seguintes. A atuação dos escravos negros surpreende os holandeses, pela fúria com que atacam os fugitivos, gritando como possessos, sempre na primeira linha. Lutam como se fossem os senhores de Macau, algo que a herança lusa talvez possa explicar. Com rumores de que a frota defensora chegava, podendo bloquear as naus holandesas, os intrusos voltam para a sua base em Batávia, na Indonésia. Como explica o nosso guia:

*Se não fosse a ação dos anjos,*
*hoje em Macau falaríamos holandês,*
*em vez de português.*

Com os atritos com a Inglaterra pelo poder nos mares, no início do século XVII, a Holanda recupera parte do seu poder naval, o que preocupa os portugueses, nas tentativas de acabar com a presença batava no Brasil e de recuperar as possessões roubadas. Portugal protela decisões entre assinaturas de acordos e pagamentos de indenizações, que nunca iriam cumprir. A solução era incentivar um movimento entre os senhores de engenhos, que estavam sendo obrigados a pagar os empréstimos feitos, agora com juros abusivos, para iniciar uma revolta, aproveitando-se do descontentamento geral, ainda mais que padres católicos estavam sendo oprimidos em Recife. Em Guararapes, duas batalhas em 1648/49, duas vitórias, afetam o poder holandês em Recife, e muitos holandeses começam a escapar da armadilha, reduzindo o comércio com Amsterdã. Mas apenas em 1654 é que Recife será integrada ao Brasil Colônia. A comunidade hebraica, importante porque falava dois idiomas, se divide. Parte retorna à Amsterdã, outra segue para o Caribe. Poucos alcançam Nova Amsterdã, na ilha de Manhattan, onde fundam a primeira sinagoga da América do Norte, enquanto alguns vão para o Ceará e seus sertões. O velho princípio português de que a terra é patrimônio, não se vende nem se entrega sem lutar até a morte é válido nas terras brasileiras. Algo que o padre Vieira, nos seus sermões, não entende, o que em breve o leva a ser preso no Vaticano, por defender a causa dos hereges holandeses.

# 10. FINAL DO PERÍODO FILIPINO. CONSEQUÊNCIAS NO IMPÉRIO PORTUGUÊS E NO BRASIL.

Com a restauração em 1640 da casa real de Portugal, a colônia do Brasil passa a ser o maior patrimônio de Portugal. As guerras com a Espanha pela total independência acabam com o domínio dos Habsburgos na Espanha, e Filipe IV é o último soberano. Agora a dinastia dos Bragança, com João IV como o rei de Portugal, assume terras que vão drenar a população do reino. A diáspora continua, pois a cana-de-açúcar, o gado, o ouro e depois os diamantes atraem mais reinóis em busca de fortuna. Depois, as entradas e as bandeiras, expedições mergulhando pelo interior para capturar índios como mão de obra e nas buscas de ouro e de esmeraldas, deixam padrões de posse e instalam fortes por vasto continente. Portugal está sempre em busca de mais territórios, mas defende bem as terras invadidas pelos holandeses em Pernambuco e na Bahia, onde, após o cerco de Recife e das batalhas dos Guararapes, sangue negro, dos índios e dos portugueses consolidam a noção de brasilidade, núcleo de um exército onde todas as raças são iguais.

Em 1750, pelo Tratado de Madri, procurando dirimir fronteiras em territórios da Espanha e de Portugal na América do Sul, pelas vias diplomáticas, Portugal dobra a extensão da colônia do Brasil. Um vasto território, vazio de gente, precisa ser ocupado. A solução começa pelos Açores, ilhas assoladas por erupções, por rios de lavas que destroem as plantações e esterilizam o solo. Já com superpopulação, isso vai proporcionar um ciclo imigratório para o sul do Brasil a partir de 1752. A adaptação será fácil, pois o idioma é o mesmo, e a religião também. Outra fase da diáspora vai alterar as condições da Província de São Pedro e da região de Laguna. Com famílias numerosas, vão povoando as beiras dos rios, iniciando vilas ou ampliando os núcleos tradicionais existentes. A cultura dos Açores é divulgada no artesanato, nas danças, nas festas religiosas, como o culto ao Divino, bem como na culinária, nos doces, nas conservas e nos embutidos. São incansáveis nas plantações e na criação do gado. Seu amor à terra e à propriedade mantém a tradição lusa de que terra é propriedade, não se vende e não se entrega sem lutar até a morte.

Seus filhos e descendentes são os guerreiros que defendem e ampliam as fronteiras da província durante as guerras da Cisplatina. Hoje, no Rio Grande do Sul, existem 14 núcleos açorianos que recordam as antigas tradições, agora ampliadas pela contribuição local do churrasco e da erva-mate. Uma face da diáspora portuguesa que deixa as suas marcas pelo mundo, recordando os pioneiros da epopeia.

D. João VI, ao escapar das tropas de Napoleão em 1808, escolhe o Rio de Janeiro como a nova sede do governo. Em 1815, a colônia do Brasil é agora reino unido a Portugal e Algarves, e o Rio de Janeiro passa a ser a capital real. Em 1818, após a morte de sua mãe, em 1816, a rainha D. Maria I, o regente D. João VI será aclamado e coroado rei. Essa transformação política será responsável por manter a integridade da nação, o que não ocorre com as antigas colônias espanholas da América do Sul. O Império do Brasil, após a declaração de independência por D. Pedro I, reafirma a hegemonia do Brasil no mundo, ainda mais pelo seu casamento com D. Leopoldina Carolina, da casa dos Habsburgo. Os anos passam. Tanto o Brasil como Portugal escolhem o regime republicano, que traz conflitos políticos, revoluções, ditaduras e inflação.

Portugal agora dará atenção às suas antigas colônias, como Angola e Moçambique, na África, aos enclaves de Goa e Diu, na Índia, e a Macau, no sul da China. O seu projeto de unir Angola à Moçambique, englobando áreas internas da África, pretendia criar um novo país, com riquezas minerais fabulosas e tendo portos tanto no Atlântico Sul como no mar Índico. Uma nova diáspora começa, e é necessário investir recursos e deslocar populações para locais ermos e desabitados, tarefa imensa para um país tão pequeno. No entanto, devido às restrições da Grã-Bretanha, o projeto é abortado. No futuro, as áreas pretendidas serão ocupadas pelos ingleses e pelos belgas, ávidos pelas riquezas da África. Nos meados do século XX, Portugal cria um império com mais de 400 anos, um recorde que nem a Inglaterra consegue.

Como legado, Portugal deixa a sua língua, seus costumes, seu DNA e sua religião, sendo responsável por transladar do Oriente para o Ocidente, e vice-versa, plantas, frutas, costumes e alimentos desconhecidos por muitos. O Brasil é o maior exemplo do sucesso da diáspora portuguesa, tarefa quase impossível para os descendentes dos primeiros portucalenses.

# 11. A GUERRA ENTRE PORTUGAL E HOLANDA. ENTRE 1581 E 1664

Desde o início do século XV, mercadores lusos têm negócios com os Países Baixos e Flandres. Em Brugges, indo em busca de rendas, de tecidos, de tapetes, ainda encontramos um prédio em que os portugueses tinham escritórios, residências e negócios. Com a expulsão dos judeus, em 1492, da Espanha, muitos se refugiaram em Portugal, indo depois para Amsterdã. A cidade, drenando pântanos, abrindo canais, expandia os seus limites para os recém-chegados, e a colônia hebraica crescia e exercia o seu usual comércio. Em Lisboa, depois de batismo coletivo na praça central, onde a comunidade fora reunida, o rei podia afirmar para a noiva em Madri, condição exigida para o casamento real:

*Não há mais judeus em Portugal.*

Muitos cristãos novos continuam em segredo cumprindo os rituais milenares da sua crença, mesmo disfarçando as suas atitudes nos cultos cristãos e alterando os nomes bíblicos para denominações portuguesas, como: Lima, Pereira, Oliveira, Carvalho... Raposo, Lobo, Leão, Coelho... Serra, Monte, Valle, Rios... Noronha, Cunha, Pacheco, Menezes.... Mendes, Alvares, Fernandes, Correia. Para os espanhóis, todos os portugueses eram judeus disfarçados.

Essas relações comerciais amistosas perduram por anos. Com a eclosão das guerras religiosas desde as declarações de Lutero em Wittenberg, com a reação exagerada de Filipe II de Madri e da repressão violenta do duque de Elba contra os fanáticos e rebeldes religiosos, a declaração de guerra e de independência das províncias do norte da Holanda, em 1581, muda todo o relacionamento entre Portugal e a Holanda rebelde. Pelo Tratado de Tomar de 1581, Portugal faz parte da União Ibérica, tendo Filipe II de Espanha como soberano, e agora Lisboa tem que enfrentar todos os inimigos da dinastia Habsburgo.

Como os combates entre Madri e os Países Baixos, em que Amsterdã é a líder, não definem resultado definitivo, Amsterdã decide atacar posições inimigas em locais menos defendidos e fora do teatro principal europeu da guerra.

Os holandeses preferem atacar as naves portuguesas, que retornam plenas de riquezas na vinda das Índias, tendo os a Açores como porto de abastecimento e reunião, para depois, em comboio protegido, aportar em Lisboa. Depois de atos mais de pirataria do que de guerra, tentam destruir o monopólio do antigo Império Português, que perde a sua capacidade de defesa no final do século XVI. Para isso, esquadras com grande número de naus, com soldados e artilheiros com experiência, são financiadas por investidores holandeses em ganhos fáceis e rápidos.

O galeão Santiago, retornando das Índias, nas proximidades da ilha de Santa Helena, foi surpreendido pelo ataque de duas naus holandesas, que capturam botim fabuloso. Por terem velocidades diferentes, as naves portuguesas viajam isoladas e encontram piratas e corsários no entorno das ilhas dos Açores. Como lobos, eles aguardam os galeões lusos com imensas fortunas estocadas nos seus porões. Em 1592, a Santíssima Trindade, com 1.400 toneladas, depois de luta heroica, é apressada por flotilha de seis naus de corsários britânicos. Em 1599, os holandeses atacam Angola e Moçambique, pilhando os portos e as cidades lusas costeiras. No mesmo ano, atacam Salvador, o maior porto luso na América, mas, apesar de capturarem barcos de cabotagem, não dispõem de força suficiente para tomar a capital do Brasil Colônia.

Em 1604, uma nova tentativa de pilhar Salvador não prospera. Depois do desembarque em praia próxima, as tropas portuguesas obrigam os invasores à retirada. Apenas em 1624, com 3.500 soldados em 16 naves, o almirante holandês, Jacob Willekins, consegue neutralizar os fortes de Salvador e tomar a cidade com facilidade. A capital baiana só tem 6 mil almas, que fogem para o interior; os holandeses iniciam razia aos engenhos de açúcar da região e capturam as embarcações que fazem o comércio costeiro, além da pilhagem das igrejas, das capelas e das residências dos poderosos de Salvador. A repercussão de evento em Lisboa e Madri causa comoção de espanto e de brios feridos. Logo, uma esquadra luso-hispânica, sob o comando do espanhol Fradique Toledo Osório, com 6 mil homens em

50 barcos, chega a Salvador, em 1625, fechando a baía e encurralando os batavos que já eram fustigados por tropas irregulares do recôncavo baiano. Sentindo-se cercado, sem a chegada de reforços, com falta de alimentos, o comandante holandês acerta uma rendição honrosa. Pode sair com suas tropas, com as armas, com suas naves e com seus estandartes e bandeiras, mas deixando de fora os objetos e a prataria pilhados. Fradique de Toledo de Osório foi benevolente demais com os invasores que tinham enviado a ferros para Amsterdã tanto o governador quanto o seu filho, no ano anterior.

Mas os holandeses não desistem. Em 1630, agora Pernambuco e a cidade Olinda são os alvos para instalar a Holanda Atlântica, onde a cana-de-açúcar será cultivada pelos locais usando as modernas máquinas de moagem, de fervura e de tratamento da garapa que as fábricas de Amsterdã tinham desenvolvido para o açúcar. O produto seria transportado a seguir para Amsterdã, onde seria vendido na bolsa de mercadorias da cidade, que pela procura alcançava preços elevados.

Maurício de Nassau, como administrador de Recife, da sede e do porto, com intenção de engrandecer o seu nome, constrói uma cidade moderna, tendo por base as capitais europeias. Em 1638, tenta capturar em vão Salvador de Todos os Santos, mas consegue apenas chegar ao Rio Grande do Norte e ao Ceará. De 1637 a 1643, Maurício de Nassau, militar alemão, como governador da West Indshen Compagnie, desenvolve o projeto de criar a sua metrópole: Mauristsadt.

Gasta uma fortuna, incluindo no Palácio Jaburu, onde instala o seu governo e a sua coleção de pinturas com motivos regionais, o que desagrada os acionistas da WIC. Isso provoca o seu afastamento em 1643, condição que vai facilitar a tomada da Holanda Atlântica em 1654, quando a revolta estimulada em Salvador, com as vitórias obtidas em Guararapes em duas batalhas em 1648/49 e com o desinteresse da WIC, bem como com a queda do preço do açúcar e a sua posterior falência, reduzem a importância de Recife. Sobra o sonho e os vestígios da urbanização e da arquitetura implantada em Recife, a Mauristadt de Maurício de Nassau.

Desde o início da restauração portuguesa, em 1640, D. João IV e os seus diplomatas, em busca do apoio dos países inimigos da dinastia Habsburgo, tinham dificuldades de diálogos com a Holanda, que ocupa regiões do Brasil e não para de atacar e tomar posse de pontos estratégicos do Império Português do outro lado do mundo.

Em 1553/54, o primeiro português chega à ilha da espingarda no Japão. Em 1557, os portugueses obtêm permissão de mandarim chinês para instalar feitoria em Macau. A conexão comercial entre Macau e Nagasaki, ou seja, entre China e Japão, dá a Lisboa um monopólio que a Europa inveja e permite aos jesuítas a conversão de milhares de pessoas, introduzindo na sociedade japonesa costumes que perduram por séculos. Em 1623, o novo Xogum expulsa os portugueses e persegue os católicos, oportunidade para os holandeses ocuparem as instalações portuguesas em Nagasaki, apenas proibidos de trazer os seus sacerdotes. Em 1624, Ormuz, a joia do Golfo Persa, é perdida, acabando com os contatos e o comércio com o Xá da Pérsia, e Malaca, em 1641, agora é holandesa. Os piratas holandeses da Companhia das Índias Orientais falham em tomar Macau em 1622, segundo narrativas a golpe da mão de Deus, mas tomam a ilha de Formosa no caminho para Nagasaki. Ataque às Filipinas e à Manila, de onde galeões espanhóis partem para Acapulco ou Panamá, em percurso contrário ao de Portugal, pelo Cabo da Boa Esperança, mas não prosperam.

Em 1658, o Ceilão e, depois, em 1662, Cochim, com suas raízes lusas, mudam as cores das suas bandeiras. Malabar, em 1663, é nova perda. Em 1661, como dote do casamento de Catarina de Bragança com o rei Carlos II da Inglaterra, Portugal cede Tanger, no Marrocos, e Bombaim, na Índia, para a coroa inglesa.

Quando a viúva de D. João IV, a rainha Luísa de Gusmão, falece, em 1662, o Império Português está bem reduzido, restam apenas Goa e Diu, na Índia, Macau, na China, Angola e Moçambique recuperados. Ceuta, apesar de as fortalezas mostrarem o escudo das cinco torres nas fachadas, prefere ficar anexada à Espanha. No Atlântico, restaram as ilhas dos Açores, da Madeira, de Cabo Verde, de São Tomé e Príncipe e a joia preferida, a colônia do Brasil, cuja integridade tanto sangue custou aos portugueses e aos nascidos na terra da Santa Cruz.

# 12. BRASIL COLÔNIA: DE 1706 A 1750

Em 1706, com a morte de D. Pedro III, seu filho e neto de Luísa de Gusmão, D. João V, casado com uma francesa da corte de Luís XIV, será conhecido pelo título de o Magnânimo, pois as minas de Vila Rica e Sabará vão tornar Portugal a nação mais rica do mundo. Mais tarde, os diamantes de primeira linha, da região de Diamantina, dão ao Brasil o título de maior produtor de diamantes do mundo.

Em 1696, as primeiras novas oficiais da existência de ouro na colônia brasiliense surgem com a remessa para Lisboa de mais de 130 quilos de ouro. Antes disso, já havia descaminho através do Rio São Francisco e depois para Salvador, o maior porto e capital da colônia. Surge o dito do contrabandista: Santo do Pau Oco.

As notícias provocam imigração crescente para o Brasil, e muitos povoados de Portugal ficam desertos de homens que buscam a fortuna longe da vida rude do campo. Muitos escravos ligados à cana-de-açúcar são deslocados pelos senhores para a bateia, primeiro passo para atividades da extração do ouro nos riachos e aluviões. Depois vem a Grupiara, onde em calhas de madeira inclinada com água corrente o cascalho é lançado, o que facilita a separação das lâminas de ouro e pepitas nas bateias. A fase derradeira é a construção de minas, que exigem engenheiros na coordenação, no projeto da colocação dos suportes e das estruturas de madeira, processo mais caro e perigoso. A superpopulação repentina traz problemas de moradia e logística dos povoados, principalmente por falta de estradas ligando os portos às montanhas de Minas Gerais. Uma trilha rasgada nas matas descia das montanhas até chegar a Parati, na Baía de Guanabara, era o trajeto empregado pelas mulas que levavam equipamentos, mantimentos, e forasteiros e seus pertences para a fortuna. Além de Minas Gerais, outros sítios em Mato Grosso e na região do Rio das Velhas, nos rios e nos riachos, o ouro de aluvião tornava num piscar dos olhos o passante aventureiro em milionário. Outro ponto de discórdia era a luta dos paulistas, os primeiros a arribar nas minas com os estranhos de outras bandas, denominados emboabas, pelos melhores sítios da região aurífera.

Devido às unidades de peso da época, como a onça portuguesa, a oitava de onça e os grãos, e à falta de estatísticas confiáveis quanto à produção de ouro total e aos valores tributados e confiscados, apenas é possível estimar durante 54 anos o valor da fortuna enviada para Portugal. Como esclarecimento, a onça portuguesa pesa 28,6875 gramas ou equivale a 437 grãos. Uma oitava, na época a referência no comércio, vale de 1.200 a 1.500 reis, dependendo de se o imposto devido foi pago ou não. No início, o imposto era calculado pelo número de peças (escravos) usados na mina, para depois ser fixado em cota mínima de arrobas, estabelecida por Lisboa.

Considerando um valor médio anual de 7 mil quilos, alcançamos um total de 378 toneladas durante 54 anos, sem considerar o fator descaminho, impossível de se contabilizar. Numa comparação com o Império Espanhol, com sua fonte principal de prata em Potosí, nos Andes da Bolívia, em 3 séculos, cerca de 300 mil toneladas seguem para Sevilha. Na comparação, pode-se afirmar que o reino de Portugal em prazo bem menor supera os valores recebidos por Madri.

Se o rei D. João V e os conselheiros da corte utilizassem os recursos de modo racional, com boa gestão nas escolas e faculdades, na industrialização da nação, incluindo os pequenos artesões, investindo na infraestrutura, melhorando os portos e ampliando os estaleiros, com a melhora da produção vinícola e com a instalação de Banco Nacional de Fomento para controlar e financiar as operações em curso, teriam transformado Portugal em nova potência mundial. Não se deve esquecer dos investimentos na sua colônia mais importante, que era o Brasil; com ampliação dos fortes de proteção no Rio de Janeiro e Salvador, com os seus portos ampliados com instalação de armazéns, a remodelação das estradas reais, ligando os centros mineiros aos portos de exportação dos produtos agrícolas e das riquezas minerais, reduziria os custos do transporte, dos estoques e dos financiamentos. Portugal, seguindo o manual, não dependeria dos banqueiros de Londres e dos seus contratos de financiamento nem dos diplomatas britânicos, com seus tratados leoninos, em que Portugal era colocado como a colônia servil. Hoje, podemos, por outro lado, apreciar as dezenas de igrejas, com altares resplandecendo com placas de prata revestindo os altares, com pinturas de artistas famosos e ouro laminado dando vida áurea aos detalhes dos tetos e dos altares laterais; recorde que muitos palácios foram edificados. Não se deve esquecer das Basílicas imensas, com o uso do papel de ouro nos detalhes e nos entalhes de madeira. O Convento de Mafra é um dos exemplos em que o ouro do Brasil foi empregado. Como a cidade do Rio de Janeiro já é um porto importante na exportação do açúcar, com o aumento da produção de ouro, o local atrai os piratas da época, e a cidade murada de Saint Malô, na Bretanha, é o local onde corsários e piratas vivem do tráfico de escravos, da pilhagem de cidades e da abordagem de navios mercantes. Em 1710, atraído pelo ouro de Minas Gerais que era

escoado pelo porto do Rio de Janeiro, Jean François Duclerc, pirata bretão, tenta tomar a cidade do Rio de Janeiro, no entanto os canhões dos fortes defensores da cidade impedem o desembarque. Duclerc é obrigado a arribar em praia não muito distante. No entanto, passado o susto, as tropas da cidade, com o apoio dos habitantes, surpreendem os atacantes, e Duclerc morre na batalha. Os sobreviventes franceses são espancados, humilhados e levados a ferros para prisão em Salvador.

Em 1711, com o apoio de Luís XIV, com força bem superior, contando com 18 navios e 6 mil homens, para Duguay-Trouin, com o pretexto de vingar a morte do seu colega Duclerc, a Baía de Guanabara é o destino. Favorecido com vento forte favorável para ultrapassar a entrada da barra e contando com nevoeiro que esconde a sua frota, de modo rápido, ele ultrapassa desapercebido pelos fortes defensores. Chegando à cidade, de surpresa, logo aniquila com canhonaços o Forte de Villegaignon e assenta canhões para bombardear a cidade. O Rio de Janeiro contava no ano perto de 12 mil almas, e muitos escapam para o interior. Inclusive o governador e membros do governo de modo covarde fogem, deixando a cidade praticamente vazia, o que favorece a pilhagem tradicional. O seu plano de atacar logo a cidade não prospera, pois uma chuva copiosa não permite o uso das armas de fogo. Como senhor do Rio de Janeiro, sem pressa, durante dois meses ameaça incendiar a cidade caso o resgaste de 2 milhões de libras francesas não fosse pago. O regateio dura 2 semanas, pois não havia numerário disponível. Ao final, Duguay-Trouin recebe 600 quilos de ouro, caixas com açúcar no valor de 610 mil cruzados, escravos, 200 bois e muitos itens associados à pilhagem. Mesmo inferior à demanda, o resgate é uma fortuna, valor que paga o investimento. No retorno, Duguay-Trouin pensa em atacar Salvador, onde pretendia libertar os franceses aprisionados da expedição de Duclerc e obter outro resgate fabuloso, mas os ventos desfavoráveis não permitem o ataque. Em Saint Malô, na praça central, uma estátua de bronze de Duguay-Trouin celebra mais um herói da Bretanha.

Como resultado das duas incursões, o plano para ampliar o número de fortalezas, com canhões de maior calibre e aumento do número de soldados e artilheiros das guarnições militares da Baía de Guanabara, é posto em prática.

# 13. BRASIL COLÔNIA: DE 1750 A 1808

Com a morte de João V, o neto de Dona Luísa de Gusmão, D. José I, como seu filho e bisneto da rainha Luísa de Gusmão, assume a coroa de Portugal em 1750, momento de grandes acontecimentos na parte econômica e territorial. Em 1750, a produção do ouro de Minas Gerais alcança o valor máximo de 14 toneladas por ano, enquanto em Lisboa as tratativas práticas do Tratado de Madri exigem trabalhos de medições, viagens pelo interior dos sertões e da Amazônia brasileira, onde o nome de Alexandre de Gusmão se destaca pelo trabalho incessante de justificar a ampliação das fronteiras, ação formiguinha dos bandeirantes e dos militares Pedro Teixeira e do Tenente Costa Talavera, que expulsam os invasores holandeses e ingleses da bacia amazônica e mapeiam toda a região, subindo o rio até os Andes, chegando a Quito, no Equador. Outra consequência do Tratado de Madri foram as Guerras Guaraníticas, de 1753 a 1756, quando os índios guaranis, sob o comando de Sepé Tiaraju e com o apoio de jesuítas enfrentam as tropas coligadas de Portugal e Espanha. Seu brado ainda ecoa pelas coxilhas do Rio Grande:

*Esta terra tem dono.*

Em 1755, o terremoto, seguido de maremoto e, depois, do incêndio que devasta e mutila Lisboa, na manhã do dia de todos os santos, muda a face da cidade, pois igrejas, palácios reais, castelos e fortalezas foram reduzidos a pó. Acervos de documentos, bibliotecas, registros públicos e mesmo cemitérios abrigam vazios, entulhos e muitos corpos. Preparada para feira tradicional, repleta de forasteiros, Lisboa não consegue calcular o número de mortos. Nesse momento, o Marquês de Pombal, figura política que fora embaixador em Londres e Viena no reinado de D. João V, quando estabelece, com base no iluminismo dos filósofos franceses e no perfil de Luís XIV, a gestão do despotismo iluminado, com o apoio de D. José I, assume a reconstrução de Lisboa. Não apenas recursos financeiros, aumento de impostos, mas novas técnicas de construção de prédios que suportem os tremores de um terremoto precisam ser aplicadas e normalizadas por meio do desenvolvimento de modelos de construção. Urbanistas estudam novas vias, praças maiores para mudar a face medieval de Lisboa. Portugal pela primeira vez implanta a ciência da sismologia, com estudos práticos de prédios que suportem os movimentos teutônicos. Com apoio total de D. José I, o Marquês de Pombal expulsa os jesuítas de Portugal e das colônias, não apenas para confiscar os seus bens, mas para eliminar a influência política e religiosa dos seguidores de Loiola, e atua também contra os nobres, com seus poderes seculares. Aproveita o atentado contra o rei D. José I para eliminar inimigos políticos, como os membros da família Talavera, que foram trucidados em praça pública, e coloca nas prisões centenas de inimigos, mesmo sem julgamento.

A jovem Maria de Bragança, educada como uma princesa, desde cedo mostra qualidades inatas, destacando-se pelos estudos, pelos livros, pelas artes e mostrando inteligência e perspicácia na lida de assuntos políticos e econômicos tanto de Portugal como da Europa. Nascida em Lisboa em 1739, filha de D. José I e de princesa austríaca, terminaria sua vida num convento, não fosse o seu casamento com o tio, D. Pedro III, viúvo e bem mais velho, em 1762. Com a morte do seu pai, o rei D. José I, em 1777, por herança dinástica, agora é a rainha Maria I de Portugal, a primeira mulher a chegar à posição de soberana em Portugal, e seu esposo, Pedro III, filho de D João V, agora é o rei consorte.

Sebastião José de Carvalho e Melo, oriundo de nobreza inferior, sem muitos recursos, teve mocidade truculenta e casa com uma viúva rica sem filhos, sendo ridicularizado pelos nobres da corte com o nome de Sebastião José. Como embaixador de D. João V em Londres, conhece o sistema econômico e político inglês, que coloca o país na vanguarda do mundo. Depois, em Viena, além de aprimorar o alemão, participa dos conchavos usuais do Vaticano com as cabeças coroadas em evidência, o que lhe permite, além de escrever um livro em alemão, estabelecer seu modo futuro de atuar na política de Portugal e do que sobrou do Império Português.

Nas reformas estabelecidas nos códigos civis e canônicos, estabelece a censura, incentiva o mercantilismo, reduz a força da Inquisição, colocando seu irmão na chefia, e concede liberdade aos cristãos novos, considerando crime possíveis discriminações quanto à linhagem de sangue e de registros antissemíticos. Surge a política pombalista, que reduz a força dos nobres e do clero. Na parte tributária, não perdoa nem os pobres, os nobres e os endinheirados. No Brasil, protege os indígenas e inclusive incentiva o casamento dos portugueses com as nativas, pois sabe que possuir uma nação exige dispor de população presente.

Em 1761, proíbe a aquisição de escravos para Portugal e colônias, com exceção do Brasil, pois a mineração exigia mais mão de obra para as minas em Ouro Preto. Como a produção aurífera começa a declinar no Brasil, o valor do quinto anual devido de 1.500 quilos não é alcançado, o que exige a devida compensação tributária, que não era realizada há muito tempo. Em 1765, lança a derrama no Brasil, tentando cobrar os atrasados, o que vai provocar no futuro a Inconfidência Mineira e o mártir pela liberdade: José da Silva Xavier, Tiradentes.

O Tratado de El Pardo de 1761, ao revogar o Tratado de Madri, provoca convulsões no sul do Brasil quando o governador de Buenos Aires invade o Rio Grande do Sul, chegando até a ilha de Santa Catarina. A posse das terras do Rio Grande sempre foi contestada por decisões tomadas em gabinetes da Europa. Como os conflitos continuam, em 1777, o Tratado Provisório de Santo Ildefonso, em atitude de conciliação, usando como limites rios, bacias hidrográficas e acidentes geográficos, decide que a Banda Oriental do Rio Uruguai com a Colônia do Sacramento pertence à Espanha. A região do Rio de Prata e as Missões Orientais continuam com Madri, cabendo a Portugal os direitos da maior parte do Rio Grande e a devolução da ilha de Santa Catarina. Em 1778, o tratado é referendado, mas os litígios continuam até o século XIX.

Em 1777, com a morte de D. José I, sua filha agora é a rainha Maria I, com o seu esposo e tio D. Pedro III como rei consorte, o que muda o destino do Marquês de Pombal, pois tem dois inimigos na corte. Dona Maria I não perdoa a expulsão dos jesuítas e o fechamento das suas escolas, deixando mais de 20 mil estudantes abandonados, o que provoca abalo na educação de Portugal. Depois, com a perseguição aos nobres, principalmente aos Talavera, com a prepotência natural do Marquês de Pombal, os inimigos do estadista iam além da corte. Apesar da ordem de prisão para a devida punição, Dona Maria I, a Piedosa, transforma a pena em desterro.

Em 1782, morre o estadista, o reformador, o incentivador das pequenas empresas, o modernizador de padrões superados na economia e no comércio, o apoiador do mercado interno e do suporte aos comerciantes portugueses que não tinham a regalia dos ingleses, pois os tratados com a Inglaterra a tornava a dona, e Portugal, a eterna escrava. Sebastião José deixa o mundo com muitas controvérsias, e até hoje as discussões continuam entre simpatizantes e adversários.

Dona Maria I, talvez por heranças genéticas, com os anos começa a potencializar fatos negativos do seu passado, revivendo episódios trágicos ou falecimentos na sua vida e família. Depois da morte do seu pai, D. José I, em 1777, como rainha regente, dita a Piedosa, dirige o reino por 15 anos. Em 1786, morre D. Pedro III, e o príncipe herdeiro vem a óbito em 1788 por varíola, fatos que alteram a saúde mental de D. Maria I e os seus procedimentos. A situação se complica, agora Maria I é dita Maria, a Louca. Em 1792, a corte decide interditar D. Maria I, que continua rainha até falecer, no Rio de Janeiro, em 1816, enquanto D. João VI, o único herdeiro, passa a ser o príncipe regente de Portugal até a sua aclamação e coroação, no Rio de Janeiro, em 1818, como rei D. João VI.

Como segundo na escala sucessória, ele não foi preparado para a função assumida, principalmente pela atuação de Napoleão Bonaparte na Europa. Jogando com maestria os dados políticos entre Londres e Paris, a sua decisão de escapar para o Brasil em 1807/08, de modo a manter a dinastia Bragança, foi a mais adequada, principalmente para a colônia Brasil.

# PARTE 2
# ANALISANDO O BRASIL DE HOJE A PARTIR DAS ORIGENS

## PRINCIPAIS BANDEIRAS (SÉCULOS XVII E XVIII)

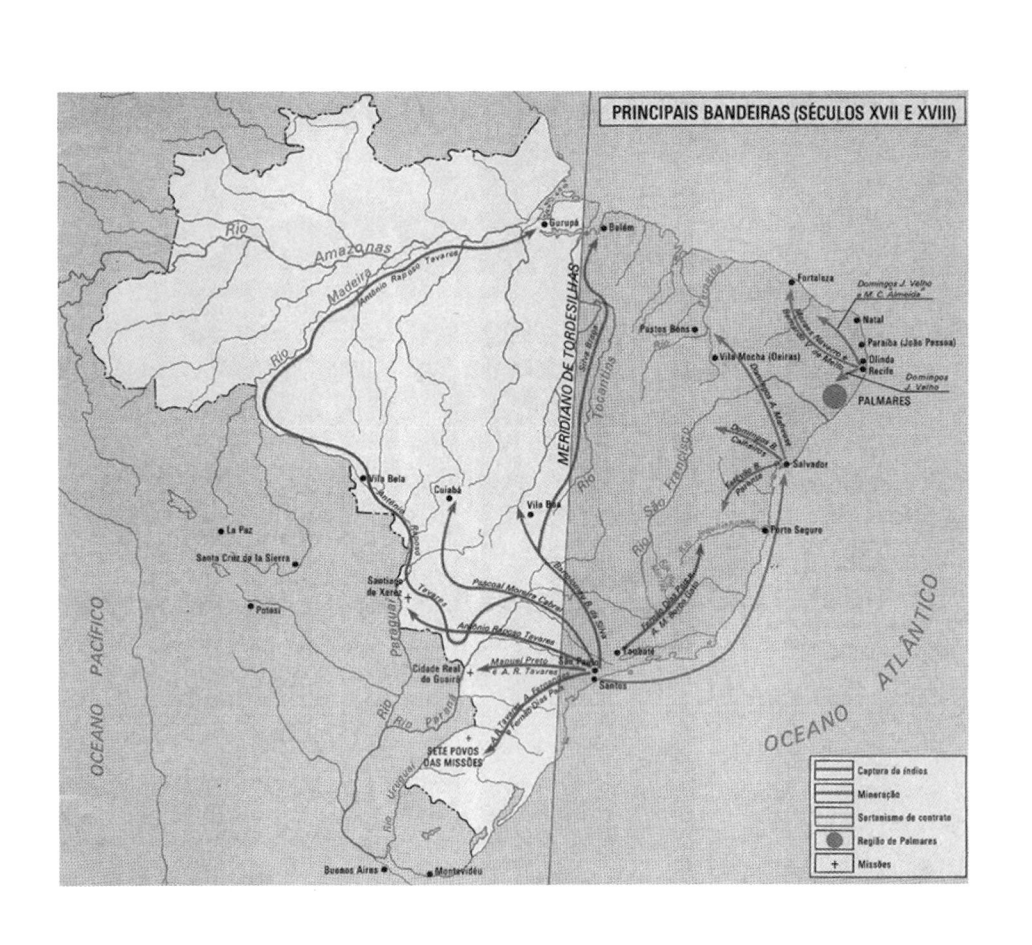

Legenda:
- Captura de índios
- Mineração
- Sertanismo de contrato
- Região de Palmares
- Missões

# 1. OS PRIMEIROS PASSOS DA INDEPENDÊNCIA

Apesar da importância, por motivos ideológicos, o evento não recebe a divulgação necessária por parte da mídia tradicional, inclusive algumas vozes, em protesto, procuram apagar ou desmerecer os fatos que transformaram a colônia portuguesa, inicialmente conhecida como Terra da Vera Cruz, Terra dos Papagaios e Terra do Pau-Brasil, numa das maiores economias do mundo globalizado da atualidade. No início, com a passagem de Pedro Álvares Cabral, em 1500, numa armada destinada a Calicute, nas Índias alcançadas por Vasco da Gama, não houve o devido interesse em colonizar as novas terras. Na época, o maior interesse da coroa portuguesa estava voltado para consolidar a sua posição no mar Índico, o que a levava a combater as forças muçulmanas que dominavam a rota das especiarias. O senhor desse novo caminho, tendo o monopólio do comércio, ao alterar a antiga rota que cruzava desertos, fronteiras, múltiplos pedágios até alcançar Constantinopla, no Mediterrâneo, para depois encontrar Veneza e Gênova, como portos intermediários, iria transformar o porto de Lisboa no mais importante da Europa.

Começa a grande diáspora portuguesa, epopeia que vai sangrar o pequeno reino luso, espremido entre o oceano desconhecido e o agressivo Império Espanhol que, desde a queda de Granada e da expulsão dos mouros, unificado, encontrara o seu destino e futuro no caminho descoberto por Cristóvão Colombo. Com pequena população, pouco mais de 1 milhão e meio de almas, o desafio a vencer exigia a concentração de energias e de recursos na expansão e na consolidação de caminho alternativo. Bases de apoio, de aguadas e de fortificações eram essenciais. Depois de conquistar Cochim e de avançar para Goa, era necessário eliminar a frota naval muçulmana que dominava aquelas áreas e destruir as bases e as fortalezas existentes, sem descurar e obter locais onde estocar as preciosas especiarias, que chegariam a Lisboa nas armadas anuais ao retornar, trajeto que, dependendo da boa vontade dos deuses dos ventos, levava mais de ano. Em 1511, ao tomar o controle de Malek, o principal baluarte malaio, façanha saudada por badalos dos sinos da Europa, Portugal avançará para as Molucas, para Hong Kong, para Macau, para Formosa, para a China e mesmo para o misterioso Japão. As naus portuguesas, com seus castelos de popa e seus canhões de nova geração, superavam as galeras muçulmanas. Impondo as cruzes vermelhas das suas velas como padrão de domínio, nas entrevagas e ondas surge um personagem que vai alterar o mundo: Fernando de Magalhães.

A colônia da Terra da Santa Cruz, meio abandonada, apenas ponto de passagem, aproveitando as correntes favoráveis pelas armadas anuais, desperta a cobiça de nações europeias; piratas e corsários chegam no imprevisto, para buscar as cores do pau-brasil. Mem de Sá, primeiro governador-geral, estabelece em Salvador a nova capital, iniciando a colonização efetiva das terras donatárias, implantando a cultura da cana-de-açúcar em 1549. A França tenta implantar uma colônia huguenote na região do Rio de Janeiro; seria a França Antártica, projeto que durou quase 10 anos e que foi destruído por Estácio de Sá, que expulsa os invasores de forma definitiva e aniquila os seus aliados tamoios entre 1565 e 1567. Depois da cana-de-açúcar, a primeira atividade, vem a criação de gado, a do algodão, depois o ciclo do ouro, o dos diamantes, para, a seguir, as grandes plantações de café mudarem a paisagem e a economia colonial. A povoação do

Brasil começa pelo litoral. Aos poucos, entradas e bandeiras avançam para o interior, deslocando as fronteiras para além dos limites do Tratado de Tordesilhas, para depois, em 1750, o Tratado de Madri duplicar as dimensões do Brasil. Nesse panorama, alvarás e decretos proíbem a produção de bens que concorrem com a produção do reino. Indústrias, tipografias e faculdades não são permitidas. Atraso total.

Só a partir de janeiro de 1808, com a chegada do príncipe D. João VI, com toda a sua corte, que fogem da invasão das tropas francesas comandadas por Junot, com o objetivo de eliminar a dinastia dos Bragança e obrigar Portugal a apoiar o bloqueio comercial contra a Inglaterra, além de confiscar o tesouro real, é que a situação começa a mudar. Em Salvador, o primeiro local de arribada, em 28 de janeiro de 1808, o príncipe D. João VI declara a abertura dos portos brasileiros às nações amigas, o que vai acelerar o comércio com a colônia, e aumentar as rendas da alfândega. Depois, o Rio de Janeiro, capital da colônia será o local onde a corte vai se instalar de modo precário. Não havia infraestrutura adequada para alojar quase 10 mil pessoas. O príncipe regente está no comando, pois sua mãe, a rainha Maria I, fora considerada insana após a morte do marido e do filho mais velho; D. João VI era o sucessor por direito.

O príncipe D. João VI, considerado o rei fujão em Portugal, agora livre para decisões, precisa tomar medidas para tirar a colônia do atraso secular. Já em Salvador, cria a primeira faculdade de medicina e anula atos que impedem a industrialização do seu novo reino. No Rio de Janeiro, cria a tipografia real, a fábrica de pólvora, a biblioteca real e o banco para cunhagem de moedas de ouro, proibindo a circulação do ouro em pó nos negócios. Agora, todos os recursos amealhados ficam no Brasil, o que financia os seus projetos para desenvolver os seus planos: escolas militares, incentivo à navegação costeira, aos estaleiros, o Jardim Botânico, a Escola Naval, outra faculdade de medicina, ampliação de hospitais e novas construções; o Rio de Janeiro, como sua capital, demanda reformas urgentes. Empréstimos ingleses alavancam o progresso.

Em 16 de dezembro de 1815, ao elevar o Brasil a reino unido a Portugal e Algarves, o segundo passo para a nossa emancipação ocorre. Com regente real presente, a transformação política da colônia não segue o que ocorre na América espanhola, com revoltas sangrentas por todas as fronteiras, cortando os laços com a Espanha, com rei desconhecido. Com a morte da insana Dona Maria I, em 20 de fevereiro de 1816, D. João VI, como sucessor, vai assumir a coroa real dos reinos do Brasil, de Portugal e do Algarves. Sua aclamação ocorrerá apenas em 1818. Outra preocupação de D. João VI era conseguir uma esposa adequada para o seu filho, D. Pedro I, jovem criado com excessos de liberdade. Era importante encontrar na Europa uma candidata da realeza, ainda mais que o pesadelo napoleônico desaparece depois da batalha de Waterloo, em 1815, com o exílio de Napoleão I para a ilha de Elba. O Marquês de Marialva, com amplos recursos em dobrões de ouro, pesquisa as candidatas até encontrar a arquiduquesa austríaca Carolina Josefa Leopoldina Francisca de Habsburgo-Lorena, que, pelas suas raízes e conhecimentos, será a escolha mais adequada para o futuro do Brasil.

Após a usual troca de imagens, de retratos, o contrato de casamento, com todos os protocolos, é celebrado por procuração em 29 de novembro de 1816. O casamento, realizado na Catedral de Viena, em maio de 1817, D. Pedro, como noivo, foi representado por parente da noiva. Desde o início, Maria Leopoldina, como será conhecida no Brasil, apaixona-se pelo moreno e garboso D. Pedro I; começa a aprender o português e a estudar fatos sobre a nação onde iria viver e onde seus filhos herdariam reino com dimensões continentais. O cortejo da noiva, com toda sua equipagem, segue até o porto de Livorno, onde a nau D. João VI a levará até o Rio de Janeiro. Sua chegada ao Rio de Janeiro, em 5 de novembro de 1817, é comemorada com grandes festejos, missas e desfiles públicos. O pintor Debret, que acompanha Maria Leopoldina, nas suas pinturas vai imortalizar fatos da vida da princesa e do Brasil.

Em 6 de fevereiro de 1818, ocorre a tão esperada aclamação de D. João VI como rei do Brasil, de Portugal e dos Algarves. Algo inédito nas Américas, com festejos que duram dois dias e que mobilizam todo o Rio de Janeiro e vizinhanças. Com nova iluminação, com decoração criada por Debret, a cidade agora recebe destaque nas Américas, com o porto mais movimentado do hemisfério sul. Além de touradas, de fogos de artifício, o plano de D. João VI de criar um novo e poderoso reino, tendo ao lado seu sucessor, agora com consorte imperial, traz estabilidade política a um Brasil emancipado, mesmo contrariando as autoridades das cortes portuguesas de Lisboa, que exigiam o retorno de toda a família real. Na realidade, o Brasil não era mais uma colônia dependente, pois superava a antiga metrópole, agora empobrecida, com menor população e prestígio. Mesmo com o exemplo da Independência Americana e os reflexos da Revolução Francesa, o Brasil continua unido em torno do seu rei, com pequenas querelas internas; o espírito de nacionalidade é um embrião que não para de crescer, inclusive os imigrantes que chegam já estão contaminados por fervor pátrio, em que a nova bandeira desperta emoções. O passo definitivo para a nossa separação de Portugal foi dado.

Apesar dos comentários maldosos, considerado indeciso e fraco, D. João VI age com cautela e visão de futuro. Sabe que será impossível dirigir dois reinos tão distantes, e que o Brasil, pelas suas dimensões, irá com o tempo alcançar supremacia numa América Latina Espanhola fragmentada e com guerras de fronteiras entre si. Com visão expansionista, invade a Guiana Francesa para tomar posse de experiências agrícolas avançadas, principalmente com a cana-de-açúcar caiena e de especiarias em aclimatação. Depois volta a sua atenção para as fronteiras do sul do Rio Grande, onde vai recuperar a colônia do Sacramento e a cidade de Montevidéu, que no futuro irão constituir a Província Imperial da Cisplatina.

## 2. D. LEOPOLDINA: CONSPIRADORA DO PALÁCIO SÃO CRISTÓVÃO (1815-1822)

Desde 1815, quando D. João VI eleva o Brasil à condição de reino unido a Portugal, resgatando os atrasos políticos, um fervor patriota e de união circula por todas as províncias, congregando os brasileiros em torno de nova bandeira, ao contrário do que ocorre por toda a América Espanhola.

Ao ser aclamado e coroado em 1817 como rei, D. João VI, no Rio de Janeiro, onde é benquisto e reverenciado por todos, a mensagem de que o Brasil é o reino, ao passo que Portugal, distante, empobrecido e governado por junta administrativa, sujeito a um rei distante, agora é colônia do Brasil, aumenta o caráter de brasilidade, ainda mais por haver sucessores: D. Pedro I e Maria Leopoldina. Com o relacionamento do casal em alta, cativado pela cultura, pelos conhecimentos em economia e política da esposa, parceiro na leitura dos livros e das discussões decorrentes, D. Pedro I descobre ter uma conselheira com visão nos assuntos de governo.

D. João VI, como rei de Portugal, mantém contato por carta com a junta de Lisboa, apesar do tempo levado para o recebimento de resposta de ofícios. Mas o soberano, feliz e realizado no Brasil, não tem interesse na volta. Ao incorporar a Província Cisplatina em 1818, define as fronteiras sul de um Brasil mais unido. A identidade nacional aumenta, com acréscimo de população e com novas riquezas, como o café e o algodão. D. João VI rege um Brasil que descobre a sua identidade, centrado na estabilidade do reino e com as receitas das alfândegas não indo para Lisboa.

Maria Leopoldina, mantendo contato por cartas com parentes na Europa, está a par do que ocorre na Europa e no mundo. Depois, no Rio de Janeiro, no meio diplomático, estabelece relações com cônsules e dignitários diplomáticos das principais nações. Ela percebe que seus filhos, chamados de meus brasileirinhos, nunca teriam o reino de Portugal, por isso é ardorosa defensora da Independência do Brasil, com a separação dos dois reinos; ela vai ocupar um papel de destaque nos próximos eventos que tumultuam o reino de D. João VI no Brasil.

Em 24 de agosto de 1820, na cidade do Porto, eclode uma revolta liberal contra a intromissão britânica nos negócios de Portugal que demanda nova Constituição, em que a família real deve retornar do Brasil com menos poderes. Há alternativas: o soberano fica e manda D. Pedro I em seu lugar. Leopoldina, usando a gravidez, convence o esposo a ficar, pois D. Pedro I tem ideias liberais e quer retornar a Lisboa. Em 9 de janeiro de 1821, o Dia do Fico, D. Pedro I declara:

*Se é para o bem de todos, diga ao povo que fico.*

Devido às pressões, evitando derramamento de sangue, em 25 abril de 1921, um choroso D. João VI volta para Lisboa, levando o tesouro real e parte da corte. Na despedida, fica o conselho ao filho, agora regente do reino do Brasil:

*– Se é para nos separar, antes seja para ti que vai me respeitar do que para outro aventureiro.*

Dona Leopoldina aumenta a sua atuação de conspiradora, pois sabe que a separação é inevitável, mas antes precisa vencer a teimosia do esposo e garantir o direito dos seus filhos. Agora, é adepta da Independência e procura estimular apoiadores. Em março de 1821, nasceu João Carlos, futuro herdeiro da coroa do Brasil; ela sabe que Portugal não vai aceitar a existência de dois reinos, que o objetivo da corte portuguesa é reduzir o Brasil a condição de antiga colônia, abolindo todos os decretos e alvarás de D. João VI; algo inadmissível para ela e para a maioria dos brasileiros.

Com o aumento das pressões de Lisboa, com a ordem dos comandantes militares no Rio de prender D. Pedro I e sua família, ela busca refúgio numa chácara escondida no interior. Devido ao calor e às condições da viagem, o príncipe João Carlos, que tem problemas de saúde, morre em 4 de fevereiro de 1822, o que enfurece D. Pedro I. Com o apoio das tropas dos navios estrangeiros, surtos no porto do Rio de Janeiro, por sugestão da esposa, prende os comandantes lusos, que são exilados para Portugal.

Devido a problemas em São Paulo, em missão de pacificação, D. Pedro I deixa sua esposa como regente, com plenos poderes à frente do governo. Maria Leopoldina, ao receber notícias de uma que frota armada partirá de Portugal para restabelecer a ordem e prender D. Pedro I e família, toma decisão plena de autoridade. Em 2 de setembro de 1822, declara a separação do Brasil, com apoio de todo o gabinete, do qual José Bonifácio é aliado. Era importante comunicar ao esposo a decisão, sendo necessário apenas o aceite e a assinatura no documento. Junto ao despacho, envia carta:

*O pomo está maduro, hora de colher a fruta, antes de ela apodrecer.*

A mensagem e a carta encontram a comitiva de D. Pedro I em 7 de setembro de 1822, no riacho Ipiranga, em São Paulo. Depois de ler as mensagens, ele brada as palavras aguardadas por todos os brasileiros, sacando as fitas portuguesas da farda:

*Independência ou morte!*

Começa a consolidação do continente Brasil.

# 3. IMPÉRIO. D. PEDRO I DO BRASIL. MORTE DE MARIA LEOPOLDINA

Depois do Grito do Ipiranga, evento que foi divulgado e saudado pelos badalos dos sinos das igrejas, pelas manchetes dos jornais, pelos apitos dos navios, pelo entusiasmo do povo nas praças, à medida que a notícia se espalha pelas cidades e pelo interior, fica claro que será necessário lutar pela independência do novo país. Tropas portuguesas acantonadas nas províncias, principalmente no Maranhão, na Bahia e em Montevidéu, têm comandantes e oficiais portugueses que são fiéis a Lisboa e à nova Constituição, de modo que eles iam se opor à nova ordem e prender a família imperial. Prevendo futuros combates e observando o decreto do príncipe regente do Brasil de 30 de julho de 1821, que solicita a obtenção de recursos por meio de empréstimos de 400 contos de réis, está claro que é necessário dispor desses recursos, sem os quais não haverá condições de impor pelas armas a independência do Brasil. Além da formação de brigadas com voluntários, a Guarda Nacional precisa trazer a sua colaboração.

Com autorização de D. Pedro I, José Bonifácio de Andrade e Silva, ministro dos assuntos do exterior, vai contratar o almirante inglês Lorde Cochrane para reorganizar e dirigir a marinha nacional, arma essencial para guarnecer a costa do Brasil. A marinha brasileira, desde D. João VI, sempre foi a força militar mais importante. Com investimentos pesados, é a força militar mais importante da América do Sul. Agora as fragatas brasileiras, como a Niterói, ostentando a bandeira idealizada por Jean Debret, o pintor e artista que viera com Dona Maria Leopoldina, serão essenciais na reconquista, mantendo as dimensões territoriais do Império.

A nova flâmula no verde representa a dinastia dos Bragança, enquanto o amarelo está associado à cor dos Habsburgo; no centro, o tradicional lábaro luso, agora com a coroa imperial; ramos de café e de algodão mostram a riqueza nacional. O Maranhão será a primeira província a ser anexada ao país, após o bloqueio naval e o ataque a São Luís pelas tropas recrutadas pelo interior, enquanto lutas sangrentas ocorrem na Bahia, onde todo o governo continua leal a Lisboa. Nos embates rumo a Salvador, participando dos combates, surge o nome de Maria Quitéria, uma mulher usando farda militar de alferes que se destaca pela bravura nos combates contra as tropas portuguesas que atacam vilas e até conventos para pilhagem, estupros e mortes de mulheres, incluindo as freiras.

Só no dia 2 de julho de 1823, com o bloqueio naval da Baía de Todos os Santos pelas naves comandadas por Lorde Cochrane, para evitar a chegada de reforços e a investida dos caboclos nascidos no Brasil, vindos do interior do recôncavo baiano, é que o general português Madero se rende. Até hoje, a data é festejada na Bahia como o verdadeiro dia da independência, com desfiles, bandas e foguetórios, em que a figura do caboclo lutador é exaltada. As tropas portuguesas, com os seus oficiais, são expulsas do Brasil. Na província Cisplatina, a retirada do exército português, que defendia a capital contra os assaltos dos gaúchos uruguaios vindos dos pampas, vai enfraquecer a futura defesa de Montevidéu, mesmo com a frota brasileira dominando o Estuário do Prata.

A coroação de D. Pedro I como primeiro imperador do Brasil, em 12 de dezembro de 1822, na catedral do Rio de Janeiro, tendo ao lado sua consorte, agora imperatriz, Dona Maria Leopoldina, além de realizar um dos sonhos da princesa austríaca, realmente consolida D. Pedro I como soberano do Brasil, nação unida de norte a sul. Algo totalmente distinto do que ocorre nas antigas colônias espanholas, ainda envolvidas em guerras de libertação e lutando contra exércitos espanhóis vindos a mando de Madrid. Em 1821, Bolívar, vencedor da batalha de Carabobo, libera de forma definitiva a atual Venezuela e dirige-se para a Colômbia, onde enfrenta dissenções políticas dos *criollos* mais importantes, que exigem postos elevados da antiga administração espanhola. Começa a desagregação do Império Espanhol. Em 1823, a Bolívia é liberada com apoio do general Sucre.

Portugal só vai reconhecer a independência total da sua antiga colônia em 1825, após longas tratativas diplomáticas em Londres. Em troca, o Brasil assume as dívidas de Portugal com a Grã-Bretanha, algo em torno de 2 milhões de libras esterlinas. Valor pago por empréstimo concedido pelos banqueiros ingleses. No real, como nação, o Brasil nasce endividado no valor correspondente entre 4 e 5 orçamentos imperiais. Mas agora tem liberdade para estabelecer o valor dos tributos das mercadorias importadas, incluindo as vindas de Portugal, que antes tinham valores privilegiados; Simon Bolívar continua a sua campanha sangrenta, impondo a ferro e fogo a sua ditadura política. Como líder tirano, não respeita os soldados e oficiais prisioneiros, os servidores oficiais da Espanha, nem os ricos comerciantes espanhóis; todos serão fuzilados. Precisa apagar, eliminar as raízes espanholas, mas não a corrupção endêmica sucessora. Cria laços de discórdia, de inveja, de traições e de futuras brigas por cargos entre os chefes políticos das regiões que procura liberar. Com apoio total da sua tropa, permite saques e pilhagens nas cidades que liberta, durante 48 horas, até assumir o poder e o controle.

O encontro do general San Martin, libertador do Chile e da Argentina, com Simon Bolívar, personalidades distintas, não é cordial, ainda mais que San Martin captura a cidade Lima antes do previsto por Bolívar e permite a pilhagem da cidade mais rica do Peru pelas suas tropas. A sociedade peruana nunca vai esquecer o ultraje. O pior do Libertador é o seu desprezo pelos escravos e o fato de esquecer as promessas feitas na campanha para a distribuição das terras e fazendas, deixando de fora do butim os indígenas, esquecidos ou preteridos em função dos *criollos* mais abastados, o que deixa sequelas até hoje, razão de futuras revoluções e disputas por fronteiras entre os países liberados.

No Brasil, a harmonia do casal imperial está tumultuada. Dona Leopoldina, que dera à luz a duas herdeiras, Paula de Bragança, em 17 de fevereiro de 1823, e Francisca de Bragança, em 2 de agosto de 1824, enfrenta o comportamento desleal do esposo, que trouxera a nova amante para a Corte. Antes do Grito de Ipiranga, em agosto de 1822, em São Paulo, D. Pedro I encontra Domitila de Castro. A futura marquesa de Santos, nascida em 1797, mesmo ano de nascimento de Maria Leopoldina, casara cedo, aos 15 anos, com um militar truculento e alcoólatra, com quem tivera três filhos, após uma separação e posterior reconciliação, pedira o divórcio antes do encontro com D. Pedro I. Na época, a separação legal era difícil, mas ela consegue o desejado em 1824, possivelmente por influência do imperador. Desde então, o imperador desdenha a esposa, concedendo regalias e mercês à amante e aos seus filhos. O pior ocorre quando, em ato de perfídia, traz a sua Titila para a corte, inclusive colocando-a como aia da esposa. Atitude reprovada por toda a sociedade, inclusive com críticas nos jornais.

Humilhada, desprezada, com o apoio da sociedade e dos jornais, Maria Leopoldina mantém uma posição estoica, digna de uma imperatriz, pois continua enamorada do seu esposo. Em carta remetida aos seus familiares em Viena, declara:

*Eu sinto que não sou mais amada!*

Afastado da esposa, sem a sua influência e seus conselhos, o imperador desagrada os seus súditos. A inflação por gastos descontrolados, pelos custos militares na província Cisplatina, a repressão aos movimentos esporádicos que ocorriam por disputas locais, mesmo as revoltas de escravos, são sedições que ele esmaga sem piedade pela força das armas e pelos fuzilamentos dos rebeldes e dos opositores políticos, incluindo os de ideais republicanos. O pior é a censura aos jornais. Em 1824, é assinada a nossa Constituição, que estabelece uma monarquia constitucional, em que representantes da província Cisplatina, incorporada no mesmo ano ao Império, estão presentes. Mas os problemas nas fronteiras do Rio Grande não cessam. O governo de Buenos Aires, interessado em anexar a Banda Oriental do Uruguai, apoia os rebeldes uruguaios, que atacam as estâncias dos brasileiros, roubando o gado e queimando propriedades em terras do Rio Grande do Sul. A atuação belicosa de Buenos Aires chega a tal ponto, que D. Pedro I declara guerra à Argentina em 1825, usando a frota imperial para bloquear o porto de Buenos Aires e afundar os corsários platinos que atacam os navios comerciais do Império. Na época, a população uruguaia, estimada em 100 mil almas, tinha percentual calculado entre 30 e 40 porcento de brasileiros. Muitas fazendas de brasileiros, pela extensão, ocupavam espaços que ultrapassam fronteiras não bem delimitadas.

Em 2 de dezembro de 1825, Dona Maria Leopoldina, com 28 anos, dá sua maior contribuição ao Brasil: nasce

Pedro de Alcântara, futuro imperador D. Pedro II, enquanto seu esposo, mulherengo incurável, já tem filhos com a amante. No meio de tantos problemas, em 1826, o imperador precisa se deslocar para Porto Alegre, no Rio Grande do Sul, com o objetivo de reorganizar o exército e pagar soldos atrasados. Veleja até Laguna, de onde, a cavalo, passando por Torres, dorme ao relento; segue pelas lagoas costeiras até a capital dos gaúchos. É necessário reunir as forças disponíveis, substituir comandos, estabelecer estratégias para enfrentar as tropas conjugadas, tanto de argentinos, com Lavalleja no comando, quanto dos irregulares uruguaios, sob as ordens do general Alvear, que invadiam o território brasileiro. D. Pedro I, além de excelente cavaleiro, era impetuoso nas ações, mas encontra intrigas, vaidades e incompetências entre os seus generais, muito deles mercenários com experiência de combates na Europa, mas que desconheciam as táticas de guerrilhas usadas na Banda Oriental do Uruguai, principalmente no uso da cavalaria. Ao retirar do comando-geral o idoso general Lecor, conquistador de Montevidéu em 1818, comete erro ao dar importância às calúnias levantadas. A substituição do experiente militar pelo marquês de Barbacena, mais adequado à diplomacia do que às artes bélicas, vai nos levar à perda da província Cisplatina. O pior é que, ao receber notícias de que a saúde da imperatriz piorara, é obrigado a suspender as suas providências, abandonando a sua missão e retornando rápido para o Rio de Janeiro pelo mesmo percurso da vinda.

A imperatriz, novamente grávida, tivera um aborto, o que trouxera complicações e grave infecção. Com a saúde abalada pelas frequentes gestações, mais os desgostos pela atitude canalha do esposo, Maria Leopoldina vem a falecer no dia 12 de dezembro de 1826, apesar de todos os esforços dos médicos. D. Pedro I, que partira no início de janeiro de 1827, só em Laguna fica ciente da morte da esposa; chegará ao Rio de Janeiro bem depois do enterro. Benquista pelos seus súditos, o funeral atraiu multidões e vai deixar o imperador desolado e sem os conselhos da esposa nos momentos críticos vindouros. Como afirma José Bonifácio:

*Era ela e não ele quem devia governar o Brasil, pois tinha melhor conhecimento na política, na economia e na administração pública.*

# 4. FINAL DO PRIMEIRO REINADO. D. PEDRO IV DE PORTUGAL

O imperador, no retorno, permanece muitos dias em Laguna; ciente da morte e do sepultamento da esposa, parece confuso e desorientado pela perda, chegando ao Rio de Janeiro no início de fevereiro. A notícia de que, em 20 de fevereiro de 1827, ocorrera a maior batalha campal em terras das Américas traz grandes preocupações. Aos poucos, os relatórios trazem detalhes do embate que mudaria o destino da Banda Oriental do Uruguai. Desde a declaração de guerra do Brasil contra a Argentina, por ingerências contra a província Cisplatina, em Durazno ocorria concentração de forças das províncias unidas do Prata e de republicanos uruguaios.

D. Pedro I, na sua permanência em Porto Alegre, constata a falta de comando, a indisciplina das forças imperiais e as intrigas entre os membros do Conselho de Guerra. O general Von Brum, como chefe do estado maior localizado em Montevidéu, não consegue obter harmonia entre os diversos comandantes das diversas unidades, a maioria de oficiais mercenários estrangeiros. Infelizmente, o imperador tem que regressar ao Rio de Janeiro devido à piora da saúde da imperatriz antes de assumir o comando e organizar as forças militares que defendem o Rio Grande. A decisão de entregar o comando a um diplomata, o marquês de Barbacena, completa o engano. O exército argentino e uruguaio, cerca de 8 mil homens, invade o Rio Grande em direção a São Gabriel, arrasando as fazendas e povoações, pois conta com excelente cavalaria, arma decisiva nos combates nos pampas. As primeiras escaramuças nos combates em Juncal e Passos das Galinhas, apesar de restritas nas ações, foram desfavoráveis às cores do Império, devido à surpresa e à desvantagem das tropas. O marquês de Barbacena reúne 6 mil soldados e 8 canhões na praça de São Gabriel; em vez de enviar patrulhas para localizar o inimigo, segue boatos de que os invasores estavam recuando.

Bem ao contrário, sob o comando dos generais Alvear e Lavalleja, os invasores se dirigem em direção ao rio Santa Maria, no local denominado Passo do Rosário, onde ocupam posição vantajosa nas colinas adjacentes e instalam sua artilharia em situação privilegiada, fortalecendo a frente de defesa, ficando a sua cavalaria livre para atuar nos flancos. Sabedor da ameaça, mas subestimando o inimigo, Barbacena segue em marcha forçada para a batalha. Por outro lado, desvia parte da cavalaria gaúcha para sondar o local. No entanto, o comandante Bento Gonçalves, menos afeito às disciplinas militares, desvia-se por demais e, ao receber notícias de ecos de artilharia ao longe, toma direção contrária; está a mais de 10 léguas quando seria decisivo no resultado do combate.

O marquês de Barbacena chega ao Passo da Pátria de madrugada e encontra o inimigo descansado, bem posicionado, com todas as suas brigadas bem preparadas. Impulsivo, mesmo sem colocar seus canhões em posição, com a tropa cansada, lança ataque frontal ao setor mais forte do adversário. O combate, que dura cerca de 10 horas, mostra que a cavalaria uruguaia supera a nossa na proporção de 3 para 1, o que vai decidir o lado vitorioso, pois Alvear dispõe de maior número de brigadas montadas. Ele ataca o flanco direito, onde estavam as tropas sob o comando de Barbacena, e obtém vantagens. No entanto, sua força móvel não consegue superar os quadrados defensivos dos regimentos imperiais, sofrendo pesadas baixas e a morte de um coronel da cavalaria. A luta continua intensa por horas. Comandados por Mallet (futuro patrono da arma da artilharia brasileira), com dois canhões, os brasileiros conseguem contrapor-se aos canhões dos republicanos. Mas nenhum dos exércitos consegue aniquilar o adversário, até que a reserva da cavalaria republicana ataca a retaguarda brasileira, onde estavam as bagagens das tropas, os baús e os pertences dos oficiais, o gado para a alimentação e as carroças das munições e dos mantimentos. Começa a pilhagem, pela qual muitos abandonam a luta em busca do seu quinhão, pois muitos dos voluntários procuravam encher os seus bolsos com os despojos dos vencidos e das fazendas taladas durante o deslocamento.

Barbacena, vendo os incêndios na retaguarda e a inferioridade nos cavalos, ordena a retirada, protegido pela cavalaria de Bento Manuel Ribeiro, o barão do Cerro Largo, que falece na luta. Embora com vantagem, Alvear não ataca os retirantes, pois o tumulto criado pelo saque trouxe confusão ao seu exército. Apesar de os republicanos proclamarem vitória pela retirada dos imperiais, cantando música denominada "Vitória de Ituzaingó" (nome dado pelos argentinos ao local do combate) e pelas coletas de algumas bandeiras imperiais, o que eleva o ânimo dos republicanos uruguaios e dos argentinos, na realidade houve um empate. Como a marinha brasileira mantinha o controle do rio da Prata, o assédio frontal para tomar Montevidéu era impraticável. Depois, o exército imperial conseguira chegar a São Gabriel, com baixas razoáveis, deixando para trás um canhão inutilizado, pois a sua carroça de transporte tivera as rodas quebradas.

Para D. Pedro I, o evento provoca revoltas entre os súditos e nas manchetes nos jornais, pois, para reequipar as tropas, seria preciso um numerário que não tinha, o que o obriga a realizar a emissão de moedas sem lastro, com consequente inflação. O pior ocorre quando, tentando formar batalhões com soldados profissionais, recruta, em 1827, mercenários estrangeiros, principalmente irlandeses, sem a seleção adequada. O resultado é a chegada de muitos indisciplinados, de arruaceiros, de bêbados e de ex-prisioneiros ao Rio de Janeiro. Como resultado de promessas impossíveis de cumprir, do calor e das condições das casernas, da brutalidade dos sargentos, o inevitável acontece depois de muitas estrepolias. Um motim e revolta tumultuam o Rio de Janeiro, ainda mais com disputas com os alemães, que formavam os batalhões para proteção da família imperial por questão de soldos. Brigas entre os germânicos e os irlandeses são comuns, principalmente após o recebimento de soldos, quando se encontram nos bares e nos cabarés da cidade. O pior ocorre quando os irlandeses recebem uma diferença salarial para acabar com as estrepolias, o que provoca a revolta dos alemães, que saem às ruas com suas armas. No entanto, os adversários, ao se encontrarem, unem-se num único bando e, unidos, iniciam uma rodada de assaltos, de bebedeiras, de invasões de residências, de lojas, de armazéns e de bares, que assusta os moradores. Durante dias, de 9 a 11 de outubro de 1828, o Rio de Janeiro ficou sem nenhuma lei, obrigando os moradores e os seus escravos a pegarem em armas, a maioria fornecida pelo governo, para defender o seu patrimônio e a segurança da família imperial. A revolta só termina quando a bebida faz o seu efeito, e a ordem é restaurada pela reação coordenada dos habitantes da cidade e das poucas unidades militares nacionais.

A maioria dos irlandeses foi repatriada, mas muitos escaparam, fugindo pelo interior em busca das terras prometidas e de futuro melhor. Os batalhões dos alemães sofreram expurgos, remanejo e um fuzilamento, pois o condenado matara o seu oficial no comando. O Império pagava caro por não ter ainda um exército profissional nacional com oficiais e comandantes brasileiros. O pior, para D. Pedro I, foi o seu projeto de enviar batalhões com soldados profissionais para acabar com a revolução republicana uruguaia e reduzir a influência do *Cabildo de Buenos Aires*; restava o inviável. Com o general Alvear efetuando sortidas no Rio Grande do Sul, agora desprotegido, temendo perder a província, D. Pedro I concorda com as condições impostas pelos diplomatas ingleses, interessados em acabar com seus prejuízos comerciais pela instabilidade no Estuário do Rio da Prata. O imperador assina o Tratado de Paz com a Argentina e concorda com a independência da Banda Oriental do Uruguai; surge uma nova República, com a capital em Montevidéu. Com a perda da província Cisplatina, uma estrela é retirada da nossa bandeira imperial pela ratificação do Tratado, em 8 de outubro de 1828, no Rio de Janeiro.

Em 1829, D. Pedro I, na procura de nova esposa, rompe a relação com a marquesa de Santos, embora grávida de outro filho seu. O marquês de Barbacena, com amplos recursos em moedas de ouro, procura uma princesa de alta linhagem, jovem, culta e bonita. Mas o conceito de D. Pedro I como mulherengo resulta em oito recusas. A fama do imperador fechava as portas. As palavras do pai de Maria Leopoldina ecoavam por toda a Europa: *O meu genro é um canalha.*

No retorno ao Brasil, Barbacena comunica ao imperador as recusas recebidas e no ridículo resultante; como diplomata, sugere que o imperador escolha uma princesa de linhagem mais baixa, o que é aceito por D. Pedro I, desde que fosse linda, jovem e instruída. Dessa vez, o marquês de Barbacena, melhor casamenteiro do que militar, com apoio do visconde de Petra, diplomata em Paris, chega a Amélia de Leuchtenberg, com 17 anos, que por ter pai que era filho de Josefina de Beauharnais, primeira esposa de Napoleão Bonaparte, recebera título desprezado pela realeza dominante. Como tutora, a mãe de Amélia, inicialmente relutante, ao perceber que sua filha receberia o título de imperatriz, o que representa prestígio para a família, concorda com o casamento. Como o costume da época, o enlace é realizado em Londres por procuração. No retorno, na fragata Niterói, Barbacena traz a princesa Maria da Glória, que assumira o trono de Portugal pela morte do avô D. João VI, como Maria II, mas que fora destronada pelo tio Miguel num golpe de estado, com o apoio da corte de Lisboa, em 1828. Em Oostende, na Bélgica, Amélia de Leuchtenberg embarca com seu irmão Pedro, futuro duque de Bragança, uma das condições do matrimônio, e ruma para o Rio de Janeiro, onde chega em 16 de outubro de 1829. A efetivação do casamento pode ser vista no quadro de Jean Debret, que muitos confundem com o do primeiro matrimônio de D. Pedro I; basta notar a presença dos quatro filhos de D. Pedro I ao lado do altar da capela imperial para evitar o engano.

Desde a chegada, Amélia encanta pela beleza, pelo porte e por sua maneira de agir na sua nova corte, o que conquista o imperador. Ela altera o protocolo imperial, modificando hábitos da corte, introduzindo o francês como língua oficial, mudando a liturgia usual, considerada rude e fora das regras das cortes europeias. Mantém boas relações com os seus quatro enteados, principalmente com Pedro de Alcântara, que a chama de mamãe e vai manter ao logo dos anos imensa troca de cartas, mais de 600 guardadas no museu de Petrópolis, onde a excelente caligrafia de D. Pedro II nos encanta. Outra sábia decisão foi a de expulsar a marquesa de Santos para o interior de São Paulo, proibida de retornar ao Rio de Janeiro.

Aconselhada por José Bonifácio, Amélia procura conciliar seu esposo com os súditos, pois as reações contra atos violentos de D. Pedro I, perseguição aos rebeldes, censuras aos jornais da oposição pelos seus atos truculentos e inflação descontrolada produzem instabilidade política, sem nenhum resultado prático. Em 7 de abril de 1831, num ato impulsivo, D.

Pedro I renuncia ao trono, deixando seu filho como sucessor. D Pedro II, com 5 anos, pela Constituição, só assumiria o trono aos 17 anos. D. Pedro I tem outra missão em Portugal, para onde parte em 13 de abril de 1831: precisa restabelecer sua filha no trono usurpado pelo seu irmão Miguel. Aproveita a revolta constitucionalista deflagrada na cidade do Porto, para como D. Pedro IV de Portugal iniciar uma guerra contra Miguel e a corte de Lisboa. Em 30 de novembro de 1831, em Paris, nasce a sua filha Amélia Maria. Ano em que Simon Bolívar, doente, pobre, abandonado e perseguido pelos seus antigos companheiros, falece por tuberculose nas cercanias de Cartagena, perto do rio Madalena. Destinos tristes de dois libertadores.

Só em setembro de 1833, ao tomar Lisboa com o apoio do genro, o duque de Bragança, D. Pedro IV consegue vencer, reintroduzindo no trono a sua filha Maria da Glória como a rainha Maria II. Esgotado pelas jornadas de guerra, vem a falecer de tuberculose no dia 24 de setembro de 1834, em Lisboa, no Palácio de Queluz, na mesma cama onde nascera em 1798. Por testamento, como agradecimento à cidade do Porto, seu coração em banho de formol, num vaso dourado, é doado à cidade. Podemos concluir que o Primeiro Reinado do Brasil termina de fato; começa a regência, pois D. Pedro II tem apenas 9 anos.

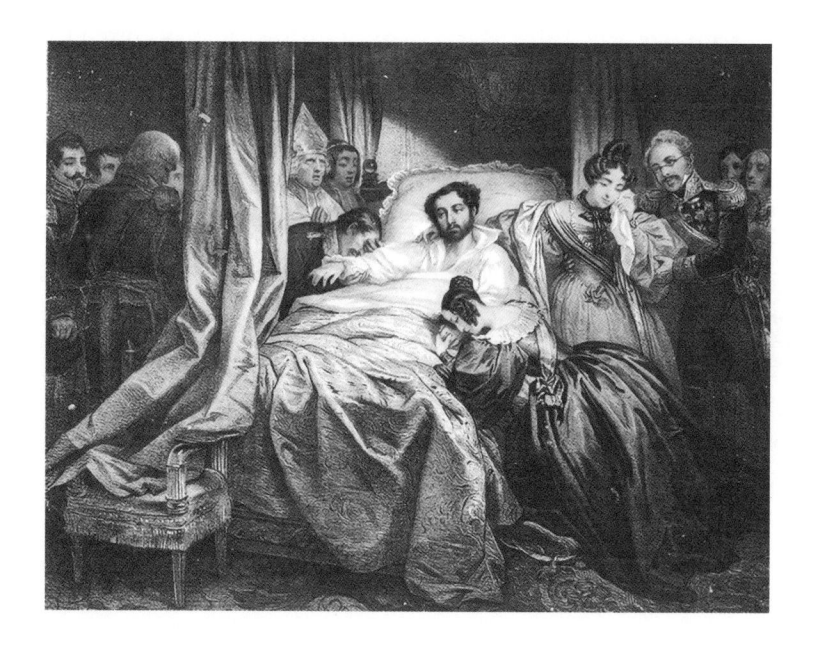

# 5. REGÊNCIA. INÍCIO DO SEGUNDO REINADO DO BRASIL

Pedro de Alcântara teve uma infância solitária órfão de mãe em dezembro de 1826, quando tinha 1 ano, com pai ausente devido aos problemas que o Império sofria tanto no campo interno da política, como nos eventos militares nas fronteiras da Banda Oriental do Uruguai –, mesmo aos cuidados de aia de Maria Leopoldina, que chamava de Dadama. A chegada da segunda esposa de D. Pedro I, em 1829, Amélia de Leuchtenberg, foi uma bênção. A jovem imperatriz, com 17 anos, afeiçoa-se aos quatro enteados, principalmente ao mais moço, que tinha 4 anos; além de carinho e de amor, tem interesse na devida educação e na escolha dos professores. A ligação com o herdeiro é tão intensa, que além de chamá-la de mamãe, ele vai no futuro manter intensa correspondência com Amélia Leuchtenberg até a sua morte, em 1873.

Em 1831, com a impulsiva decisão de D. Pedro I de abdicar ao trono, devido às disputas políticas com seus súditos e à crescente inflação, e de retornar a Portugal para apoiar a revolução constitucionalista em Porto, que visa a recolocar sua filha Maria como rainha e acabar com a usurpação do seu irmão Miguel, a posição de Pedro de Alcântara muda. Com 5 anos, ele é agora o futuro imperador D. Pedro II.

Como a Constituição estabelece 17 anos para a devida aclamação e coroação, o Brasil entra no período da regência. José Bonifácio de Andrade e Silva, conservador, escolhido por D. Pedro I, será o encarregado tanto da educação do seu filho quanto da direção política do Brasil. Pedro de Alcântara terá excelentes professores, que vão moldar seu caráter e perfil de monarca constitucional. Em 1835, o padre Feijó, liberal e inimigo ferrenho de José Bonifácio, assume a regência, que mantém até 1837.

Em função dos atritos entre liberais e conservadores com interesses distintos, surgem perturbações que circulam entre as províncias, principalmente nas mais afastadas, como no Rio Grande do Sul, onde, em 1835, surge uma revolta contra o aumento de impostos e, por discussões na Assembleia, contra o governador provincial, que abandona Porto Alegre em 20 de setembro de 1835, fugindo para o porto de Rio Grande, onde tem o apoio da marinha imperial. Sem um governo forte com respeito no Brasil, não há concordâncias entre adversários. Entre 1839 e 1840, no meio de confusões e lutas fratricidas, os liberais e conservadores concluem que era preciso acelerar a maioridade de D. Pedro II, alterando a Constituição, mas só em 1841 ocorre a coroação. Apesar da pouca idade, D. Pedro II logo entende as artimanhas dos deputados e dos conselheiros; tivera mestre dos dois partidos e usa a política da conciliação, o que vai lhe conceder o título de "o Magnânimo".

No Rio Grande, onde os maçons da ordem vermelha apoiam os rebeldes com suas ideias de República, ainda mais com o surgimento da República Uruguaia, amplia-se o movimento rebelde com a Fundação da República Rio-Grandense, com sede em Piratini, em 1835. Os embates entre os farroupilhas e os caramurus vão deixar os campos desertos, onde o gado escasseia, com diminuição da força de trabalho em 10%, o que abala a economia gaúcha, deixando na miséria líderes como Bento Gonçalves. A designação do general Luiz Alves de Lima e Silva como interventor, em 1842, começa a reduzir a força dos rebeldes, agora em farrapos, pois o interventor organiza as tropas imperiais e bloqueia as fronteiras, evitando a vinda de reforços, de mantimentos e de munições da Banda Oriental. Contando com o apoio da marinha e da força imperial, a capital Piratini é tomada, o que deixa os farrapos sem esperanças e facilita a ação pacificadora do futuro duque de Caxias, prócer com êxito em outras sedições. Com perdão para os oficiais e próceres da revolta, muitos engajados entram no Exército Imperial, ao se firmar o Tratado de Ponche Verde, em 1845. A província fica pacificada e será barricada imperial no futuro, quando ventos arautos de conflito vierem do rio da Prata.

O interessante é que o hino oficial dos farroupilhas foi obra do maestro Mendanha, chefe da banda imperial, um filho de escravos livres que se engaja no exército e é capturado com toda a equipe quando entra em uma vila tomada pelos farrapos. Depois, fugindo dos rebeldes, o maestro vai para a capital, onde se torna um dos notáveis do Rio Grande, famoso entre todos os gaúchos pelos seus dons musicais e pela liderança social. Em 1845, quando D. Pedro II visita Porto Alegre, o maestro Mendanha está entre os que homenageiam o imperador.

Outro problema para o imperador foi a Revolução Praiana em Pernambuco entre 1848 e 1850. Por discussões políticas e jogo de poderes entre caramurus, os portugueses natos e os da terra, em busca de supremacia nos negócios, lançam ataques aos governantes imperiais. Com a vitória dos conservadores, o governador liberal local é substituído por um conservador, que vai perseguir os rivais, inclusive desarmando-os, iniciando uma revolta apoiada por um jornal que ficava na Rua da Praia. Durante a repressão, o imperador intercede para não haver violências excessivas contra os vencidos nem fuzilamentos desnecessários. O seu caráter de conciliador, de usar a diplomacia antes das armas, será lembrado nos livros de história.

O primeiro conflito internacional de D. Pedro II ocorre a partir de 1843, com a República Oriental do Uruguai. Desde a sua formação como República, a partir do Tratado de 1828, ela nunca tivera paz, em constantes guerras políticas entre os *blancos e os colorados*, dois partidos sempre rivais. Desde a batalha de Arroyo Largo, Rivera apenas controla a capital Montevidéu, enquanto Oribe, com o apoio do general Rosas, ditador da província de Buenos Aires, era senhor dos pampas. O ditador Rosas tinha um projeto para anexar tanto o Uruguai quanto o Rio Grande do Sul, incluindo o Paraguai, unindo os territórios do antigo Vice-Reinado do Prata; inclusive apoia os farroupilhas durante a Revolução dos Farrapos, apesar de a maioria da população e das principais cidades da província ficarem fiéis ao império. Durante o longo sítio, de 1843 a 1851, Rivera resistiu, com apoio do Brasil, da Inglaterra e da França, com suas naves no rio da Prata. Oribe, no seu projeto de poder, degola os seus prisioneiros, os inimigos e os civis, próximo de 30 mil almas, numa política de terror e de terra arrasada. Permite que a sua tropa de irregulares mercenários pilhe e destrua as estâncias dos brasileiros, até mesmo dentro das fronteiras do Rio Grande. Investidas que furtam perto de 1 milhão de cabeças de gado e dezenas de milhares de cavalos, queimando e arrasando as fazendas, roubando escravos e violentando os proprietários, seus serviçais e as mulheres.

Como represália, o barão do Jacuí, por conta própria, organiza expedições punitivas contra os malfeitores, jornadas denominadas Califórnia. A partir de 1849, no Rio de Janeiro, a discussão era se deveríamos entrar em guerra e de que maneira. Como a perda da Cisplatina ainda não fora esquecida, a solução é usar a marinha do Brasil e os regimentos de batalhões das forças regulares, em vez de alistar recrutas, o que custa caro, leva tempo e traz descontentamentos tanto pelo custo como pela rejeição do recrutamento. A decisão foi de encontrar aliados entre os inimigos tanto de Rosas quanto de Oribe, de modo a formar um exército multinacional. A força naval, comandada por John Grenfel, almirante que substituíra o lorde Cochrane, que mostrara ser mau-caráter, egoísta e desonesto, ficava responsável pelo transporte tanto de soldados quanto de víveres e de armas e munições. Nossas fragatas e corvetas não têm competidoras na América.

Na época, o Brasil é a nação mais importante, mais rica, com maior população e mantém estabilidade em todo o imenso território. É o momento de acertar contas com Oribe por primeiro e depois com o ditador Rosas. Dispondo de exército regular, bem treinado, ele deveria partir do Rio Grande do Sul para o Uruguai, onde se encontraria em Corrientes, vindas de Santa Fé e de Entre Rios, com as tropas comandadas pelo general Urquiza, inimigo do ditador Rosas. Era um momento de aparente união entre aliados, em que o ouro do Brasil será decisivo. Por meio de emissários conhecedores do ambiente político, como o futuro barão do Rio Branco e do banqueiro Mauá, com livre trânsito tanto no Uruguai quanto na Argentina, onde tinha interesses, investimentos e sócios, a nova política externa do Brasil será vitoriosa.

Com a compra de 3 mil cavalos, com pagamento à vista em ouro, o general Urquiza desloca as suas tropas, com destaque para a cavalaria, pelo rio Paraná, para depois, com o suporte de navios brasileiros, primeiro adentrar o Uruguai, onde tropas brasileiras vindas do Rio Grande, em coalizão, derrotam as forças de Uribe, eliminando o poder do rival de Rivera e acabando com o cerco de Montevidéu. Muitos uruguaios, após a rendição rápida, agora são incorporados às tropas de Rivera; é a primeira vitória internacional de D. Pedro II.

Em seguida, o deslocamento dos aliados do momento se destina a Buenos Aires, onde o general Rosas prepara uma linha defensiva em Montes Caseiros, não longe de Buenos Aires. O desafio de transportar cavalos, soldados, canhões, mantimentos, munições e todo o necessário para a futura batalha cabe às naves brasileiras, que ultrapassam a defesa Argentina do Passo Tonelero. Nossa marinha tem capacidade de transportar com eficiência todos os exércitos com seus equipamentos, cruzando o rio Paraná e o rio Uruguai um pouco acima de Monte Caseiros.

No dia 1.º de fevereiro, as tropas aliadas desembarcadas começam a marcha rumo ao Monte Caseiros, a cerca de 8 a 10 quilômetros de Buenos Aires. Pelos mapas da época, o quartel-general de Manuel Rosas ocupa a parte central e estratégica das colinas, onde concentra sua artilharia com 60 canhões, dispondo no total de 35 mil efetivos, incluindo a sua cavalaria que ocupa as alas. No exército aliado, predominam os argentinos das províncias rebeldes, ficando o general Justo Urquiza como comandante-geral; no entanto, o plano total da campanha estava a cargo do duque de Caxias que organizara com eficiência, como de costume e da boa gestão militar, todas as providências para o sucesso da luta, com a derrota total do general Rosas. Em duas colunas partindo do Rio Grande, os soldados brasileiros invadem a Banda Oriental para eliminar primeiro o perigo de Manuel Oribe, para depois seguirem em navios em direção a Buenos Aires. O duque de Caxias engajara 4 mil soldados de infantaria, tropa de elite e bem treinada, profissionais bem preparados. Como surpresa tática, novos fuzis modernos do tipo agulha, de maior alcance e precisão, foram distribuídos a cem alemães recrutados, todos especializados em tiros de precisão. Distribuídos no meio dos batalhões de infantaria durante as cargas, teriam papel de destaque como *snipers*.

No dia 3 de fevereiro, começa o ataque. A infantaria brasileira, sob o comando do general Manuel de Souza, ocupa o centro, enquanto à direita a cavalaria de Justo Urquiza inicia o ataque às alas do exército de Rosas, destroçando por número e ímpeto os adversários. Sob o fogo da artilharia, Manuel de Souza ataca direto o quartel de comando de Rosas, quando o segredo militar do duque de Caxias se faz presente. Espalhados entre os infantes, os *brummers*, muitos vindos das colônias alemãs de São Leopoldo, miram e acertam os seus disparos nos artilheiros que municiam e disparam os canhões, espalhando a confusão, a redução das descargas e a sua eficiência. Com baionetas caladas, a infantaria ultrapassa a primeira barreira defensiva, enquanto o tenente-coronel Osório, com sua brigada de cavalaria, ataca pelo flanco as bases da artilharia inimiga, em total desordem, pois a disciplina fora quebrada. Prevendo a derrota, o ditador Manuel Rosas, disfarçado, foge para Buenos Aires, para depois, com sua filha, obter asilo em uma nave britânica que o leva a Londres, onde falece 20 anos depois.

O combate, que dura 4 horas, termina pela retirada desordenada das forças de Rosas, tanto pela eficiência do ataque frontal brasileiro que ocupa as bases de comando como pelas cargas da cavalaria, principalmente dos rebeldes platinos, que, com sabres e lanças, varrem os adversários, ainda mais que o centro das defesas, o quartel-general de Rosas, fora eliminado. No dia seguinte, com Buenos Aires ocupada, no desfile da vitória sobre a ditadura cruel e corrupta de Rosas, as tropas brasileiras, com suas bandeiras no verde e amarelo, marcham com júbilo nas avenidas da cidade sob os aplausos dos argentinos. A derrota do Passo do Rosário, em 1828, foi vingada. O Brasil é a nação mais poderosa da América Latina. D. Pedro II obtém a segunda vitória no plano internacional.

*Vivas ao Império do Brasil! Vivas a D. Pedro II.*

# 6. CASAMENTO DE D. PEDRO II. QUESTÃO CHRISTIE. RENDIÇÃO DE URUGUAIANA

Ainda um adolescente, Pedro de Alcântara vai enfrentar o casamento imposto pelo gabinete de ministros. A escolha, como usual, segue a troca de retratos, os acordos nupciais, os contratos quanto aos dotes, as assinaturas oficiais e o casamento por procuração na Catedral de Palermo na Sicília, em 30 de março de 1843. Teresa Cristina, princesa da Casa das Duas Sicílias, ao chegar ao Rio de Janeiro, frustra as expectativas românticas de D. Pedro II. Ela era baixa, mais velha, meio gorda e mancava de uma perna. Mesmo assim ele vai cumprir o seu compromisso como esposo. Decepcionado, confessa à sua antiga ama de leite e confidente:

*Dadama, eu fui enganado.*

O casal teve quatro filhos, mas os dois herdeiros masculinos, ao morrerem precocemente, deixam o imperador desolado pela perda, o que o afasta de Teresa Cristina, restando Isabel Cristina como sucessora do trono e Leopoldina de Bragança, a irmã mais jovem. A imperatriz, afeiçoada ao marido, vai acompanhá-lo no exílio até falecer em Portugal, em 1889.

Ao se deslocar para a província de Rio Grande em 1845, já pacificada pelo general Luiz Alves de Lima e Silva, demonstra seu papel de conciliador ao perdoar Bento Gonçalves, que, além de lutar contra o Império, tivera atitudes de conspirador ao se relacionar com caudilhos do Prata. Ele será incorporado ao exército brasileiro.

Após as derrotas de Rosas e de Uribe, o Império inicia o processo de modernização com o uso das máquinas a vapor que revolucionam o mundo, iniciando uma nova era de relacionamento entre capital e trabalho. O visconde de Mauá, nascido em Arroio Grande, em 1813, no Rio Grande do Sul, inicia carreira que o torna o mais rico e poderoso dos brasileiros. Começando do nada, pela visão do que acontece no mundo, sabe que o trabalho escravo não é mais rentável, que trabalhadores que têm participação nos lucros e nos projetos das empresas têm produtividade maior. Depois, sabe como usar o ouro e a prata escondidos em colchões ou em baús se aplicados ou depositados no seu banco para financiar os investimentos necessários no Brasil e no Uruguai, atitude que o torna inimigo dos poderosos e atrasados fazendeiros do Império, que não aceitam o final da escravatura como base da mão de obra no Brasil. Mauá cria notável cadeia de investidores, principalmente em Londres, onde atua como banqueiro, e em Montevidéu, onde seu banco capta depósitos em moedas de ouro e prata oferecendo bons juros nas compra dos seus títulos e ações.

Em 1852, diante da agressiva política de ação na expansão das suas fronteiras depois de vencer a guerra contra o México, em 1848, quando incorpora a Califórnia, o Novo México, o Arizona e o Texas, os Estados Unidos voltam-se para a Amazônia, sob o pretexto de ela fazer parte da Bacia do Mississipi. É preciso agir. D. Pedro II, um entusiasta por modernidades, em contato com Mauá, pede apoio para estabelecer uma empresa de navegação para ligar Manaus e Belém ao Brasil. O nosso maior empresário, que já investia no Brasil, vai criar a Companhia de Docas da Amazônia para evitar, pelo abandono e pela distância, a perda da soberania de parte não povoada do nosso território. Reconhecendo a importância das comunicações, Mauá consegue financiamento para a instalação de um cabo submarino entre a Europa e o Rio de Janeiro, o que facilita os negócios e as comunicações com os seus gerentes, com investidores e com os aplicadores nas ações emitidas. Incansável nos seus empreendimentos, Mauá mantém boas relações com o imperador apesar dos inimigos, que usam os jornais e a política para desmoralizá-lo: *Se Mauá está, boa coisa não há!*

Desde a época colonial, com a fundação da Colônia do Sacramento, Portugal procura estabelecer um marco territorial para delimitar seus limites nas fronteiras no sul do Brasil. Com D. João VI, com a tomada de Montevidéu, em 1818, vamos colocar a estrela da província Cisplatina na bandeira imperial. Depois da queda do ditador Rosas, em 1852, a preocupação da diplomacia brasileira era de manter o acesso pelo rio Paraná até o Mato Grosso. Para isso, era importante apoiar o Paraguai, país isolado da América do Sul que se libertara da Espanha em 1811. No entanto, José Gaspar de Francia, como ditador, procura eliminar todas as raízes hispânicas, expulsando todos os aristocratas espanhóis, incluindo membros do clero, adotando o guarani como língua oficial do país e reformando igrejas para serem quartéis. Com sua morte, assume o poder Carlos Lopes, que tenta reduzir o isolamento, mas não tem acesso a um porto marítimo, dependendo da boa vontade do *Cabildo de Buenos*, que estabelece direitos abusivos no trânsito de mercadorias. Nascido em 1827, dois anos antes de Pedro de Alcântara e Bragança, seu filho Solano Lopes, aos 14 anos já é general do exército, seguindo os passos e as ideias do pai na modernização do Paraguai. Na ida à Europa, além de casar-se com Elisa Lynch, irlandesa, percebe que precisa alterar as condições do país; envia jovens para cursos profissionalizantes, ao mesmo tempo que contrata engenheiros e obtém financiamentos para construir fábricas, estaleiros e produzir todo o material essencial ao país, dando prioridade à fabricação de armamentos. Em 1846, o Brasil foi a primeira nação a reconhecer a soberania paraguaia, e mais tarde, depois de eliminar a ameaça de Rosas, envia engenheiros para a construção da fortaleza de Humaitá, o que defende Assunção de novas tentativas da Federação Argentina de anexar o Paraguai à sua Federação, algo que não interessa ao Império do Brasil; sem saber que está criando um novo monstro.

Até 1862, os anos são favoráveis ao Brasil. A colonização alemã introduz outra visão de organização, e novos e diferentes artífices introduzem técnicas de trabalho modernas, surgindo pequenas oficinas, fábricas e metalúrgicas. O visconde de Mauá é responsável pela iluminação do Rio de Janeiro, pela implantação de estaleiros e de fundições de ferro, pela urbanização da cidade e pelo saneamento, com a fabricação própria de tubos de ferro para os esgotos e para a água. Trazendo técnicos e engenheiros da Grã-Bretanha, é incansável nos seus projetos. A primeira linha férrea até Petrópolis é instalada. Mauá se equipara aos magnatas americanos do século XIX, como J. P. Morgan, Jay Gould, John D. Rockefeller e Andrew Carnegie. Começa uma disputa com a diplomacia britânica, conhecida como Questão Christie.

Com destino a Buenos Aires, a nave inglesa Prince of Wales encalha, entre os dias 5 e 8 de junho de 1862, na costa deserta do Albardão, tendo a sua carga pilhada, como era o costume da época, e os poucos tripulantes a bordo encontrados mortos. As buscas das autoridades locais, pela distância e pela burocracia, não conseguem encontrar os culpados, nem mesmo identificar a causa da morte dos corpos encontrados a bordo, alguns com os seus pertences roubados. O cônsul britânico de Rio Grande exige esclarecimentos e a punição dos ladrões e dos assassinos em função dos rumores de que os sobreviventes haviam sido massacrados pelos saqueadores. Com a demora no fornecimento do exigido, sendo detido um único suspeito, as reclamações vão chegar ao embaixador britânico no Rio de Janeiro, Willian Christie, que aumenta as solicitações, exigindo a punição de todos os envolvidos e o pagamento de reparações, o que não é respondido entre os ofícios e as respostas da tradicional burocracia: *É só para inglês ver*.

A situação piora quando três oficiais do HMS Forte, vindos de uma festa na Tijuca, em trajes comuns, talvez por efeito da bebida ou dificuldades de comunicação pela diferença de idioma, ao serem detidos para diligências por um soldado da vigilância do porto, entram em discussões que levam à troca de insultos e depois a agressões mútuas. O resultado foi a prisão dos três ingleses numa cela comum junto a malfeitores e desordeiros de toda classe. Depois das tentativas de libertação pelos superiores britânicos, o obtido foi a transferência dos prisioneiros para uma prisão mais adequada. À medida que as informações sobem para patentes mais elevadas, o embaixador, com a força dos canhões da Marinha Real, além da soltura dos oficiais e do pedido de desculpas, demanda 3.200 libras em ouro pelo pagamento de indenizações. A imposição das ameaças não é aceita pelos ministros do governo imperial, considerada impertinente. Em novembro de 1862, uma esquadra britânica bloqueia a Baía de Guanabara e apresa cinco embarcações brasileiras com sua carga, o que enfurece a população, que ameaça atacar os interesses britânicos, incluindo as propriedades locais dos súditos de Londres. D. Pedro II demanda um pedido de desculpas pela invasão violenta da soberania, compensação pelas mercadorias, mas quita a multa como antecipação para ressarcimento no futuro. As demandas sem solução chegam a Londres, sem nenhum efeito prático. O Brasil solicita a mediação do rei Leopoldo I da Bélgica na questão. Sem solução alguma, o Brasil rompe relações com a Grã-Bretanha em 1863, enquanto se prepara para um possível conflito. Como a receita do café produzia superávits crescentes, a nossa balança comercial não depende tanto como antes do comércio com os britânicos; o Brasil pode tentar novos mercados. Com surpresa, o laudo belga favorece em parte as pretensões brasileiras. Em 1865, em Uruguaiana, o embaixador inglês apresenta formais desculpas pela atuação inadequada e não protocolar de Christie, mas nada em relação às compensações; ao solicitar o reatamento das relações diplomáticas, de modo prático, imerso noutro conflito, precisando de financiamentos para as despesas militares e do apoio da coroa inglesa, ele aceita o acordo. Na prática, é a sua terceira vitória ao aceitar desculpas da poderosa rainha Vitória e do Império Britânico. Agora ele pode lançar todas as suas energias em derrotar a coluna paraguaia do coronel Estigarríbia, que estava sitiado em Uruguaiana. Rendição que ele consegue pela tática da negociação sem disparar um só tiro, nenhuma morte e tratando com justiça os derrotados, quase 6 mil prisioneiros. D. Pedro II reforça o cognome de o Magnânimo na quarta vitória internacional ao recuperar o território invadido do Rio Grande, opondo-se à decisão do caudilho colorado uruguaio Venâncio Flores de arrasar a cidade, esmagando o inimigo. Todos os oficiais capturados seguiram para o Rio de Janeiro, onde refizeram a sua vida, pois, se voltassem para Assunção, seriam fuzilados como traidores. Durante o sítio, destaca-se a figura do tenente Floriano Peixoto, que numa chata artilhada impede a fuga de soldados ou a chegada de reforços cruzando o rio Uruguai.

# 7. GUERRA DO PARAGUAI. ANTECEDENTES

Entre 1861 e 1862, a diplomacia brasileira recebia relatórios tanto de visconde de Mauá, que possuía interesses comerciais e bancários na região e mesmo informações de empresários brasileiros, como da família Tajo, que atuava a região sempre convulsionada do Prata, onde, depois de anos de aparente tranquilidade, agora maus ventos começavam a soprar. Em 1862, com a morte de Carlos Lopes, seu filho Solano Lopes assume o poder como ditador e vai incrementar uma política para acabar com o isolamento do país. No mesmo ano, o general Mitre é eleito o primeiro presidente da República Argentina depois de derrotar o General Urquiza da província de Entre Rios, que defendia o federalismo, tanto em votos quanto nas armas após a vitória militar em Pavon. A maior preocupação vinha de Montevidéu, onde o presidente Bernardo Berro, do partido Blanco, com o apoio de general Aguirre, inicia uma política contra os fazendeiros brasileiros com terras no Uruguai, mas que tinham ligações amistosas e negócios do outro lado da fronteira, e a maioria apoiava o partido colorado. Além de taxar pesado as propriedades, tolerava e mesmo apoiava as invasões das fazendas, o roubo do gado, a destruição de bens, as violências e os assassinatos, sem nunca prender os culpados. Como muitas propriedades ultrapassavam fronteiras, os abusos atingiam populações do Rio Grande. Mais de 40 mil brasileiros viviam no Uruguai, falavam português e apoiavam a revolta iniciada pelo caudilho colorado Venâncio Flores.

Na sua correspondência, na defesa dos seus interesses e mesmo como apoiador secreto do governo brasileiro, Mauá procura conseguir acordos para pacificar a região, pois interesses diversos trazem novos elementos para o cenário, prejudicando a estabilidade dos negócios. O coronel Aguirre recebe apoio em armas e em munições tanto de Urquiza como de Solano Lopes. Seu adversário Venâncio Flores tem o suporte do presidente Mitre, que recebera a colaboração de seu pequeno exército na vitória em Pavon, o caudilho colorado inclusive é apoiado pelos fazendeiros do Rio Grande e mesmo por militares e próceres gaúchos com os seus bandos independentes de soldados e agregados, como o coronel Mena Barreto, que ocupa Melo como represália.

Francisco Solano Lopes nesse cenário vê a oportunidade de executar o projeto tão sonhado de acabar com o isolamento do Paraguai. Como ditador, controla toda a população, a imprensa e os soldados, pois dispõe de mais de 40 mil efetivos plenos de patriotismo, apesar de não ter força naval. Solano Lopes precisa de um porto que permita chegar ao Atlântico, e as alternativas são Montevidéu ou Rio Grande, objetivo que vai obrigá-lo a invadir o Uruguai e o Rio Grande. Reconhece que o Império Brasileiro está com as ligações diplomáticas cortadas com a Grã-Bretanha e mesmo preparando-se para possíveis ataques das fragatas britânicas, portanto sem possibilidade de abrir nova frente de lutas.

Solano Lopes precisa apoiar o partido *blanco* na eterna rivalidade contra os colorados e ao mesmo tempo obter a simpatia do general Urquiza, o ditador de Entre Rios ainda inimigo e rival do presidente Mitre, para concretizar com êxito o seu projeto.

No gabinete brasileiro, a maioria era favorável ao apoio a Venâncio Flores, sem declarar oficialmente uma guerra, mas cedendo às reclamações dos riograndenses contra as estrepolias e degolas dos *blancos*; era hora de intervir. Sob comando de Tamandaré, uma esquadra atuaria no rio Uruguai para capturar as cidades de Salto, de Maldonado e, principalmente, de Paysandu, segunda cidade mais importante do Uruguai e forte baluarte do partido *blanco*. Por terra, duas colunas vindas do Rio Grande, sob o comando de David Canabarro e de Antônio Souza Neto, iriam conquistando as vilas e os povoados pelo caminho, colocando o comando nas mãos dos adeptos do partido colorado. Com chefes experientes e soldados veteranos e bem armados, não há muita resistência. Os partidários do general Aguirre eram melhores apenas no uso de lanças e de sabres nas suas cargas, sem nenhuma tática. Paysandu, com suas muralhas e fortalezas destruídas pelos bombardeios navais, resiste, mas, com a chegada das forças coligadas de Venâncio Flores e dos gaúchos, rende-se em 11 de agosto de 1864. O caminho para Montevidéu está livre; o general Aguirre é destituído, e o seu partido sai do poder. Venâncio Flores não perdoa os antigos inimigos, e as degolas e os fuzilamentos continuam. A capitulação de Montevidéu ocorre em 20 de fevereiro de 1865.

Os planos de Solano Lopes, que declara guerra ao Brasil em 13 de dezembro de 1864, ao mesmo tempo que invade o Mato Grosso e captura o vapor Marques de Olinda, que levava o novo presidente da província, ao denunciar o tratado de 1852 intermediado pelo Barão do Rio Branco, são devidos à intervenção do Império Brasileiro na política uruguaia. Com a entrada organizada do Brasil em favor de Venâncio Flores, Solano Lopes precisa rápido alterar a estratégia, ainda mais depois da queda de Paysandu e de Montevidéu. Seu novo plano, alterando o inicial, é enviar duas colunas: uma saindo de Humaitá em direção a Corrientes, sob o comando do Brigadeiro Robles, com 15 mil efetivos, seguiria o rio Paraná; a outra, sob o comando do coronel Estigarríbia, desde *Encarnacion* tomando Posadas, desceria pelo rio Uruguai para conquistar São Borja, Itaqui e Uruguaiana. Em São Borja, mudando o planejamento, Estigarríbia, depois de pilhar a cidade que fora abandonada, divide a sua tropa. Sob o comando do Major Duarte, 3.200 soldados prosseguiriam pelo lado direito do rio Uruguai, enquanto pela margem oposta Estigarríbia seguiria até Uruguaiana, onde haveria a junção das duas tropas. Dessa cidade as duas colunas unidas iriam para o Uruguai para reforçar a ação de Aguirre e apoiar o partido *blanco*. Quase 30 mil soldados lançados em aventura desesperada.

Os projetos de Francisco Solano Lopes começam a ruir, e seu aliado no Uruguai, Aguirre, está derrotado. A coluna do Major Duarte, que investe pela Argentina sem canhões e com escassa cavalaria depois desce o rio Uruguai até Passo de Los Libres, em 2 de agosto de 1865, será trucidada em Jatai, um afluente do rio Uruguai. Em campo aberto, sem artilharia, faminta, sofrendo os rigores do inverno, cercada pelas forças conjugadas do general Mitre e de Venâncio Flores com mais de 12 mil soldados, a coluna não escapa da armadilha. Mais de 1.500 homens foram mortos e feridos, e os demais foram feitos prisioneiros, sendo os uruguaios identificados como partidários de Aguirre e degolados. Venâncio Flores é impiedoso com os inimigos derrotados naquele sangrento 17 de agosto de 1865.

O coronel Estigarríbia, que tomara Uruguaiana em agosto de 1865, depois de pilhar São Borja e Itaqui, sem contato com a coluna do Major Pedro Duarte, em vez de avançar para Alegrete, fica estacionado e pouco a pouco será cercado, impossibilitado de arrebanhar o gado, essencial à alimentação das suas forças. Breve, as forças aliadas de Mitre, de Venâncio

Flores e de D. Pedro II chegam para assistir à rendição, que graças à persuasão do imperador ocorre sem um tiro e sem maior destruição de Uruguaiana. Seis mil soldados são aprisionados, e começa a segunda fase da guerra, agora dentro do solo Paraguai, em terreno de pântanos, de lodaçais e nada de estradas. Essa etapa fica na prática sob ação do Império Brasileiro, pois os outros dois aliados precisam regressar para resolver problemas políticos e rebeldias nas suas capitais.

A coluna principal do brigadeiro Robles, em 5 de abril de 1865, captura Corrientes, anexando a cidade ao Paraguai, inclusive criando junta governamental. Enquanto espera o apoio de Urquiza, envia uma pequena coluna de observação até Goya. O venal Urquiza, que fizera negócio secreto com o Brasil através de Mauá, na compra de 3 mil cavalos, com pagamento adiantado em ouro, fica em silêncio. Nesse momento, Solano Lopes, em função das derrotas e da negativa de Buenos Aires de permitir a livre passagem das suas tropas pelo solo platino, declara guerra contra a Argentina em 18 de março de 1865. Ao mesmo tempo ordena que Robles, com suas forças, recue para Humaitá, onde estabelece linha defensiva. O brigadeiro Wenceslau Robles discute a ordem, pois nenhuma força inimiga ameaça Corrientes. Na sua prepotência, Solano Lopes exige a prisão do rebelde, o qual será fuzilado em 8 de agosto de 1866 no Passo da Pátria, como traidor.

Para compreender a lógica e a tática de Solano Lopes, é importante dispor de mapas para acompanhar o movimento das tropas, ou ler o livro *Herança*, em que os personagens vivendo a época dão seu testemunho. Pelos mapas, consta-se que as tropas paraguaias não estavam bem equipadas, principalmente para o inverno que chegava, depois passavam por regiões desertas, sem possibilidade de obter comida. Mas o maior engano era não dispor de marinha adequada para o transporte e o abastecimento dos seus soldados. Bem ao contrário da força naval brasileira, com modernos navios movidos a vapor e estrutura de aço e de ferro, não esquecendo a tradição e as experiências dos comandantes do Império.

O almirante Barroso, com a fragata Amazonas, estrutura de aço e ferro, movida a vapor, sobe o rio Paraná. Vindo de Corrientes, distante 23 quilometros para o sul, alcançam Riachuelo, um braço do rio Paraná com frota de nove embarcações. Naqueles meandros de canais, a sorte será

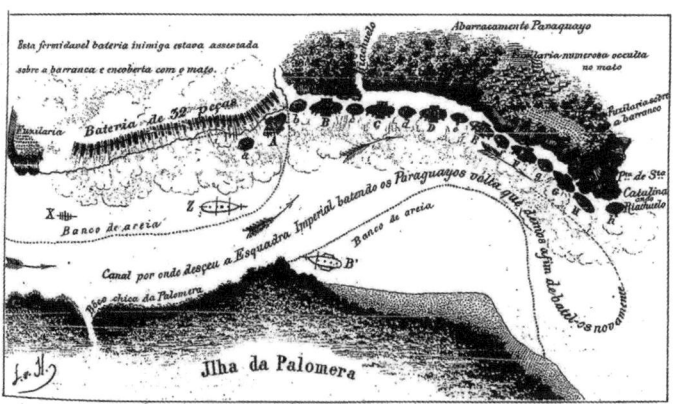

Plano da batalha naval do Riachuelo, dada a 11 de Junho de 1865.

lançada. No dia seguinte, um ataque de sete vapores, todos de madeira reforçada e de chatas artilhadas, tenta surpreender durante a madrugada as naves brasileiras. Por algum motivo, o ataque atrasou, mesmo usando a correnteza do Paraná. Advertidos por uma nave escoteira, o embate começa em 11 de julho de 1865, quando a fragata Amazonas usada como aríete afunda várias embarcações inimigas. O resultado é a vitória e o controle total das rotas fluviais pela bandeira imperial brasileira. Contando com mais de 1.150 fuzileiros e de 1.300 marinheiros, tropa de elite, numa luta que dura mais de 9 horas, em duas passagens em linha, Barroso afunda quatro vapores e todas as chatas artilhadas do Paraguai, perdendo apenas o Parnaíba, mesmo enfrentando as baterias de 32 canhões protegendo a margem direita do rio Paraná, lado em que a frota paraguaia se coloca, e tendo ainda o apoio de duas brigadas de soldados com seus fuzis. Lances de heroísmo patrocinados pelo sacrifício de Marcílio Dias e Greenfeld na defesa da bandeira nacional do Parnaíba entram para a história. As ordens de comando de Barroso ainda ecoam:

*"O Brasil espera que cada um cumpra o seu dever."*
*"Sustentar o fogo que a vitória é nossa."*

A vitória naval em Riachuelo, ainda em Missiones, na Argentina, abre caminho para enfrentar as fortificações de Humaitá. Já no Paraguai a luta vai levar alguns anos, pois os aliados vão sofrer revezes em batalhas cam-

TAMANDARE.  BRAZIL.

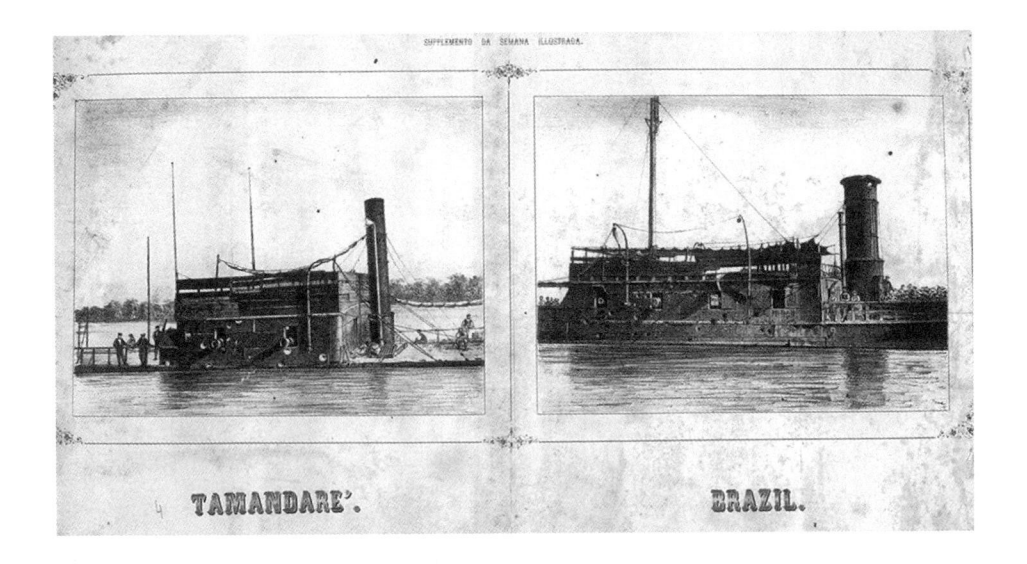

pais, já que o terreno a vencer não apresenta condições favoráveis ao avanço terrestre, com pântanos, febres, falta de estradas e péssimas condições para manter a efetividade das tropas.

Após a catástrofe de Curupaiti, posição defensora de Humaitá, da retirada de Mitre com a maioria dos seus soldados para enfrentar nova revolta em Salta, província que queria se afastar do governo central de Buenos Aires, em instabilidade política constante e mesmo com a possibilidade de integrar o Império Brasileiro, a operação militar entrou em dificuldades. Baixas por doenças, por febres malignas e mesmo por cólera provocam deserções, diminuição de voluntário e despesas crescentes. As notícias dos jornais contra D. Pedro II aumentam as críticas contra o governo; sem tratamento médico e a falta de hospitais, só as baixas por balas diminuíam.

Com a mudança do gabinete com a ascensão dos conservadores, o duque de Caxias retorna como comandante, e agora a maioria dos soldados são brasileiros. Luiz de Lima e Silva reorganiza a logística e vai construir estradas usando os troncos da palmeira, ao mesmo tempo que reúne oficiais de primeira linha. O general Osório, para comandar as divisões, o general Andrade Neves, para o corpo da cavalaria, o general Mena Barreto, para a infantaria, e o general Mallet, para a artilharia. Começa outra etapa da guerra.

# 8. QUEDA DE HUMAITÁ. QUEDA DE ASSUNÇÃO. MORTE DE LOPES.

Para entender o que ocorreu durante o conflito que durou mais de 5 anos e as suas consequências, além de mapas, precisamos pesquisar em antigos livros e artigos, visitar museus para captar detalhes esquecidos e vasculhar o passado do tempo. Em quatro etapas, vamos descrever o desenvolvimento do maior conflito na América do Sul.

O primeiro estágio ocorre com a invasão de Corrientes e do Rio Grande do Sul por duas colunas paraguaias. A comandada por Estigarríbia foi totalmente aniquilada, parte massacrada em Jataí; seu comandante se rende em Uruguaiana sem dar um tiro. A outra, a principal, toma Corrientes e avança para o sul até Goia, mas, sem o apoio esperado de Justo Urquisa, precisa retroceder para não ser derrotada pelo exército argentino. Solano Lopez perde a iniciativa do conflito e perto de 15 mil soldados. As tropas da Tríplice Aliança invadem o território inimigo e, depois da vitória naval em Riachuelo, Barroso elimina a frota de guerra de Solano Lopez, episódio que anima os soldados aliados, apesar das dificuldades do terreno, com seus alagados e pântanos. Começa a segunda parte, a mais sangrenta do conflito. Vitória em Tuiuti, onde, em 24 de maio de 1866, 60 mil soldados se enfrentam na maior batalha campal das Américas; o general Osório, embora ferido, organiza um contra-ataque ao assalto surpresa do inimigo: mais de 6 mil paraguaios mortos e o saldo da vitória brasileira. Fica o lema:

*Sigam-me os que forem brasileiros.*

Humaitá é o desafio que vai atrasar o avanço aliado por quase 2 anos. Numa curva sinuosa do rio Paraguai em estreito canal, com cerca de 200 metros, com bancos de areia pelas margens, protegido por pântanos a oeste, dispunha de mais de 100 canhões, escondidos em casamatas, cobrindo toda a passagem. Com correntezas velozes no canal, era difícil controlar o curso de um navio num percurso de 2 quilômetros. Era considerada inexpugnável. Era um suicídio qualquer tentativa de ataque direto, ainda mais com correntes de ferro obstruindo a passagem e com o fato de encontrar minas no percurso. Depois do lado leste, a parte vulnerável, uma malha de trincheiras, entremeadas por artilharia, com capins altos, defendiam Humaitá. O grande trunfo de Solano Lopez, com o suporte de 18 mil soldados de elite, seria o local do desastre, que ocorre em setembro de 1866. O general e presidente da Argentina, Mitre, no comando dos aliados, de modo impulsivo, desdenhando o inimigo, lança ataque em Curupaiti na parte sul das defesas terrestres sem perceber que o nosso fogo de artilharia não causara danos maiores ao inimigo, que continua incólume nas suas defesas. O erro estratégico, em 22 de setembro de 1866, custa mais de 6 mil mortos nas colunas aliadas e terá consequências tanto no Rio de Janeiro quanto em Buenos Aires, ainda mais que as baixas dos paraguaios foram reduzidas. Em Assunção, as manchetes dos jornais, no guarani, falavam da derrota dos *macaquitos* brasileiros e do seu macaco imperador e que as perdas nacionais não chegavam a 100 heróis.

 A partir da derrota em Curupaiti, na prática o esforço de guerra fica só com o Brasil. O presidente Mitre se retira com suas tropas, e o mesmo ocorre com os *orientales*. Inclusive o general Mitre entra em tratativas com Solano Lopez para um armistício, o que era contra os artigos da Tríplice Aliança e contra a vontade de um irredutível D. Pedro II. Foram meses de agonia. Os avanços eram mínimos, as deserções cresciam e as mortes por motivo que não o das balas aumentavam. O número de voluntários da pátria escasseava; todos fugiam do dever ou colocavam seus escravos no alistamento prometendo alforria. O Brasil perdia a sua alma. Os custos do financiamento da guerra estoura os orçamentos, o que provoca reações dos periódicos brasileiros. Em 1867, com a mudança do gabinete de ministros, D. Pedro II chama o seu fiel duque de Caxias para reformular os planos de ação no teatro da Guerra no Paraguai. Com a gestão de Luiz Alves de Lima e Silva, começa a terceira fase da Guerra no Paraguai. Luiz Alves, o incansável pacificador e melhor estrategista, toma decisões para melhorar a infraestrutura operacional da tropa. Novos regimentos de soldados bem treinados chegam ao teatro de operações. Para isso é importante improvisar estradas, usando troncos de palmeiras para permitir o trânsito das carretas, dos canhões, dos mantimentos e para melhorar a higiene das barracas e dos acampamentos. Pontos de apoio são estabelecidos.

Em 19 de fevereiro de 1868, a marinha brasileira, sempre pioneira na defesa da nossa bandeira, a força militar mais importante do Império, com três encouraçados e três monitores blindados, novidades militares fabricadas nos estaleiros imperiais do Rio de Janeiro, com baixo perfil, com pouca tonelagem e novos canhões com blindagem reforçada, força e ultrapassa as defesas da fortaleza de Humaitá e vai atacar os pontos de apoio e de abastecimento à retaguarda. A notícia chega aos jornais do mundo e aos mercados de Londres, onde os títulos brasileiros sobem, e empréstimos vultosos com melhores condições são ofertados. Cercado por terra e isolado pelo rio, o complexo defensivo vai ruir por falta de reabastecimento tanto em homens como em alimentos e munições. Totalmente destruída, Humaitá é tomada pelo exército imperial, em 5 de agosto de 1868. Em dezembro de 1868, Caxias lança a operação conhecida como a Dezembrada, abrindo o caminho para Assunção. Começa a fase final, a quarta, da Guerra do Paraguai. Como uma avalanche, as vitórias se sucedem: Itororó em 11 de dezembro de 1868, Avaí em 11 de dezembro de 1868, Lomas Valentina em 27 de dezembro de 1868. Em 1 de janeiro de 1869, uma Assunção vazia é pilhada pelos vencedores.

Tendo perdido a maior parte dos seus soldados, Solano Lopez, na retirada, convoca os seus cidadãos a uma resistência inútil. Sem treinamento, usando armas superadas, jovens e velhos são lançados contra soldados experientes, com armas modernas, bem organizados e com anseios de vingança e de terminar a guerra o mais rápido. Se um paraguaio desertasse, a sua família seria fuzilada. Na sua loucura, Solano Lopez vai lançar até crianças usando barbas postiças nos combates. Depois da queda da capital, o duque de Caxias afirma ter terminado a sua missão e solicita seu afastamento; D. Pedro II, ao escolher um novo comandante, designa seu genro, o Conde D'eu, e afirma:

*A guerra não termina até a deposição ou morte do ditador Solano Lopez e a liberação das áreas invadidas do Mato Grosso.*

Luiz Filipe Gastão de Orléans, nascido em 1842, é prometido para casar com a princesa Leopoldina, por decisão da princesa Isabel Cristina, que o prefere e o escolhe como esposo; na troca ocorrida entre os pretendentes, casa-se com a nossa futura regente. Como francês, aparece como soldado na campanha do Marrocos, onde se destaca como militar. Vai caber a ele liquidar de forma definitiva qualquer ameaça futura do Paraguai. Enquanto determina uma brigada de elite para seguir as pegadas do ditador, que se nega à rendição e foge para o norte deserto do país, de modo sistemático ele vai desmantelar toda a indústria militar do Paraguai, demolindo todas as fortalezas e as instalações militares. Um governo provisório é criado com personalidades exiladas durante a ditadura, que, em ato público, considera Francisco Solano Lopez e sua esposa, Elisa Lynch, como criminosos políticos.

Sob o comando de José Antônio Correia da Câmara, a brigada segue a trilha dos fugitivos, encontrando pelo caminho destacamentos de combatentes sem nenhuma capacidade de resistir, mas que, no seu fanatismo pelo líder, lutam até a morte, mesmo com armas obsoletas, com lanças de bambu ou mesmo com mãos nuas. Mesmo em andrajos, famintos e sem comando, tentam impedir o avanço das tropas brasileiras na captura do seu líder e inspiração. A resistência é vencida em Campo Grande, também conhecida pelo nome guarani de Acosta Nu, onde adolescentes e crianças com roupas ou farrapos de uniformes de soldados, com barbas postiças, misturados entre os combatentes, foram exterminados em combate desigual. Na trilha, embates em San Juaquin e em Curuguá levam a coluna até Ponta Porã, onde o destacamento localiza, em Cerro Corá, o acampamento em que Francisco Solano Lopez se refugia com 400 soldados e acompanhantes. Um plano de cerco é estabelecido, sendo o ataque surpresa executado pela frente e pela retaguarda. No combate, Solano Lopes, sabre no ar, recebe um golpe de lança do cabo do Exército, denominado Chico Diabo; mesmo ferido, o ditador consegue fugir para as margens do rio Aquidabá, onde se nega à rendição; ainda com o sabre no ar, continua a resistir mesmo tendo o braço bloqueado, bradando que um mariscal paraguaio não se rende; por movimento inesperado em reação, é atingido no peito por um disparo do soldado cavaleiro João Soares. Naquele dia, 1.º de março de 1870, a Guerra do Paraguai encontra o seu final oficial.

Há divergências quanto ao local da morte, pois os relatos oficiais trazem versões diferentes. No entanto, é certo que recebeu ferimento de lança de Chico Diabo e, mesmo ferido, sabre em punho, recebeu um tiro no peito dado pelo soldado da cavalaria João Soares. No acampamento, 240 combatentes são aprisionados, não havendo relatório de mortos e feridos, e, no lado brasileiro, houve apenas poucos feridos. Na sua fuga para zona inóspita, o grupo de Solano Lopes enfrentava todas as dificuldades possíveis, sendo a fome a principal delas. Inclusive ele enviara a Dourados, já no Mato Grosso, um grupo militar para arrebanhar gado e cavalos, o que era essencial para continuar a fuga. Um dos últimos combates ocorre em Dourados no dia 4 de abril de 1870, quando o coronel Bento Manuel derrota os invasores paraguaios que desconheciam a morte de Solano Lopez.

Como resultado do conflito, o Paraguai paga um terrível tributo, além de perder áreas territoriais contestadas e de enfrentar dívidas de guerra. Agora é um país de velhos, de crianças e de aleijados. A população masculina entre 14 e 50 anos não representa 10% do povo paraguaio, preço pago pelos devaneios de Solano Lopez e da sua esposa. Elisa Lynch. Por sinal, quando ela chega no acampamento, vai providenciar o enterro do marido e do filho, que também morre em combate. No Brasil, uma dívida de 11 anos de orçamento, representada pelos empréstimos ingleses, será paga em 6 anos, pois o Império Brasileiro sai mais pujante do conflito. O café, o algodão e o fumo são produtos requeridos pelo mundo. Depois, os investimentos realizados por Mauá na industrialização do país desde 1852 também geram riquezas. Na contabilização dos passivos, D. Pedro II, que vence o quinto conflito internacional, mantendo a integridade da nação, inclusive com a anexação da área contestada do sul do Mato Grosso, vai lamentar a perda de mortos e inválidos entre 50 e 60 mil almas. Perda que o tempo vai apagar. Começa outra fase do Segundo Reinado.

# 9. MAUÁ, O INDUSTRIAL DO BRASIL. IMPERADOR VIAJANTE. PRINCESA ISABEL, A REGENTE

Ao finalizar a Guerra do Paraguai, resolvido o problema militar pela atuação do conde D 'Eu, aniquilando a capacidade bélica do inimigo, houve a oportunidade de contar as perdas, não apenas em vidas perdidas e em mutilados, mas no custo financeiro decorrente de manter um exército distante, com o transporte das tropas, da artilharia, dos cavalos, da munição e dos suprimentos, tarefa bem executada pela marinha imperial, que navegou por oceanos, por estuários e rios com fluxo de água variável. Os empréstimos captados em Londres exigem o pagamento de juros e das parcelas de amortização, pois as receitas das alfândegas não cobrem as despesas. No entanto, desde 1842, graças à visão de Irineu Evangelista de Souza, futuro barão de Mauá, em investir na industrialização do Brasil, uma infraestrutura é implantada nos transportes pela construção de ferrovias, a comunicação é realizada com redes de telégrafo e um cabo submarino telegráfico é implantado para ligar a Europa ao Rio de Janeiro, facilitando o comércio em geral e as exportações de café, de algodão e de fumo, o que aumenta as receitas do Império.

A figura de Mauá não pode ser esquecida, tanto na sua atuação diplomática, empresarial e bancária quanto como espião e agente do imperador entre os nossos inimigos no Prata. Nascido em 1813, em Arroio do Meio, no sul do Rio Grande do Sul, fica órfão muito cedo quando seu pai é assassinado por ladrões de gado, evento comum naquelas plagas em tempos conturbados na Banda Oriental do Uruguai. Quando sua mãe se casa de novo, como o padrasto não tem interesse em cuidar dos enteados, ele é enviado para o tio que mora em São Paulo. Com 11 anos, agora o seu destino é o Rio de Janeiro, onde trabalha como ajudante de um comerciante português; com talento e esforço, logo será contador e sócio do patrão. Pouco tempo depois, passa a ter o seu próprio negócio, quando adquire a massa falida do antigo chefe. Seu destino muda quando entra na firma do negociante inglês Mister Carruthers, aprende o idioma da Grã-Bretanha e viaja depois para Londres em 1840. No seu estágio na Inglaterra, visualiza a explosão da revolução industrial, com as máquinas a vapor mudando a rotação do planeta. A relação entre operários e patrões se altera; a construção de siderúrgicas para produzir o ferro, essencial às novas máquinas, exige maior extração das minas de carvão e, por consequência, a implantação das redes ferroviárias e de trens para o transporte, o que demanda a obtenção dos recursos financeiros exigidos. O gênio de Mauá descobre o poder das moedas, do ouro e da prata para financiar o desenvolvimento da Grã-Bretanha, agora a nação dona do mundo, com a sua moeda, a libra esterlina, como padrão monetário do planeta. Ele descobre o poder dos bancos e a influência da Bolsa de Valores. Mas estabelece bons contatos, o essencial para o seu futuro.

Irineu Evangelista de Souza, no retorno, projeta a industrialização do Brasil, mas tem dificuldade em obter operários qualificados, pois é contra a mão de obra escrava; só homens livres participando dos lucros podem tornar rentável os investimentos necessários. Mauá precisa trazer imigrantes e técnicos para dar impulso ao seu projeto, ainda mais que a lei de 1850 acaba com o tráfico de escravos. Desde 1845, naves britânicas tinham autorização para capturar os navios negreiros vindos da África. Começar com uma siderúrgica em 1842 vai permitir a instalação de estaleiros e de vapores para estabelecer rotas de cabotagem e a fabricação de tubos para saneamento do Rio de Janeiro. Instalações de iluminação a gás na cidade, como linhas de bondes, são outros investimentos. Redes telegráficas se espalham pelo país, e em 1856, Mauá constrói a primeira ferrovia, que liga o Rio a Petrópolis. Breve terá o primeiro banco. Com contatos na Banda Oriental e na Argentina, consegue o depósito dos ricos fazendeiros, com libras guardadas nas guaiacas, pagando bons juros e vendendo ações, o que alavanca a sua atuação na região. Como empresário, não para. Mantém contato com grandes investidores e especuladores; já é a pessoa mais rica e poderosa da América do Sul. D. Pedro II, pelo seu espírito científico, curioso por novas máquinas e invenções, mantém amizade e bons contatos com o visconde de Mauá, pessoa que resolve o problema internacional do Brasil ao estabelecer uma linha de navegação costeira até a Amazônia.

Após o final da Guerra do Paraguai, o Império sai unido e com fronteiras ampliadas, mesmo com um déficit de 300 mil contos de réis, que logo será eliminado pela boa administração do imperador D. Pedro II, que se veste de modo singelo, não sendo fã de saraus e de gastos inúteis. Trabalha das 7 da manhã até a madrugada. Inclusive exige que os funcionários públicos, os ministros e políticos trabalhem 8 horas por dia. Como diz aos brasileiros:

*Despesa inútil é furto à nação.*

Fardado com uniforme ou em traje de gala, com 1,90 metro de altura, olhos azuis e cabelo claro, barba com fios brancos, excelente cavaleiro, nosso imperador rouba a cena e impõe respeito ao falar; pela eloquência e cultura hipnotiza o público.

Com 45 anos, ele, que já perdera dois filhos varões muito cedo, com casamento que era ato sem amor e romantismo, apesar do zelo da esposa, fica arrasado com a notícia do falecimento da sua filha mais nova em Viena. Leopoldina, com 23 anos, casada com o príncipe da casa Saxe-Goburgo-Gotta, morre em 7 de fevereiro de 1871 por tifo. Com o motivo de visitar o túmulo da filha, ele parte para Lisboa, onde precisa passar por quarentena, pois o porto do Rio de Janeiro era conhecido por surtos de febre amarela, tema que discute com Pasteur, financiando os seus estudos e apoiando a construção do laboratório de pesquisa em Paris. Em Portugal, visita o jazigo do seu pai, D. Pedro I, e encontra a sua madrasta, Amelia Leuchtenberg, que não via há anos.

Com a viagem que dura 9 meses, pois só retorna em 1872, sua única herdeira agora é a regente. Constitucionalmente, era sucessora de Pedro II. A princesa Isabel estava preparada para o cargo, pois tivera bons professores e era fluente em vários idiomas. Depois, sabia como lidar com os políticos, tanto conservadores como liberais. O imperador, que fizera um empréstimo para financiar a sua fuga dos encargos imperiais, quando não está em missão oficial, paga as suas contas, aloja-se em hotéis razoáveis e carrega a sua mala. Interessante que, nesses casos, se hospeda como Pedro de Alcântara. No Brasil, aparece em caricaturas como o imperador viajante, carregando a própria mala. Por onde passa, é manchete nos jornais. D. Pedro II, além de manter correspondência com famosos da época, como Wagner, Vitor Hugo, Tolstói, Nietzsche e Pasteur, é membro honorário dos maiores institutos científicos do mundo, sendo assinante de revistas científicas.

Na Inglaterra, recebido pela rainha Vitória, deixa registros nos diários reais pela sua cultura, pela erudição, pela presença como monarca e pela simplicidade como ser humano. O imperador vê *in loco* o que aprendera nos livros; como uma criança, não pode perder tempo aproveitando a liberdade. Da Alemanha, passando pela Áustria, pela Suíça, chega à Itália para depois ir para a Palestina e o Egito, onde vai adquirir peças para a coleção de antiguidades iniciada pelo seu pai, D. Pedro I. No retorno, além das fotos, pois era fanático por fotografia, talvez o primeiro profissional no Brasil, traz nos seus diários observações válidas até hoje. Nos periódicos, além das críticas pela ausência, enfrenta calúnias sobre os empréstimos pessoais, o que o obriga a retrucar:

*A contabilidade da minha casa pode ser verificada a qualquer hora. Depois, as minhas dívidas tento liquidá-las o mais rápido que posso.*

Na economia, as notícias divulgadas sobre dificuldades em Montevidéu do Banco de Mauá, em destaque pelos seus inimigos, trazem preocupações. Com a instabilidade do Uruguai, depois do assassinato de Venáncio Flores, os empréstimos concedidos ao governo falido do Uruguai e a desvalorização das fazendas dadas como garantia deixavam os negócios de Mauá sem liquidez. Como o patrimônio do visconde era enorme, ele não teria dificuldade de levantar rápido 100 mil libras esterlinas, o que impediria a corrida ao banco. Com tempo, ele poderia liquidar ativos para cobrir a inadimplência dos seus credores e os títulos podres que haviam perdido o seu valor. Tudo dependia de rápidas decisões e do deslocamento acelerado das libras em ouro, evitando a corrida ao banco, pois os boatos da quebra do banco atraem cada vez mais clientes que desejam retirar as suas economias. Como nenhum banco dispõe de numerário para retiradas em pânico, tudo era uma corrida contra o tempo. Tudo depende do envio de barco correio para Montevidéu. Usando o telégrafo e seus contatos, o barão de Mauá, no Rio de Janeiro, consegue obter a pecúnia necessária. No entanto, inimigos políticos, concorrentes e invejosos usam toda a burocracia possível para impedir o socorro. Sem recursos, o Banco de Montevidéu é obrigado a pedir falência, o que obriga Mauá a pedir concordata e recuperação judicial. Serão anos de lutas até Mauá conseguir pagar todas as dívidas, restaurar a sua credibilidade e, a seguir, recuperar a carta de comércio que fora cancelada. Mesmo assim, depois das crises, ainda é a pessoa mais rica do Brasil. A industrialização do Brasil desacelera; perdas a lamentar no futuro.

Em 1876, convidado para a Feira Mundial da Filadélfia, comemorativa do Centenário da Independência Americana, D. Pedro II parte para a segunda e mais longa viagem, agora para os Estados Unidos e, depois, para a Europa e o Oriente Médio. Como regente, a princesa Isabel Cristina assume a vacância do pai. Agora com maior experiência no trato dos negócios de Estado, ela mostra que está bem preparada para o cargo de monarca constitucional, ainda mais que tem três filhos brasileiros para futura sucessão.

# 10. FEIRA MUNDIAL DA FILADÉLFIA. ISABEL CRISTINA, A REGENTE. A QUEDA DE MAUÁ

Convidado para participar da Feira Mundial da Filadélfia, comemorativa do Centenário da Independência Americana, D. Pedro II e esposa chegam a Nova Iorque em 15 de abril de 1876, numa viagem que dura quase 2 anos de ausência. Como soberano, o imperador sabia da importância de o Brasil aparecer para o mundo como país do futuro, a fim de melhorar as suas condições de exportador e atrair capitais para investimentos na infraestrutura e mais imigrantes. O Brasil já estivera presente na Feira de Londres em 1862, de Paris em 1867 e de Viena em 1873. Como um propagandista, nosso imperador sabe da importância da sua presença. Depois, como cientista, ele precisa conhecer o avanço industrial, as novas máquinas e as novas ideias para um planeta que avança na revolução industrial do vapor. Nomes como Edison, Morse e de um novo inventor, Graham Bell, aparecem nos prospectos.

No dia da inauguração, ao lado do presidente Grant, herói da Guerra de Secessão, D. Pedro II aparece como o personagem mais importante da Feira. Nas manchetes, os jornais destacam o papel do imperador na manutenção do único Império das Américas, como monarca que vencera quatro conflitos internacionais, ampliando e regularizando as suas fronteiras de modo pacífico, administrando um país unido em torno da bandeira verde e amarela do Império e o fornecedor do café que os americanos incluíam na sua dieta diária com ovos e *bacon*. Depois, pela sua simplicidade, pela postura e eloquência, D. Pedro II conquista a simpatia do povo, tanto assim que obtém mais de 4 mil votos na próxima eleição para presidente dos Estados Unidos. Na época, os americanos tinham alternativas para votar. O nosso soberano foi um dos mais votados na Filadélfia. Era o imperador ianque.

Circulando entre os estandes, vendo as novidades em comunicação, em armamentos, as metralhadoras modernas, os novos equipamentos médicos e odontológicos, bem como as novidades nos itens de consumo, D.

Pedro II participa da primeira exibição pública do telefone de Graham Bell. Sua frase "*Ele fala!*" chega aos periódicos e tira Bell do anonimato. Como apreciador de modernidades, D. Pedro II faz um pedido de instalação da primeira central telefônica no Brasil, que vai ser implantada no Paço de São Cristóvão. Para o nosso imperador, o mais importante era o espírito de liberdade, a livre iniciativa de um povo que cria outro império, mas como República. Depois da Feira, usando trens, ele visita as cataratas de Niágara, o Grand Canyon, Chicago e a seguir vai a São Francisco e, de barco, desce o Mississipi até Nova Orleans, para depois, no retorno de Nova Iorque, visitar o Canadá, Boston e os estados da Nova Inglaterra. No mapa anexo, ele em 3 meses percorre 15 mil quilômetros na América do Norte, sendo ovacionado em todas as estações onde o trem para. Os jornalistas afirmam que D. Pedro II conhece melhor os Estados Unidos do que a maioria dos políticos de Washington.

Agora, depois de atravessar o Atlântico Norte, o seu destino é Bayreuth, na Alemanha, convidado para a inauguração de Teatro que Wagner construiu para exibir as suas óperas monumentais. O *Anel dos Nibelungos* será apresentado completo. São quatro óperas wagnerianas, longas e durando mais de 4 horas cada, mas com a presença de imperadores de três países: Rússia, Alemanha e Brasil (representado por D. Pedro II). Por sinal, o imperador mantém correspondência com o genioso Wagner e dá sugestões para a futura ópera do maestro, *Tristão e Isolda*, que Wagner conclui na Costa Amalfitana. Obras que segue o ciclo wagneriano: *Ouro do Reno, As Valquírias, Siegfried* e *Crepúsculo dos Deuses*.

Pela sua cultura, porte e fluente em múltiplos idiomas, além de ser um voraz leitor e de estar contato com as principais autoridades do mundo, quer na política, nas artes e nas ciências, D. Pedro II é a estrela em qualquer reunião. Ele saía da sua caverna de trabalho, de obrigações, para brilhar no palco da vida. Depois, ele vai para Karlovy Vary por recomendação médica para a sua esposa, uma estação de águas medicinais, local que atrai cabeças coroadas de todo o mundo. Na França, além das consultas com o doutor Charcot, de rever amigos e pessoas com quem mantém correspondência, solicita do geólogo Daubret uma proposta para melhorar as prospecções e a eficiência da atividade de extração de metais e de pedras preciosas no Brasil, o que resulta na criação da Escola de Metais de Ouro Preto.

Passando pela Itália e pela Grécia, realiza o seu sonho de voltar ao Oriente Médio, para rever e observar com calma as maravilhas da antiguidade, algo já visto durante a sua primeira e rápida viagem. Começa por Beirute, no Líbano, depois segue para o complexo greco-romano de Balbek, indo pelo vale de Bekaa para a Síria, regiões sob o controle do Império Otomano. Fluente no árabe, descobre que o Brasil é um país desconhecido por todos; ninguém sabe dos potenciais do seu Império. Como tradutor do clássico *Mil e uma noites*, conhece os hábitos, as narrativas e os costumes locais. Todos riem ao escutar o seu nome, Pedro de Alcântara, pois Alcântara soa como a palavra *al-kantar*, que em árabe significa arco dos pórticos, encontrados ao circular pelas estreitas ruas das cidades. Depois, na Palestina, a rota o leva para a cidade eterna de Jerusalém, onde se hospeda na cidade velha, em um hotel que, modernizado, ainda existe como referência histórica; do terraço, ele vê a cúpula dourada da Mesquita do Domo, símbolo da cidade. Construída pelos árabes em 637 d.C., sobre as ruínas do primeiro templo edificado por Salomão e que foi destruído pelos assírios de Nabucodonosor em 587 a.C., serve de referência aos viajantes. A seguir, com a bíblia na mão, ele vai seguir os passos do Nazareno durante os 33 anos da sua peregrinação pela Terra Santa. Perambulando pelos desertos, chega ao oásis de Ein Gedi, onde encontra vestígios de antiga sinagoga e entra em contato com rabinos da comunidade hebraica, quando seu hebraico é testado.

O Egito é a próxima meta como apaixonado desde criança pelos faraós e suas dinastias, ampliando a coleção recebida do pai, D. Pedro II. No Cairo, está em casa. Ele visita todas as 14 pirâmides do Baixo Egito na primeira etapa, para depois subir o Nilo de barco até Karnac; no caminho, faz uma parada obrigatória nas principais atrações. Deixando a esposa no hotel, segue até as cataratas em Assuam com os seus crocodilos, prosseguindo depois até o Sudão, numa pesquisa sempre em busca de recordações do passado. No retorno, com toda a paciência, o imperador sempre para e revê detalhes ou observa o templo que ficou escondido na subida. Furioso por considerar um crime as autoridades não coibirem os furtos, a destruição e a dilapidação de um passado histórico, sem nenhuma política de preservação do patrimônio, em reunião com o Cadife, o soberano do Cairo, o imperador joga toda a sua indignação e exige urgentes providências como especialista no assunto. Na despedida, talvez como desculpa, um presente é ofertado ao nosso imperador. Uma múmia perfeita, no seu caixão funerário, identificada como a de uma mulher, sacerdotisa de Amon, segue para ampliar a coleção do imperador.

Em Alexandria, cidade famosa pelo farol gigante e uma das maiores bibliotecas daqueles tempos, agora simples lembranças como fantasmas ou em gravuras e desenhos criados pela imaginação de artistas, D. Pedro II não está longe do Canal de Suez, maravilha da engenhariam que encurtou a distância entre Oriente e Ocidente, que ele quer conhecer. É momento de retornar, pois os jornais, apesar da excelente atuação da princesa Isabel Cristina como regente, não cessam de criticar a ausência do imperador viajante, que paga as suas viagens particulares com financiamento próprio e carrega a própria mala.

Em setembro de 1877, na chegada ao Rio de Janeiro, encontra a nação com as finanças saneadas, o câmbio equilibrado, com redes telegráficas avançando pelos interiores, redes telefônicas nas capitais, com navegação de cabotagem ampliando as comunicações e o comércio, bem um com a chegada de mais imigrantes, para adicionar hábitos e costumes europeus à mão de obra nacional. Mauá, que recebera o título de visconde em 1874, continuava trabalhando para levantar a moratória de 3 anos, após a corrida e a quebra do seu banco de Montevidéu. Com acordos, vendas das suas companhias, aos poucos está perto de solucionar o seu problema. No entanto, a seca no nordeste, onde não chovia há anos, em 1877/78 alcança nível de catástrofe, com milhares de nordestinos morrendo de sede e de fome nos sertões, e nas capitais outros tantos indo para a Amazônia, onde o ciclo da borracha promete novo eldorado. Esses fatores atrapalham os seus planos. A ideia da transposição do rio São Francisco, com relatórios e intenções iniciado em 1846, agora é reativada. D. Pedro II coloca as suas joias pessoais para financiar os estudos, ainda mais que conhecera o desafio da construção do canal de Suez. No entanto, a necessidade de bombear águas desviadas do Velho Chico até os sertões teria de vencer 760 metros para ultrapassar as elevações de Jati. Com as máquinas existentes na época, a tarefa era impraticável, não se esquecendo da demanda de milhões de libras esterlinas para o financiamento. O sonho levará mais de 170 anos para a sua realização.

Mauá, usando todos os conhecimentos obtidos no convívio com Richard Carruths, sabia como administrar a recuperação judicial das suas empresas. Vendendo empresas, negociando a liquidação de dívidas em troca das suas ações, mantendo as posses das empresas mais rentáveis e reduzindo os juros dos débitos conseguia ganhos para liquidar as dívidas com todos os milhares de clientes do Banco Mauá. Por intermédio de um representante no início e depois com permissão para operar na Bolsa de Londres, Mauá obtém lucros para cobrir os passivos mais fáceis, pois sabe como operar em mercados de risco. Na sua engenharia financeira, deixara a mais complicada para o fim; as dívidas com o governo do Brasil. Num ajuste de contas com o Banco do Brasil, banco por ele recriado, com empréstimo de 20 mil contos de réis, ele levantava a tempo a concordata. O prazo fatal era 2 de julho de1878.

Na sua contabilidade, que posteriormente foi auditada, não se encontrou nenhuma falha ou desvio; mesmo direitos de créditos de difícil liquidação contra o governo uruguaio e contra a ferrovia Santos-Judiai, duas das aplicações que reduziram a liquidez de Mauá, estavam lançadas como perdas, valores que ultrapassavam a quantia requerida para a sua salvação. Mesmo com o apoio do ministro da Fazenda, as dificuldades, a burocracia e a letra dura das leis atrasam a decisão. Mauá usa todos os contatos, inclusive solicitando prorrogação do prazo, mas mãos inimigas dilatam decisões e aumentam os empecilhos, ainda mais em ano com seca terrível. Com pouco tempo de ação para saldar a dívida ou conseguir os recursos necessários, Mauá não impede a declaração da falência e a cassação da sua carta de negociante. Todos os seus bens, casa, mobília e condecorações vão para leilão. Triste final para o homem que industrializou o Brasil, defendendo o Império em todas as frentes, mesmo as secretas. Com Mauá reabilitado, o Brasil daria um pulo gigantesco para o futuro.

# 11. O BRASIL EM FASE DOURADA

O início da década de 1980, encontra o Império Brasileiro em fase de crescimento econômico; com os problemas da Guerra do Paraguai superados, a estabilidade política é mantida, bem ao contrário do que ocorre nas Repúblicas da América Latina, com revoluções, corrupção endêmica e desequilíbrio fiscal nas contas públicas. O sucesso das imigrações alemã e italiana no Sul do país é o modelo a ser ampliado. O efeito das viagens de D. Pedro II ao Oriente Médio é a vinda de cristãos maronitas, os sírio-libaneses. O partido republicano, fundado em 1873, inicia a politização entre os estudantes militares e os novos doutores. Como herança da Guerra do Paraguai, muitos oficiais jovens daquele tempo trouxeram ideias republicanas dos colegas argentinos e *orientales*, militares que agora ocupam posição de destaque. Outro efeito do conflito foi a modernização do exército e a ampliação da Marinha de Guerra, com navios modernos, oficiais da elite e com melhores soldos. Com a estabilidade econômica e política, o Império do Brasil é destaque nas Américas, com moeda ao par da libra esterlina.

A escravidão no Brasil, chaga explorada pelos republicanos, nunca tivera apoio do imperador e de Isabel Cristina, inclusive a região do Paço de São Cristóvão servia como santuário de escravos fugitivos. Devido à resistência dos fazendeiros, dos grandes latifundiários e dos políticos do partido conservador, D. Pedro II reconhecia que o fim do regime de escravidão seria lento, pacífico e inevitável. Em 1850, a Lei Eusébio da Costa, por pressão da Grã-Bretanha, proíbe o tráfico negreiro da África. A princesa Isabel, como regente, em 28 de setembro de 1871 promulga a Lei do Ventre Livre, também conhecida como Lei Rio Branco. Ela inclusive mantém contato com líderes do movimento, mesmo com jornalistas e industriais que defendiam o fim imediato do sistema, como José do Patrocínio e o barão do Mauá. Em 1885, a Lei dos Sexagenários concede liberdade para os escravos idosos, muitos já exaustos ou doentes pelo árduo trabalho nos cafezais. Outro passo para a Lei Áurea de 13 de maio de 1888. A imigração estimulada pela propaganda na Europa em busca da *Mérica Dourada* tinha o objetivo de substituir a mão escrava, bastante reduzida ao longo de 35 anos por outro tipo de colonos, o que na verdade não ocorre como imaginado, pois os imigrantes tinham sonhos e esperanças diferentes. Com energia, experiência em ofícios e com pecúnia proveniente da venda das suas propriedades, eles vão provocar uma revolução num Brasil rural e atrasado.

No período de 1870/79, com o fortalecimento do Império, com D. Pedro II recebendo o título de o Magnânimo, poucos conflitos internos se sucedem, apenas a revolta contra a introdução do sistema métrico, com eliminação das medidas colônias e, no Rio Grande, a ação de fanáticos religiosos, os *muckers*. Entre 1873 e 1876, discussões entre maçons e a igreja católica, que chegam à excomunhão de padres e de maçons, com reflexos no Vaticano, e depois à prisão de dois bispos mais atuantes, enchem as páginas dos jornais. D. Pedro II diminui as tensões ao perdoar os dois bispos, que estavam condenados a 4 anos de reclusão com trabalhos forçados.

Em 1881/82, o visconde do Rio Branco, depois de comprovar que a falência fora fortuita e não dolosa, em contato com os liquidantes, entrega seus bens particulares e mesmo sua residência e começa a gerir os ativos que estavam em condições pendentes. Como tinha acertado as suas dívidas na Inglaterra, está livre para abrir uma nova empresa. Com sua experiência, vai obtendo lucros e resultados, liquidando todos os seus débitos com os últimos dos credores. Em 30 de janeiro de 1884, chorando, recebe uma carta de reabilitação; ele paga até o ultimo tostão todos os seus credores. Estava livre para reiniciar os seus negócios; mesmo sem empresas, ainda era o homem mais rico do Brasil, pois ainda tinha ações e recursos no exterior, bem como créditos de difícil liquidez, pois o governo uruguaio não tem condições de ressarcir os empréstimos recebidos durante o cerco por anos de Montevidéu, nem os créditos a receber pelos prejuízos da rede ferroviária Santos-Jundiaí. Num desabafo, publica um livro em que conta a sua trajetória trabalhando pelo Brasil; mas não tivera o apoio e o suporte esperado, ao contrário, seus inimigos, pela inveja e ódio a um liberal, não concederam o prazo pedido para evitar a falência e manter no mercado o empresário capaz de levar o Brasil ao nível dos Estados Unidos e evitar a República. Algumas das suas palavras não podem ser olvidadas, principalmente em anos de eleições no Brasil:

*As dificuldades existem para serem superadas. A melhor função do governo é não atrapalhar os que trabalham, produzem, investem e criam empregos.*

O imperador, como cientista e homem das letras, usando parte dos seus subsídios, sempre incentivou a criação de escolas, de bibliotecas, de editoras, de teatros e de faculdades, pois o índice da analfabetos desde o início do século XIX era de 90%. Do próprio bolso, subsidiou os estudos de Carlos Gomes na sua carreira, inclusive em Milão; assiste à opera *O Guarani*, com libreto baseado na obra de José Alencar, crítico feroz da monarquia. O Império, a partir de 1880, aparece nas Américas num ciclo econômico virtuoso, com a produção e exportação do café, do açúcar, do algodão, do cacau, do tabaco e agora da borracha, além de contar com uma extensa rede de ferrovias, mais de 10 mil quilômetros, com a telegrafia conectando todo o interior do Brasil ao Rio de Janeiro, o que acelera o progresso e aumenta a renda das alfândegas. Como país continental, com costa litorânea imensa, a rede de cabotagem em expansão é um fator agregador do progresso, pois a maioria das grandes cidades ficam no litoral. Não podemos esquecer dos novos cabos telegráficos, que conectam os núcleos populacionais espalhados pela costa ao interior. A frota naval brasileira era uma das mais fortes do mundo.

No entanto, alguns problemas ainda não tinham sido equacionados entre as doenças tropicais, como os surtos de febre amarela tanto no Rio de Janeiro como em Santos, o que obriga as pessoas de posse a fugirem para Petrópolis durante os verões, enquanto muitos vapores vindos da Europa evitam a parada no Brasil, indo direto para Buenos Aires. Como cientista, em contato com entidades científicas do mundo intelectual da época, o imperador troca mensagens com Pasteur para que encontre a solução do problema. D. Pedro II inclusive envia recursos do próprio bolso para Pasteur construir os seus laboratórios em Paris e para desenvolver as suas pesquisas. A situação era tão crítica que barcos vindos do Rio de Janeiro, ao chegar em Lisboa, eram obrigados a passar por quarentena.

Pedro de Alcântara, desde o berço, tivera uma existência solitária. Órfão de mãe muito cedo, com pai envolvido em problemas do Império e confusões de alcova, com mestres exigentes, desenvolve caraterística de viciado em trabalho e em estudos. Evita a ostentação e não lhe agradam os saraus. Ele amplia a coleção egípcia do pai, é o primeiro fotógrafo do Brasil e, com telescópio no Paço São Cristóvão, procura nos céus descobrir os mistérios do universo. Descobre, inclusive, uma nova estrela. Infeliz no casamento contratado pelos regentes, a perda precoce de três dos quatro filhos deixa mágoas permanentes. O casamento com Teresa Cristina não será uma união com amor, apenas com respeito mútuo e obrigação imperial. Sua intensa atividade, com poucas horas de sono, sendo o primeiro a enfrentar e vencer os conflitos bélicos internacionais, começa a cobrar o devido pedágio. Na década de 1880, é visível constatar que o diabetes e a doença no pulmão, além de reduzirem a sua vitalidade, mostram na barba e nos cabelos o envelhecimento precoce. D. Pedro II festeja apenas 56 anos.

Enquanto o Brasil Império melhora a sua posição no mundo, principalmente na economia, sendo um contraste com uma América Latina sangrando por veias rompidas por revoluções, por conflitos internos entre oligarquias, por fuzilamentos de opositores e de presidentes, por guerras contra etnias indígenas, mas principalmente pela corrupção endêmica, herança da fase colonial espanhola, D. Pedro II mantém o país unido em torno de uma bandeira, de nacionalidade crescente e com um caldeamento racial ímpar no mundo. Desde o final da Guerra do Paraguai, as ideias republicanas avançam entre os jovens oficiais do Exército e os intelectuais que usam os jornais para divulgar as novas ideias, numa utopia que encanta as jovens mentes imbuídas pelos ensinamentos de Augusto Comte na filosofia positivista de Estado Forte, definindo e orientando o destino dos súditos.

Uma preocupação do imperador era o fortalecimento do partido republicano, que aumentava o número de parlamentares nas câmaras e a agressividade dos tribunos e escritores mais jovens nos jornais e nos prospectos. Como liberal, o imperador era contrário à censura, sendo contrário ao empastelamento do jornal *A República*, ocorrido em 1873. Para o brasileiro médio, principalmente nas províncias, a situação era confortável, pois a imagem de D. Pedro II trazia estabilidade política, ainda mais com o aumento das exportações e da crescente industrialização da nação; para ele, as ideias positivistas não traziam eco ou reflexões. No entanto, os atritos entre os militares do Exército, que exigem o direito de expressar suas opiniões políticas em público, e o chefe do gabinete, que aplica punições aos recalcitrantes, no que é conhecida por Questão Militar, vai minar a posição do monarca, agora sem forças para reagir.

Com a piora da saúde do imperador, é planejada a terceira viagem de D. Pedro II à Europa para tratamento da saúde, pois o diabetes crônico não encontra remédio ou atendimento médico no Brasil. A partida ocorre em julho de 1887, com retorno em agosto de 1888. A princesa Isabel, herdeira do trono, assume a regência e prepara o ato que a leva às páginas da história como a Redentora.

Desde o início, a família imperial foi sempre contra a escravidão; o Paço São Cristóvão era o refúgio de escravos fugitivos. Em 1869, o conde D'Eu, no Paraguai, recebe ordens de D. Pedro II para libertar todos os escravos daquele país. No Brasil, os príncipes herdeiros e filhos da princesa Isabel publicam um jornalzinho defendendo o fim da escravidão. Ao lado de abolicionistas, a princesa Isabel patrocina reuniões e saraus para obter recursos para a alforria de mais escravos. Em 1884, a província do Ceará publica um edital libertando os últimos escravos: menos de 8 mil. O trabalho do partido abolicionista aumenta a sua pressão, inclusive os republicanos entram na corrente, pois acreditam que a medida vai trazer resistências contra a monarquia. Joaquim Nabuco e José do Patrocínio são vozes aliadas. A pressão política é tal que, em 8 de maio de 1888, a Câmara aprova o fim a escravidão, depois de referendada pelo Congresso; no mesmo dia, 13 de maio de 1888, com caneta de ouro, a regente ratifica o final da escravidão no Império do Brasil. A Lei Áurea, como ficou conhecida, foi saudada com júbilo, com o repicar de sinos, por missas e sermões nas igrejas e manifestações por todas as províncias do Brasil. Não houve nenhuma reação ou violência dos escravos contra os antigos senhores; muitos ficaram morando e trabalhando para os seus antigos patrões, enquanto outros iam, sem apoio algum, para as cidades em busca de melhores pagas. Como dizem os especialistas, a liberdade foi lenta, a modo do Brasil, bem diferente do ocorrido nos Estados Unidos, com a Guerra da Secessão, que levou 5 anos e a um custo total de 500 mil baixas.

# 12. ÚLTIMA VIAGEM. BAILE DA ILHA FISCAL. CONSPIRAÇÃO REPUBLICANA. ERROS DA MONARQUIA

Em Paris, D. Pedro II, ao consultar o médico e amigo Dr. Charcot, fica ciente de que não há remédio para a sua doença naqueles tempos, apenas a ida às estações de águas medicinais poderia trazer algum alívio momentâneo. Aix-les-Bains e Baden-Baden são roteiros percorridos pelo imperador, que pressente ser esta a sua última viagem. Precisa aproveitar os meses restantes ao percorrer a França, a Bélgica, a Alemanha e a Itália, onde, em Milão, recebe homenagem do maestro Carlos Gomes com a apresentação de gala de *O Guarani*. É nessa cidade que recebe a notícia aguardada por anos, o fim da chaga da escravidão no Brasil, feito de modo tranquilo, sem violências e mortes. A princesa Isabel Cristina, como regente e herdeira do trono no Brasil, é manchete nos jornais. No Vaticano, o papa Leão XIII oferta uma rosa de ouro, a máxima honraria da igreja, para a personalidade denominada a Redentora, mulher referenciada por todos no Brasil, mesmo por aqueles contrários à sua ascensão ao trono imperial por estar casada com príncipe estrangeiro. O conde D'Eu, desde a sua atuação no final da Guerra do Paraguai, era execrado pelos jornais, apesar de nunca se imiscuir nos assuntos políticos do Império e de ter matrimônio harmonioso e de gerar três príncipes brasileiros perfeitamente integrados aos ritos do Império; portanto, a sucessão da princesa Isabel já está definida. Foi na Itália que D. Pedro II quase veio a óbito por problemas pulmonares. Seu falecimento de modo automático elevaria Isabel Cristina ao cargo de primeira imperatriz do Brasil. Não há nada contrário na Constituição brasileira, e a princesa tem verdadeira adoração dos brasileiros. Sua aclamação seria imediata, sem muitas delongas. Como regente durante as ausências do pai, por mais de 3 anos ela demonstrou ter as qualidades exigidas para o cargo. Inteligente, falando vários idiomas, com habilidades para o jogo dos parlamentos, pois tem dois mestres, ela domina a arte e a diplomacia política. Tem todos os atributos para igualar e superar a rainha Vitória da Grã-Bretanha. Os conspiradores da República, não havendo ainda obtido o apoio militar para decretar a República, teriam de desistir ou esperar um momento mais adequado. Como tese, o destino do Brasil poderia ser bem diferente do decretado em 15 de novembro de 1889.

D. Pedro II, no retorno em outubro de 1888, tem a aparência de um ancião. As doenças e os esforços durante o seu longo reinado, quando dedicara todo o seu tempo para a glória e o êxito do Brasil, cobravam o preço. Durante o seu reinado, 46 anos, demonstrara com poder moderador, sempre obedecendo à Carta Magna, ser o modelo exigido para todos os políticos. Trabalhador, honesto, não abusando das regalias do cargo, usando roupas simples, não esbanjando os recursos do erário, controlando o ponto dos funcionários, pagando as despesas pessoais com os seus recursos ou por empréstimos particulares, que cuidava logo de pagar, permanece para sempre como modelo que devemos escolher ao votar. Suas frases permanecem como faróis para a nossa existência:

*Nasci para me dedicar às artes e às ciências! Se não fosse um imperador seria um professor! O esbanjamento ou o desvio dos recursos do tesouro são um furto à nação!*

Enquanto o Brasil surgia no mundo como uma potência, com o comércio e a industrialização crescendo, com suas exportações superando recordes, com os preços dos produtos exportados em alta, com incremento da imigração para ocupar os espaços vazios do território, com navegação fluvial e costeira interligando portos distantes, uma conspiração crescia na obscuridade. Sem considerar o que ocorria nas Repúblicas vizinhas, teóricos e idealistas utópicos pregavam uma modificação política sem o uso de uma revolução. Conceitos de liberdade e de igualdade conectadas às filosofias dos pensadores franceses, a exemplo da República dos Estados Unidos, bem como os pensamentos do filósofo francês Augusto Comte, prosperavam entre intelectuais mais jovens e idealistas, mas sem a devida noção da realidade prática. Dois nomes se destacam no movimento. Primeiro o do marechal Deodoro da Fonseca, herói de guerra, um militar de carreira, ou seja, um tabiqueiro, termo que indica os soldados que dormem em beliches, que mesmo idoso era estimado e respeitado por todos, mas era monarquista e amigo pessoal de D. Pedro II. O segundo era o general Benjamin Constant, um militar que nunca participara de qualquer conflito, um teórico que se dedicava ao magistério na Escola Militar da Praia Vermelha, onde catequizava os jovens cadetes nas teorias positivistas de Comte. Era importante, criar uma nova República capaz de levar os cidadãos a uma nova noção de organização social, em que todos, através da República Positivista, com o lema de "amor, ordem e progresso", construiriam na terra um paraíso, mesmo perdendo algo da própria liberdade. Considerando a decadência física do imperador, sem a definição expressa do sucessor, desacreditando o conde D'Eu, o consorte estrangeiro da princesa Isabel, apesar do seu comando e da conclusão da etapa final da Guerra do Paraguai, em que segue as ordens do imperador até a morte de Solano Lopes e depois da expulsão dos paraguaios das terras ocupadas por 5 anos no Mato Grosso, ser excelente referência, os conspiradores aguardavam o momento adequado.

A questão militar, criada por desavenças entre o ministro chefe do gabinete, o visconde de Ouro Preto e os militares, precisa ser ampliada com a divulgação das guerras de comunicados que surgem nas páginas dos jornais, algo que os monarquistas não levam a sério, pois subestimam o poder crescente dos conspiradores republicanos, cada vez mais cooptando simpatizantes em favor da liberdade de os militares participarem da ação política. O descontentamento de alguns fazendeiros pela libertação dos seus escravos, sem a indenização aguardada, deve ser explorado. Qualquer notícia que afete o poder político do visconde de Ouro Preto deve ser divulgada e ampliada, mesmo para outras capitais das províncias. Mas o sucesso vai depender da decisão do hesitante e doente Deodoro da Fonseca.

Na fala do trono de 1889, tradicional cerimônia das aberturas dos trabalhos legislativos, o imperador já demonstrava a decadência física pela doença cada vez mais crônica. Sua capacidade de reação era cada vez mais lenta, como se não se importasse com eventos futuros, o que deixava o Império desamparado para os eventos previsíveis. Sua letargia na tomada de decisões em breve será fatal para o Império. Para comemorar os 25 anos do casamento da princesa Isabel com o conde D'Eu, uma festa na Ilha Fiscal para 3 mil convidados seria a comemoração mais grandiosa de todo o Império. A alta sociedade e as autoridades estrangeiras e eclesiásticas presentes degustariam especialidades da cozinha brasileira regadas a champanhas franceses e vinhos e licores importados, além de danças até a madrugada. Era a oportunidade de o imperador comunicar a sua renúncia por questões de saúde e nomear a sua filha, a princesa Isabel Cristina, como sucessora natural ao trono. O gesto levaria a uma aclamação ensurdecedora, o que seria comemorado no dia seguinte por toda a população do Rio de Janeiro, pois Isabel Cristina era admirada por todos, principalmente nas igrejas e pelos antigos escravos. Mesmo havendo reações contra, as notícias chegando por telégrafo a todos os rincões das províncias, onde a figura do imperador era adorada, retardaria ou mesmo inviabilizaria a ação dos conspiradores que preparavam ação para as próximas semanas. O interessante é que em pouco tempo tanto o marechal Deodoro da Fonseca como o general Benjamim Constant, os cabeças do futuro golpe, estariam mortos. Com a inação de D. Pedro II, a sorte do Império estava lançada.

Os monarquistas e o visconde de Ouro Preto, subestimando os revoltosos, não deram atenção para os movimentos insidiosos em articulação, com contatos entre os comandantes dos diversos regimentos da capital e mesmo com os destacamentos da polícia, onde elementos infiltrados boicotariam qualquer reação ou tomariam postos-chaves ao primeiro comando. Tudo dependeria da participação de Deodoro da Fonseca, até o último momento fiel monarquista. O marechal, que estava acamado, com febre, sofrendo de paralisia, atende ao pedido de Benjamim Constant e participa de reunião com menos de 300 pessoas na noite de 14 de novembro de 1889, quando, sem conhecer as razões das mudanças da sua opinião, ele adere ao golpe. Um governo provisório é formado, com o marechal como chefe supremo e Benjamim Constant como vice. Com Deodoro à frente, todas as barreiras de resistência desmoronam. No campo de Santana, a ordem do dia traz a declaração da República do Brasil. O que é celebrado por tiros de canhões, mesmo com os soldados desconhecendo o que estavam comemorando. Avisado pelo chefe de polícia dos tumultos que ocorriam na capital, D. Pedro II desce de Petrópolis quando percebe a real situação ao saber do pedido de renúncia do gabinete do visconde de Ouro Preto. Ainda pode resistir, pois tem o apoio do almirante Tamandaré e da força naval do Brasil, que se mantém fiel ao monarca. Tentando parlamentar com o marechal Deodoro da Fonseca, propondo a formação de um novo gabinete com o ministro Saraiva, a resposta é clara e definitiva. Não há mais tempo para retrocessos. O imperador, vendo que a resistência possível à traição do marechal Deodoro da Fonseca traria um banho de sangue, algo que contraria os seus princípios, já cansado e sem o ímpeto de outrora, resigna-se ao seu destino, sem perceber a desonra que viria rápido. Ao aceitar a oferta de Tamandaré, abrigando-se num dos encouraçados, com o telégrafo teria tempo de trazer regimentos fiéis das províncias e, com o apoio popular, pois o seu prestígio era imenso, com o tempo iria derrotar o pequeno grupo de rebeldes, que, apesar de listar nomes ilustres, não tinha o apoio da população, a maioria sem saber o que era a República anunciada. No mesmo dia 15, D. Pedro II recebe o decreto do banimento de toda a família imperial, escorraçados como párias, para sempre proibidos de retornar ao Brasil. Punição severa para a pessoa que dera ao país toda a sua vida, levando o Império do Brasil à posição ímpar no mundo. Em 24 horas, quase com a roupa do corpo, todos de madrugada foram embarcados no vapor Alagoas com destino a Lisboa, onde D. Pedro II recebe as honras devidas. Em poucos dias, a imperatriz Tereza Cristina falece, e o imperador, depois das exéquias e do enterro em Lisboa, segue para Paris, onde se aloja no modesto Hotel Bedford, vivendo uma existência cinza e vazia até a sua morte por pneumonia, em 5 de dezembro de 1891. Como personagem famoso, seu enterro é realizado com todas as pompas devidas ao último imperador do Brasil. Mas, no Brasil, a censura não permite que os brasileiros saibam da triste despedida do querido D. Pedro II. No seu caixão, por pedido expresso em vida, além de um saco com terras do seu país, a cabeça dormia sobre um livro.

Com desculpas, os despojos do imperador e o da sua esposa só retornam ao seu Brasil depois de muitas tratativas com sua filha, a princesa Isabel, em 1921, nas esperadas Comemorações do Centenário da Independência do Brasil. Tardia homenagem.

# 13. REPÚBLICA.
# GOLPE OU QUARTELADA.
# QUEBRA DE PARADIGMAS.
# CONSEQUÊNCIAS

Nos idos de novembro de 1889, uma trama de longo prazo teria o seu êxito. Novas filosofias sobre a construção de um modelo político e econômico, com noções científicas e não de propostas políticas no Brasil, tiveram campo fértil. Para isso, o Exército teria o papel principal, pois engloba o poder das armas e dos líderes acostumados às ordens definitivas no comando e à disciplina ensinada nas escolas e nos quartéis. A ideia de República era, no início do século XIX, nas Américas que escapam da era do colonialismo, quase unânime. A exceção cabe ao Império Brasileiro, que consegue, num país com área continental, desenvolver um modelo distinto, que preserva fronteiras e cria unidade de patriotismo e de respeito à brasilidade ímpar, que impede, com poucas exceções, o surgimento de separações ou discussões entre as províncias. Com o término da Guerra do Paraguai, jovens oficiais, heróis reconhecidos, retornam com outras ideias, ainda mais que a filosofia positivista de Augusto Comte consegue adeptos entres intelectuais, jornalistas e políticos das novas gerações.

O partido republicano só tem quatro membros, em que o paulista Prudente de Morais era o líder, sem o poder de votos suficientes para criar a República idealizada. Enfraquecido por doença crônica, D. Pedro II surge como um ancião débil, sem o entusiasmo de antes e sem o poder de liderança exigido pelas circunstâncias, ainda mais que não indica oficialmente a princesa Isabel como sucessora. Os jornais, nas críticas, com Lopes Trovão, com Silva Jardim, sem considerar a sua atuação brilhante como regente durante os 3 anos de ausência do soberano, tecem críticas ao esposo da princesa Isabel, o conde D'Eu, por ser estrangeiro e por sua atuação no término da Guerra do Paraguai, em que foi implacável na prisão ou morte de Solano Lopes. Esquecem de que a princesa Isabel tem três herdeiros, brasileiros natos perfeitamente adaptados ao Brasil Império, e tem tudo para superar a rainha Vitória da Grã-Bretanha, principalmente com o país em condições financeiras sob controle e com expansão no comércio com o exterior.

Benjamim Constant, militar teórico, sem conhecer o cheiro da pólvora e o troar dos canhões, foi exemplar ao doutrinar alunos e jovens oficiais principalmente nos postos-chaves da defesa do Rio de Janeiro. Por outro lado, as notícias nos periódicos, com narrativas e boatos, sobre mudanças de comando, sobre o deslocamento de regimentos da cidade para locais afastados nas províncias, ampliam a questão militar que confronta os rebeldes com os ministros do gabinete do visconde de Ouro Preto, que de modo irracional não dá a devida atenção às solicitações. Para muitos, o embate é pela derrubada do ministério, a fim de obter liberdade política para os oficiais do Exército expressarem as suas ideias, suas reivindicações e seus projetos sem estarem sujeitos às prisões e punições, como ocorrido com Sena Madureira no Rio Grande do Sul.

Para o sucesso, o grupo de Benjamim Constant, com seu projeto de República Positivista, algo desconhecido pela maior parte da população, na qual o conceito de monarquia permanecia aceso, era preciso dispor do apoio de um general de grande prestígio entre as tropas. O marechal Deodoro da Fonseca, monarquista e amigo pessoal de D. Pedro II, era a peça-chave a ser colocada no tabuleiro da conspiração, que inclusive fora debatida no círculo militar. Mesmo acamado, com febre e sofrendo de arteriosclerose, na noite de 14 de novembro, indo pela madrugada do dia 15 em reunião com menos de 300 pessoas, sem se saber o porquê da mudança de opinião, ele apoia a República do Brasil, declaração que será feita na ordem do dia 15 de novembro para os regimentos sob o seu comando, ao mesmo tempo que ao alunos da Escola Militar da Praia Vermelha, em bandos, seguem em direção à sede do governo; no caminho, outras tropas entram no cortejo para levar a ordem da destituição do Ministério de Ouro Preto.

D. Pedro II, que estava com sua família em Petrópolis, avisado por telegrama da situação de caos pelo chefe da polícia, pela tarde chega ao Rio de Janeiro, onde propõe a substituição do ministério, sem se dar conta de que era tarde para negociações. Mesmo contando com o apoio da Marinha de Tamandaré e de tropas irregulares amealhadas pelo chefe de polícia, reconhece que a oposição levaria a um banho de sangue. Ele está velho, cansado, sem forças para reagir, mesmo sabendo que, ganhando tempo, trazendo regimentos leais das províncias, ficando abrigado num dos encouraçados de Tamandaré e levando à população para as ruas, com toda a certeza acabaria com o golpe em semanas. Ele esquecia a herança dos Bragança. Mas ainda é um humanista. Para evitar o derramamento de sangue irmão, ele desiste com palavras para se guardar:

*Se é para o bem do povo, como trabalhei demais, aceito como aposentadoria.*

O governo provisório, implantado por votação indireta com menos de 300 participantes, tendo Deodoro da Fonseca como presidente e Benjamim Constant como ministro da Guerra e nos demais ministérios pessoas sem noção da gestão das coisas públicas, não vai ter condições de manter a harmonia na nova República. Na Fazenda, encontramos o advogado Rui Barbosa, na Justiça, Campos Sales, nas Relações Exteriores, Quintino Bocaiuva, na Agricultura e Obras Públicas, Demétrio Ribeiro. Nomes que não participaram da administração do Império agora são os novos notáveis a referenciar. Uma das primeiras decisões no dia 16 de novembro foi o banimento por toda a vida de D. Pedro II e da família imperial. Eles têm 24 horas para preparar a partida, mas, na madrugada do dia 17, quase com a roupa do corpo, escoltados por soldados, foram embarcados como párias no vapor Alagoas com destino a Lisboa. Tratamento humilhante para um governante que deu todas as suas energias em prol do seu amado Brasil. O pior foi a desestruturação das contas públicas com o aumento da inflação e a desvalorização da moeda nos anos seguintes, com brigas internas e com revoltas da população do Rio de Janeiro. Rui Barbosa era bom nas palavras e nos discursos, mas não entendia nada de finanças e dos números orçamentários.

Foram introduzidas reformas no Código Penal Brasileiro, no Código Comercial, a separação entre Estado e Igreja, o Casamento Civil e mudanças na administração dos cemitérios. No entanto, há duas correntes opostas entre os republicanos: uma segue o conceito de República Federalista, com a separação dos poderes como ocorre nos Estados Unidos da

América, e a outra segue a doutrina de Augusto Comte, a favor de uma República ditatorial, em que o governo centraliza todos os poderes. Em março de 1891, é realizada a primeira eleição, ainda por votação indireta, com 234 congressistas, para o primeiro presidente da República do Brasil. Por pequena diferença, o marechal Deodoro da Fonseca vence Prudente de Morais, chefe do Partido Republicano Paulista, 123 votos contra 97, mas, para vice-presidente, é escolhido o positivista Floriano Peixoto, o que provoca atritos entre os dois mandatários. Cansado dos embates, Deodoro da Fonseca, 8 meses depois, envia a sua renúncia. Pela Constituição de 1891, um novo pleito seria necessário, mas com maioria, Floriano Peixoto muda artigos da Carta Máxima e consegue como vice ocupar o mandato vacante, ou seja, até primeiro de março de 1894.

Governando com mão de ferro, Floriano Peixoto enfrenta a Revolta da Marinha em 1893, com oficiais monarquistas na sua maioria, que lutam pela República Federalista. Os canhões das naves rebeldes bombardeiam o Rio de Janeiro por semanas, bloqueando o porto. A ameaça da chegada de uma frota americana em apoio ao governo obriga Saldanha da Gama e Edward Vandenkolk, os chefes da sedição, a rumarem para o sul, em direção a Santa Catarina, para Desterro, onde vão apoiar os federalistas de Gaspar da Silveira Martins em luta contra Júlio de Castilhos, presidente da província com constituição positivista e chefe do Partido Republicano Rio-Grandense. Considerado um déspota, com ideias de que o inimigo não merece piedade, considerado o precursor da ditadura no Brasil, Júlio de Castilhos obriga o seu opositor federalista a iniciar o mais sangrento episódio de guerra civil no Brasil. Nos anos de 1893 a 1895, as coxilhas verdes do Rio Grande ficam manchadas pelo sangue das degolas: a chamada gravata colorada criada pelos *orientales*.

O apoio da armada à causa federalista de Gaspar Martins proporciona vitórias iniciais, chegando ao Paraná, entretanto, as derrotas nessas plagas obrigam ao recuo até a derrota final, em Desterro, onde perto de 180 soldados federalistas aprisionados são fuzilados, sem julgamento. Como homenagem, a capital de Santa Catarina muda de nome, será conhecida por Florianópolis. Em 1.º de março de 1894, apesar dos esforços de Floriano Peixoto, a primeira eleição direta no Brasil, com 350 mil votantes, escolhe um civil: Prudente de Morais. Começa outra fase da primeira República.

# 14. A REBELIÃO FEDERATIVA DE 1893/95. JÚLIO DE CASTILHOS, O INVENTOR DA DITADURA NO BRASIL

A primeira eleição direta para presidente em 1.º de março de 1894, seguindo o que estipulava a Constituição de 1891, acaba com a denominada República da Espada, pois desde o início todas as decisões para implantar a República foram responsabilidade de militares. O escolhido, apesar dos esforços contrários de Floriano Peixoto, foi Prudente de Morais, um civil do Partido Republicano Paulista (PRP) eleito com o apoio dos grandes produtores e latifundiários que atuam numa oligarquia. A votação, com 350 mil eleitores cadastrados, mesmo confusa, muda o regime político do Brasil. Muitos nomes atuantes desde o início agora são retratos nas paredes. O marechal Deodoro, presidente do governo provisório em 15 de novembro de 1889 e depois eleito por votação indireta em 1891 à Presidência, renúncia ao cargo 8 meses depois, vindo a óbito em 23 de agosto de 1892. Benjamin Constant, o cérebro da conspiração, vice no governo provisório, morre em 22 de janeiro de 1892, enquanto Floriano Peixoto, durante o seu mandato de 1891 a 1894, enfrenta revoltas e muitas discussões internas. Os anos da Espada foram confusos e atabalhoados em todas as frentes. O término do Império ocorre em época errada. As revoltas, as sedições, os movimentos contra as ditaduras de Deodoro da Fonseca e a seguir de Floriano Peixoto e mesmo a guerra civil no Rio Grande do Sul são resultados da troca de regime feita de modo intempestivo.

A figura de Júlio Prates de Castilhos, gaúcho nascido em 1869, no distrito de Cruz Alta, atual Cidade de Júlio de Castilhos, precisa ser relatada. A sua importância e atuação nos anos após a declaração da República, em 1889, marcam o palco da política do Brasil até o ano de 1930/32. O jornalista americano A. Pierce, nos seus relatos, o descreve como de estatura baixa, com gagueira que consegue controlar, mas com energia no olhar em que se percebe a ambição absoluta por poder. Como jornalista, escrevendo para o jornal *A Federação*, seus escritos magnetizam os leitores, pois é defensor ferrenho da filosofia positivista do francês Augusto Comte, cujo sistema político de poder é a implantação de uma ditadura científica. Sem o dom da oratória, usa as palavras escritas como armas de combate. Em 1891, escreve o texto da Constituição que vai gerir o Rio Grande do Sul, com artigos que estabelecem uma ditadura castilhista. Controlando o Conselho Político, é eleito presidente do estado em 15 de julho de 1891, o que acarreta uma reação violenta de Gaspar Martins, seu rival político. Pelo texto, a oposição nunca conseguirá dirigir o Rio Grande. A reação é imediata, pois Júlio de Castilhos apoia o golpe de Deodoro da Fonseca, que fecha o Congresso. Em 11 de novembro de 1891, sob pressão da multidão que, da Rua da Praia, sobe a tradicional ladeira até o Palácio, Júlio de Castilhos renuncia após quase 4 meses de governo.

Até 1893, mais de 18 dirigentes se alternam no governo estadual num caos sem fim. Em 25 de janeiro de 1893, numa eleição fraudada, sem concorrentes, Júlio de Castilhos, que tem o apoio do presidente Floriano Peixoto, reassume o poder no Rio Grande. Ao impor a sua Constituição castilhista, Júlio de Castilhos dá início à guerra civil mais sangrenta do Brasil. No dia 5 de fevereiro de 1893, o prócer Joca Tavares convoca os rio-grandenses às armas. No final do século XIX, tanto a República Uruguaia como a província do Rio Grande tinham muitas semelhanças, tanto assim que o mundo especulava se Júlio de Castilhos iria separar o Rio Grande do Brasil para formar uma nação mais importante com o Uruguai. As fazendas gaúchas invadiam o território uruguaio, casamentos entre gaúchos e uruguaios eram comuns, os dois idiomas eram falados pelos mais cultos e entre os do campo; um portunhol era criado. Mas os fazendeiros eram rudes, grosseiros e brutais nos seus feudos, dispondo de exército formado com os seus agregados. Joca Tavares reúne uma coluna com 3 mil homens, enquanto Gumercindo Saraiva e seu irmão, Aparício Saraiva, nomes que serão referências nos combates, noutra coluna com 600 soldados cruzam a fronteira indo para Bagé, onde as duas forças vão se unir. Começava a guerra conhecida pela aplicação da gravata colorada ou Revolução Federalista no mês de fevereiro de 1893.

Para conhecer os palcos das batalhas, é importante a explanação: tanto Montevidéu, onde líderes rebeldes se asilam, quanto Porto Alegre, sede do poder de Júlio de Castilhos com sua Brigada Militar, têm população com cerca de 50 mil almas. Bons prédios públicos, igrejas bem ornadas, bons hotéis, teatros e casas e palacetes para os abonados; nos arrabaldes, os mais pobres têm vida difícil. No interior, entre as vilas e as pequenas cidades, um deserto de verdes coxilhas aguarda os primeiros embates e as escaramuças. As lutas entre os dois lados são feitas por meio de colunas volantes que atacam as cidades, pilhando as estâncias do inimigo e fugindo quando os regimentos legalistas contra-atacam. A surpresa era importante quando as cargas de cavalaria, lança à frente, dos irmãos Saraivas atacam os clássicos quadrados defensivos dos regimentos do Exército nacional ou as forças da Brigada Militar de Júlio de Castilhos. Com apoio do presidente Floriano Peixoto, com armas, munições e dinheiro para pagar o soldo dos seus soldados, apesar das derrotas iniciais, Júlio de Castilhos leva vantagem, pois os federalistas precisam compensar as suas perdas com reforços vindos do Uruguai. O movimento terá suporte de oficiais e de navios da Revolta da Armada de 6 de setembro de 1893; mesmo depois da derrota e da retirada de Desterro em abril de 1894, o nome do coronel Antônio Moreira Cesar será lembrado pela violência contra os maragatos aprisionados e pelo fuzilamento de 185 prisioneiros políticos. Como homenagem a Floriano Peixoto, o nome de Desterro é trocado para Florianópolis.

Gumercindo Saraiva, o mais famoso dos irmãos, apesar de não ter instrução militar, sendo mais um caudilho que conhecia a tática de guerrilha dos *orientales,* é capaz de modificar no momento adequado o modo de atacar. Mesmo tomando uma cidade, após dias ou semanas recuava, pois não estava preparado para enfrentar um cerco por longo tempo. Atravessando o norte do estado, chega até Santa Catarina para depois invadir o Paraná. Pretende não apenas expulsar Júlio de Castilhos, mas mesmo demitir o presidente. Ao enfrentar a Divisão Legalista do Norte, precisa recuar, pois não tem como repor as baixas ocorridas durante os combates. Em 10 de abril de 1894, em Boi Preto, já no Rio Grande, a derrota para os legalistas do coronel Firmino de Paula termina com a degola de 370 federalistas e maragatos. Pelos arquivos, seria uma revanche contra a derrota em Rio Negro, quando centenas de legalistas foram degolados em 28 de novembro de 1893. Uma vingança do ocorrido quase 5 meses passados.

A degola, também conhecida por gravata colorada, era o procedimento empregado pelos hispânicos e adotado pelos *orientales* durante as guerras da Cisplatina. O prisioneiro, ajoelhado, mãos presas às costas, já sem botas e desprovido de qualquer bem, recebia um corte rápido por faca cortante de orelha a orelha, cortando a jugular. Depois, o cadáver ficava nu com a retirada das suas vestes. Para tropas irregulares, que não tinham soldo, a paga era recebida com a venda dos pertences pilhados ou obtidos das degolas, depois não precisavam alimentar prisioneiros, e os degolados eram um inimigo de menos a enfrentar na próxima peleia, sendo um método de terror para amedrontar o inimigo no próximo embate.

As colunas avançando ou recuando eram divididas em alas, sendo a retaguarda pela cavalaria, grupo mais ágil e rápido em enviar mensagens tanto de apoio como de socorro. Na sua retirada para o sul, após o fracasso contra a Divisão do Norte, em 10 de agosto de 1894, em Carovi, no Município de Santiago, após unir suas alas, Gumercindo Saraiva é obrigado a enfrentar a vanguarda da Divisão do Norte. Os tradicionais ataques de piquetes, com lanças à frente e sabre na mão, agora não conseguem superar os quadrados formados por soldados disciplinados equipados com novas carabinas e com cavalaria protegendo os flancos. Observando o ataque do piquete comandado pelo seu irmão, Aparício Saraiva, do alto de uma colina é atingido pelos tiros de legalistas camuflados nos matos. Assim, o Leão Rebelde é abatido. Será enterrado no dia seguinte, 11 de agosto de 1894, num cemitério perto de Santo Antônio. Na retirada, com tropa reduzida, acuado depois de atacar Cruz Alta, Aparício Saraiva é obrigado a cruzar o rio Uruguai, internando-se na Argentina.

Só em fevereiro de 1895, depois de reagrupado no Uruguai, Aparício Saraiva invade o Rio Grande de novo, obtendo algumas vitórias em Livramento, Rosário do Sul e Tarumã. O almirante Saldanha da Gama, um dos chefes da Revolta da Armada, depois de asilo em Montevidéu, retoma a luta, invadindo a fronteira pela cidade de Quaraí, em 22 de abril de 1895, mas, em 24 de junho de 1895, a sua força sem experiência militar é destroçada por brigada legalista, quando inclusive ele entra no rol dos mortos em ação. A mando do presidente Prudente de Morais, interessado em pacificar o Brasil, o general Galvão de Queiroz entra em contato com o general Joca Tavares para terminar a rebelião, assinando um tratado de paz. Com os últimos insucessos, Joca Tavares, que iniciara a guerra, aceita as condições, terminando as hostilidades em 1.º de julho de 1895. O tratado é assinado em Pelotas em 10 de julho, ratificado por Prudente de Morais; a ata final do conflito é confirmada em 23 de agosto de 1895.

Prudente de Morais, conhecido como o pacificador, acerta os rescaldos da Revolta da Armada de 1893/94, por sinal a segunda, já que em 1891 um movimento contra as truculências do marechal Floriano Peixoto deixara a Marinha em pé de guerra. Quanto à Revolução Federalista no Rio Grande, em que Júlio de Castilhos recebeu apoio em armas, com verbas e homens de Floriano Peixoto, numa aliança tática para ganhos políticos, uma guerra civil entre irmãos, em que os dois lados não mostram piedade, está finda.

Em 19 de setembro de 1895, a anistia geral para todos os rebeldes, mesmo os da Marinha, é promulgada. O Brasil pode respirar. Os gastos das lutas são contabilizados, e o déficit público aumenta, o que traz problemas no futuro. Júlio de Castilhos, como vencedor, permanece na Presidência até o fim do mandato, em 1898, quando não tenta a reeleição, mas será substituído por aluno exemplar: Borges de Medeiros, que ficará no governo até 1928, quando Getúlio Vargas, outro discípulo do positivismo, assume a presidência do Rio Grande do Sul.

# 15. CANUDOS.
# PRUDENTE DE MORAIS ENFRENTA ANTÔNIO CONSELHEIRO

Às margens do rio Vaza-Barris, no arraial de Canudos, localizado no nordeste da Bahia, chegam pessoas atraídas pelas palavras messiânicas de Antônio Conselheiro, personagem que, usando barba espessa e cabelos compridos, vestido com uma bata e segurando um cajado, percorrendo os sertões, pelas palavras atrai cada vez mais adeptos. Após a edificação da nova igreja, os seguidores fanáticos de Antônio Conselheiro, em número crescente, constroem as suas moradas rústicas, os arruamentos, as praças e as escolas, num núcleo populacional que cresce sem parar naqueles ermos. Devido aos atritos religiosos e à desobediência civil de Antônio Conselheiro, em 1896, a intervenção do governo do presidente Prudente de Morais é solicitada; é necessário convocar a força militar para solucionar o problema.

Nascido em Quixeramobim em 1830, no Ceará, de família tradicional que ficara pobre após perder uma luta política, após a morte da mãe, seu pai incentiva os seus estudos, talvez num seminário. Com os seus conhecimentos, obtém cargo de professor, para depois trabalhar num cartório. Ao casar, o seu futuro é alterado, depois de a sua esposa fugir com o amante. Desorientado, perdido nas caatingas, vai percorrer o vazio em busca de um novo rumo. Uns dizem em busca da esposa, outros, à procura do seu destino. Comendo o que lhe oferecem, dormindo no chão ou numa simples madeira, fazendo biscates, trabalhando na recuperação de igrejas, em contato com curas, absorve os ensinamentos da bíblia, dos evangelhos, das palavras de mestres iluminados. Está pronto para a sua missão naqueles vazios de nadas. Em 25 anos de peregrinação, seu corpo está fortalecido, sua alma, invulnerável. Alto pelo padrão local, magro, agora um peregrino que fala e dá conselhos aos seguidores, ensina e dá esperanças para miseráveis que enfrentam as secas, o solo ingrato, espinhento, submissos aos grandes fazendeiros da região, aos coronéis com seu poder político e mesmo à igreja, que se esquece dos corpos dos seus fiéis falando em latim nas homilias. Antônio Vicente Mendes Maciel é um mito, uma luz de esperança para os deserdados dos sertões. Antônio Conselheiro aparece como profeta que indica o caminho de salvação à multidão que o segue como um rebanho de ovelhas.

Em 1893, numa fazenda abandonada, o seu projeto tem início. Em torno da nova igreja, casas rústicas, pequenas, amontoam-se; surge a Vila de Canudos, onde Antônio Conselheiro é o líder político e religioso. Ele estabelece regras de conduta, como evitar excessos no consumo de bebidas alcoólicas. Há hortas e plantações comunitárias, com o manejo de rebanhos de cabras partilhados. Nas redondezas, outros povoados são influenciados. Os feitos de Antônio Conselheiro provocam reação da igreja, pois ela perde fiéis para o novo profeta. Uma visita é programada para conhecer os propósitos daquele reformador que fala como um novo messias. A sugestão de dispersar os acampados, pois muitos fazendeiros perdiam os seus empregados, é rejeitada. Depois, nas suas profecias, Antônio Conselheiro se diz monarquista, inclusive cita versos cantados pelos trovadores e propaga ditos para o futuro das esperanças. Cria um inimigo.

*Um dia o sertão vira mar. Do mar virão rebanhos trazendo a salvação.*

A situação piora quando, ao comprar madeira para a construção da nova igreja, mesmo tendo adiantado o pagamento, não recebe a encomenda. Numa reação imediata, ameaça enviar seus adeptos para buscar o devido, mas, ao mesmo tempo, nega-se a pagar os impostos municipais. Para vingar a desfeita, uma expedição policial é enviada em 24 de novembro de 1896. Canudos era local de difícil acesso, o que permite aos adeptos emboscarem a tropa, que é obrigada à retirada, deixando todo o armamento na fuga. Em 29 de dezembro, agora com tropas estaduais, duas metralhadoras e canhões leves, novo ataque é programado. Mas a reação dos fanáticos, mesmo com baixas terríveis, obriga os soldados a uma nova retirada. As duas expedições, na realidade, além de proverem o rearmamento dos fiéis, melhoraram o ânimo geral em Canudos. O prestígio e a magia de Antônio Conselheiro magnetizam os seus adeptos. As derrotas alarmam os editais dos jornais do Rio de Janeiro: uma revolta monarquista assusta a população, algo capaz de fragilizar a República. Agora, tropas federais, sob o comando do coronel Moreira Cesar, um herói na Guerra da Revolução Federalista em 1895/96, com mais de 3 mil soldados e um quadro de oficiais tarimbados, são deslocadas em 1897 para aniquilar o perigo monarquista de Canudos. No entanto, Moreira Cesar, na sua arrogância, desconhece o campo de batalha onde vai enfrentar uma horda de fanáticos que não temem a morte, lutam por um ideal, por um novo modo de viver. Muitos sofreram os efeitos da seca de 1877, outros são antigos escravos liberados pela princesa Isabel, pessoas que, em Antônio Conselheiro, encontram nova esperança de chegar ao paraíso na Terra.

Considerando a vitória próxima, Moreira Cesar dá ordem de ataque a baioneta, enviando sua tropa para as ruelas e para as casas da cidade. Só que, de cada canto das ruelas e das casas, a resistência é feroz. Num combate corpo a corpo, mesmo com baixas pesadas, de todos os lados, tiros, revides com foices, com facões e artefatos agrícolas, com entusiasmo crescente, os fiéis com denodo fanático cobram pesado tributo por metro perdido. Vendo a confusão criada, a ordem de retirada é dada, o que redobra a fúria dos sitiados, ainda mais que os canhões federais não podem atuar. Mesmo a cavalo, o coronel Moreira Cesar é ferido de morte; o mesmo ocorre com o coronel Tamarindo, segundo em comando. A retirada agora é fuga desabalada. A vitória dos rebeldes é completa: um butim de guerra importante.

Como uma bomba, as notícias nos jornais da capital e os editais exigem pronta resposta à crescente ameaça monarquista. Regimentos de vários estados, com uma maior quantidade de canhões, sob o comando do ministro da Guerra, precisam acabar com Canudos. Em abril de 1897, após a construção de estradas, um ataque coordenado é lançado com canhonaços pesados, destruindo pouco a pouco toda a estrutura de Canudos. Não há como resistir ao sítio; as metralhadoras não deixam os rebeldes lançarem contra-ataques. A igreja, o símbolo de Canudos, o sonho de Antônio Conselheiro, está em ruínas. Em 5 de outubro de 1897, os últimos sobreviventes saem dos escombros. Da cidade que será arrasada, apenas lembranças, relatos futuros, análises fora do tempo. Antônio Conselheiro, o peregrino, enterrado na igreja, teria morrido no dia 22 de setembro de 1897. Desenterrado, sua cabeça cortada é enviada para estudos na Faculdade de Medicina de Salvador, onde o professor Nina Rodrigues, especialista em análise pela morfologia da cabeça, do cérebro, consegue definir patologias do paciente: psicose sistemática progressiva.

Prudente de Morais, que substitui o período conturbado de Floriano Peixoto em 1894, enfrenta oposição dos militares florianistas, mesmo quando dá anistia geral independentemente das acusações a todos os rebeldes de eventos passados. Durante o enterro do Marechal de Ferro, em junho de 1895, milhares de adeptos de Floriano Peixoto gritavam: *Viva, Floriano! Fora, Prudente!*

Ao ser submetido à operação de extração de cálculos da bexiga, Prudente de Morais precisa solicitar licença médica em 10 de novembro de 1896, sendo substituído pelo vice Manoel Vitorino durante 4 meses. Ao retornar, em 3 de março de 1897, enfrenta o desfecho de Canudos após o envio da quarta expedição militar. No dia 5 de novembro de 1897, ao receber o regimento vitorioso, sofre um atentado inesperado. Um soldado alagoano de nome Bispo sai do destacamento com revólver em punho. Com o chapéu, Prudente consegue desviar da arma, dando tempo aos seus acompanhantes para o desarme do assassino. Mesmo assim, derrubado, ele consegue, em fúria, tirando uma lâmina das vestes, investir de novo, apunhalando de morte o ministro da Guerra, que protegia o presidente.

Com a eleição de Campos Sales, em 15 de novembro de 1898, outro republicano histórico, Prudente de Morais, como herança, além das dívidas de Deodoro da Fonseca, de Floriano Peixoto e de Rui Barbosa que, como ministro da Economia, criara uma bolha financeira, as despesas militares da Revolução Federalista e da Guerra de Canudos deixavam o tesouro falido, com títulos a vencer de financiamentos e de empréstimos pendentes. A inflação crescente colocava a República do Brasil à deriva; problemas para Campos Sales resolver.

# 16. ENCILHAMENTO. *FUNDING LOAN*. CAMPOS SALES. RODRIGUES ALVES. OSVALDO CRUZ

Como ministro da fazenda do governo provisório e como jurista, Rui Barbosa comete um erro primário. Com o objetivo de incrementar o desenvolvimento econômico da República do Brasil, crédito fácil é concedido sem muito critério; nada de análise da viabilidade dos projetos apresentados. Para isso, títulos eram lançados para resgate no futuro. Valores são adiantados pelos bancos. O resultado é que os recursos são desviados para outras atividades, como a especulação na Bolsa de Valores. Compram-se títulos e ações para resgate quando os ativos subissem, o que não é lei desse mercado; aguardar a valorização futura em curto prazo passa a ser um jogo de roleta. Como uma pirâmide financeira, a injeção de recursos na praça acelera a inflação, depois, muitos tomadores do crédito fácil entram em falência; os seus débitos são agora créditos podres. Considerando-se que, na República da Espada, ocorrem rebeliões e revoluções que exigem despesas na área militar, algo não previsto nos orçamentos, as arcas do Tesouro Nacional estão vazias, ainda mais depois de Canudos.

Em 15 de novembro de 1898, os mil-réis já sofrem desvalorização crescente, e não há recursos no Tesouro para resgatar os títulos vencidos, com poucas libras esterlinas para honrar o pagamento dos juros e evitar a quebra dos bancos envolvidos, inclusive do Banco do Brasil. Campos Sales, republicano paulista, é eleito para encontrar uma solução para o buraco financeiro criado pelo encilhamento de Rui Barbosa. Político republicano, advogado, fazendeiro, representa os coronéis do café, a elite de São Paulo. Eleito senador em 1981, renuncia para ser governador de São Paulo até 1898, quando é eleito como quarto presidente do Brasil, sem contar o exercício provisório de 4 meses de Manoel Vitorino durante o mandato e o afastamento de Prudêncio de Morais, por operação na bexiga. Como o maior credor é o Banco Rothschild, ele precisa ir a Londres junto ao ministro da Fazenda, Joaquim Murtinho, para negociar a solução definitiva do problema fiscal, com tempo de carência até o Brasil recomeçar o seu desenvolvimento, o que evitaria a moratória da nação. Outras repúblicas sul-americanas, como a Argentina, já haviam usado do mesmo remédio. A equipe brasileira, alojada em hotéis modestos e indo a pé até a Casa Rothschild, após longas negociações, consegue um empréstimo de 10 milhões de libras esterlinas, com carência de 10 anos e juros de 6% ao ano, tendo que deixar como garantia rendas das alfândegas e de empresas públicas, o que vai permitir ao Brasil sair do sufoco que levaria à danosa moratória. Entretanto, o país está obrigado a reduzir o gasto público e domar inflação, o que será difícil.

Depois, na área política, para evitar dissenções futuras, o presidente estabelece o compromisso chamado café com leite, ou seja, alternância ou acordo para a Presidência da República entre São Paulo e Minas Gerais em detrimento dos demais estados. No seu governo, Campos Sales segue rigorosamente uma agenda fiscal espartana; precisa preparar o caminho para o seu sucessor, Rodrigues Alves. As comemorações dos 400 anos do descobrimento do Brasil ficam restritas à emissão de selos, à cunhagem de moedas e de medalhas alusivas à data e a celebrações restritas. Rodrigues Alves, eleito para o período de 1902/1906, com a recuperação das finanças, pode iniciar obras no saneamento e na urbanização das capitais, principalmente no Rio de Janeiro.

As reformas do engenheiro Pereira Passos, com o suporte de Rodrigues Alves, precisam eliminar os cortiços, onde milhares de pessoas, emigrantes e antigos escravos, vivem em condições insalubres, sujeitas às pestes e febres tropicais. Usando Paris como modelo, avenidas amplas são rasgadas, e milhares de barracos são arrasados numa operação denominada pela imprensa bota-abaixo, abrindo caminhos para surgir uma cidade maravilhosa que destaca as suas belezas naturais. A reforma vai além do material, do urbanismo, pois a capital do Brasil renasce com cores e ânimos novos, em que a população modifica o seu modo de viver; no entanto, as pessoas deslocadas procuram os espaços vazios dos morros, onde as favelas terão a melhor visão da Baía de Guanabara.

Outros problemas a enfrentar eram: a febre amarela, a peste bubônica, a cólera e a varíola, epidemias grassando principalmente no verão. Muitos vapores não aportavam no Rio de Janeiro, passageiros indo para a Europa estavam sujeitos às quarentenas, e as pessoas abonadas tinham refúgio em Petrópolis. A convocação do médico epidemiologista Osvaldo Cruz para enfrentar as doenças tropicais é a solução caseira. Rodrigues Alves conhece o currículo do candidato. Com estágio no Instituto Pasteur em Paris, órgão patrocinado por D. Pedro II desde o início, Osvaldo Cruz, na farmácia do sogro, no Rio de Janeiro, dispõe de laboratório para as suas pesquisas. Ele, inclusive, havia detectado no Vale da Ribeira vibriões do cólera, dando início a um combate preventivo. Conhecedor das doenças tropicais, sabe que o mosquito é o transmissor da febre amarela e desfaz as crendices dos miasmas; é necessário caçar e eliminar os ratos para acabar com a peste bubônica; para o cólera, é imprescindível água potável tratada, restando para a varíola a vacinação. Como pioneiro, com outros médicos do ramo, funda o Instituto Butantã para produzir soros antiofídicos em São Paulo e um centro de pesquisas, que terá depois o seu nome, no Rio de Janeiro: Instituto Osvaldo Cruz.

A caça aos ratos e às ratazanas, com paga por peça apresentada, passa a ser o trabalho de muitos desocupados. Uso de telas e de mosquiteiros, a eliminação das águas paradas e mesmo a queima de produtos que afugentam os pernilongos agora são rotina. Agentes em vestes amarelas são fiscais atentos nas visitas às casas e a todos os prédios para eliminar os focos. Outro procedimento era a notificação dos casos e a sua localização. Tudo vai indo bem até a decretação da vacinação obrigatória contra a varíola. Sem uma divulgação adequada e antecipada, mostrando que o procedimento usado por todos há anos, desde o episódio da rainha Catarina, na Rússia, não tinha efeitos colaterais, em 1904, com o apoio da oposição política, tendo Rui Barbosa com sua oratória nas manchetes dos jornais, uma revolução eclode no Rio de Janeiro. A Escola Militar oferece suporte, e a desordem se espalha, com a população furiosa nas ruas, até a intervenção firme do Exército nacional para impor a trégua e a ordem na cidade. A data de 10 de novembro de 1904 marca a Revolta da Vacina no Brasil. Em 1907, a febre amarela é considerada extinta no Brasil. Méritos para Osvaldo Cruz.

Osvaldo Cruz prepara novos médicos para pesquisar as doenças endêmicas de um Brasil que desperta para o século XX. Ele atua no porto de Santos, no Amazonas, em todos os portos brasileiros e mesmo no Acre, recém-incorporado à nação. A publicação de *Trabalho e Código Sanitário*, em 1907, para o controle das doenças tropicais no Brasil e no mundo, merecia Prêmio Nobel. Outro fato a mencionar foi a anexação do território do Acre ao Brasil. A região pertencente à Bolívia fora invadida por nordestinos em busca da seiva das seringueiras. Com a chefia do gaúcho Plácido de Castro, os seringueiros iniciam uma revolta armada contra o exército boliviano, que tenta expulsá-los. Com o pagamento de 2 milhões de libras esterlinas e a promessa da construção da ferrovia Madeira-Mamoré, o Acre é incorporado ao Brasil em 17 de novembro de 1903, graças à atuação diplomática do barão do Rio Branco, que assina o tratado em Petrópolis.

Notícias em manchetes nos periódicos, no mesmo ano de 1903, falam do falecimento de Júlio de Castilhos, o ditador sanguinário que não escolhia os meios para justificar os seus propósitos de criar uma República Positivista no Rio Grande, por primeiro, e depois no Brasil. No seu fanatismo pelo poder, para eliminar os seus adversários, as ordens para os seus correligionários não deixavam dúvidas quando atacavam as fazendas e propriedades dos adversários. Roubos, estupros, todas as violências eram permitidas: *inimigo não merece piedade!*

Depois de operação na garganta para remoção de um tumor maligno, suas últimas palavras para a posteridade são:

*Coragem eu tenho, o que me falta é ar!*

Seu sucessor, Borges de Medeiros, inicia uma campanha para torná-lo Paladino do Rio Grande, outro herói para o panteão gaúcho. Para imortalizá-lo, uma lista de contribuição é aberta para construir um monumento. O artista escolhido é Rodin, que vai fundir, em Paris, algo grandioso que será colocado na Praça da Matriz em Porto Alegre. O artista e pintor Carlos Torelly, em artigo publicado nos jornais locais, expressa opinião de que o sangue das lutas ainda não fora absorvido pelo verde das coxilhas do Rio Grande e que a homenagem não seria adequada no momento. É advertido pelos amigos que tinha no governo de que, por prudência, seria melhor fugir, rápido, para o Uruguai com toda a família. De madrugada, na surdina, parte para Montevidéu, onde tinha propriedades. Lá nascem duas filhas; por isso, a minha futura sogra, Maria Luísa Torelly, fala o espanhol. O monumento inaugurado em 1913 na Praça da Matriz em Porto Alegre, devido às dificuldades de execução e de verbas, no final tem o projeto do escultor gaúcho Décio Villares.

Para o período de 15 de novembro de 1906 a 1910, o eleito é Afonso Pena, que continua a política de remodelação e urbanização das cidades iniciada pelos seus antecessores. Ao mesmo tempo, com financiamentos externos, amplia a rede ferroviária do Brasil, o que leva o progresso para o interior da nação. Trilhos no chão e telégrafo nos postes alavancam o Brasil. Com a morte de Afonso Pena, o vice Nilo Peçanha ocupa o cargo; ele é o primeiro afro-brasileiro a ocupar a cadeira presidencial, de 14 de junho de 1909 até 16 de dezembro de 1910. De origem humilde, filho de padeiro e com mãe vinda da roça, nascido no Rio de Janeiro em 1867, era considerado e mesmo ridicularizado como mulato nas escolas; como advogado, encontra na política o seu destino. Participa da luta contra a escravidão, é membro da Constituinte de 1890 e casa com uma mulher rica e de família tradicional, apesar da oposição familiar. Como presidente, incentiva as escolas técnicas, cria o Ministério da Agricultura do Comércio e Indústria e depois o Serviço de Proteção aos Indígenas. Sua carreira política, até perder a eleição de 1922 para Arthur Bernardes, é notável. Morre em 1924, sendo o patrono da educação técnica do Brasil.

# 17. CIÊNCIAS E ARTES NO BRASIL. DA COLÔNIA À REPÚBLICA

Antes da chegada de D. João VI ao Rio de Janeiro, em 1808, o Brasil Colônia era um deserto no campo da educação, da cultura e das ciências. Não havia faculdades, nada de escolas técnicas, os jesuítas tinham sido expulsos, as tipografias eram proibidas, jornais eram inexistentes, os teatros eram desconhecidos, ou seja, não havia nenhum traço da vida civilizada e cultural existente na Europa daqueles tempos. Como era possível pensar em ciências? Sendo precursor de novos protocolos, o regente D. João, além de abrir os portos coloniais ao comércio mundial com as nações amigas, precisa modificar a sua nova capital e retirar o Brasil do atraso centenário. Para transformar o Rio de Janeiro na sede do primeiro Império nas Américas, era preciso recuperar o tempo perdido. A vinda da biblioteca real de Lisboa e a instalação das tipografias para a publicação dos editos reais são os primeiros passos da Imprensa Régia.

Na passagem por Salvador de Todos os Santos, a fundação de Faculdade de Medicina no Terreiro do Paço constitui a primeira etapa. O que era proibido, agora será tolerado e mesmo incentivado. Indústrias exigem o seu espaço; a implantação da Casa da Pólvora é um exemplo. Com mais liberdade, fora das pressões das cortes de Lisboa, D. João VI assume decisões importantes. No Rio de Janeiro, cria a Escola do Ensino Médico, a Academia Real Militar, o Banco Público para trocar o ouro em pó por moedas, modos de coordenar e incentivar o comércio, bem como o Jardim Botânico e o Banco do Brasil para financiar as atividades comerciais e as indústrias. Como reação ao ataque de Napoleão Bonaparte, invade a Guiana Francesa, onde vai tomar posse das fazendas em que era feita a aclimatação de plantas e de especiarias vindas das Índias, oportunidade de trazer para o nordeste mudas de cana-de-açúcar caiena, com produtividade muito superior à nossa.

O projeto de D. João VI de criar nas Américas um império independente da influência britânica começa a tomar forma. A princesa Maria Leopoldina será imprescindível na política, nas artes e fundamental na

Independência do Brasil, e o mais importante, vai nos legar D. Pedro II. O último filho de D. Pedro I e de Dona Leopoldina, órfão muito cedo, recebe educação moderna ligada à literatura, às artes e ao desenvolvimento científico, o que vai modelar o seu procedimento como regente do Segundo Reinado do Brasil, a partir de 1840. Com atuação exemplar como imperador, seguindo a Constituição, D. Pedro II considera-se o servidor número um do Império. *"Furto é qualquer desvio ou pagamento indevido"* – afirmava ele, que nunca aceitou aumento dos seus subsídios, pagando boa parte das suas despesas com recursos do próprio bolso, quando viajando como Pedro de Alcântara de Bragança, e não como imperador do Brasil.

Como leitor voraz, mantinha contato com os principais escritores, com cientistas e intelectuais do seu tempo, sendo membro honorário das principais entidades científicas da época, o que lhe permitia estar a par do que ocorria no campo da ciência e das descobertas do século XIX. Numa nação de analfabetos, sabia da importância da educação, tendo criado no Rio de Janeiro uma escola padrão que levaria o seu nome. Investigador, curioso, amplia a coleção de objetos egípcios do seu pai, que no futuro será acervo de um futuro museu nacional. Ao adquirir uma câmera fotográfica de um francês perdido na cidade, torna-se o primeiro fotógrafo do Brasil. Suas fotos podem ser apreciadas no Museu de Petrópolis. Não se deve esquecer da instalação do primeiro Laboratório de Astronomia no Rio de Janeiro e do serviço postal do Império. Na sua visita à Exposição Internacional da Filadélfia, em 1876, comemorativa do primeiro Centenário da Independência Americana, o imperador D. Pedro II é a figura mais importante, sua foto ocupa as primeiras páginas, e as manchetes exaltam a sua personalidade, a sua cultura e o fato de manter a integridade territorial do maior país da América Latina.

O Brasil, sempre participante das exposições internacionais, devido à oportunidade para conhecer as novidades científicas da atualidade, agora era reconhecido pela atuação de D. Pedro II. Ao participar das experiências de Graham Bell, que apresentava na feira o protótipo do telefone, fica famoso ao verificar o sucesso do invento: *Ele fala!*. A expressão, divulgada nos jornais, proporcionou a necessária publicidade para o êxito de Graham Bell. Em breve uma central telefônica seria implantada no palácio São Cristóvão, no Rio de Janeiro, pois D. Pedro II era homem de ação.

Quando Luís Pasteur inicia pesquisas pioneiras em Paris, D. Pedro II envia subsídios para o cientista, que inicia uma carreira que vai alterar a microbiologia, com reflexos futuros no Brasil República. No início do século XX, como capital da República Federativa do Brasil, a cidade do Rio de Janeiro era um problema sanitário, pois, além da peste bubônica, avassaladora no porto de Santos, a febre amarela e a epidemia de varíola trazida pelos imigrantes, mais de 200 mil no ano de 1891, provocavam prejuízos para a economia; muitos vapores na rota para Buenos Aires evitavam a cidade maravilhosa das marchas do Carnaval.

Para corrigir o problema, o presidente Rodrigo Alves, com o engenheiro Pereira Passos, inicia o processo de remodelação urbanista. Necessitando de um médico sanitarista, procura o Instituto Pasteur em Paris, onde o diretor Émile Roux indica como solução o jovem médico que acabara de concluir com brilhantismo o seu estágio. Oswaldo Cruz, formado na Faculdade de Medicina do Rio de Janeiro, segue a carreira do pai. Nascido na província de São Paulo em 1872, o jovem se muda com a família para o Rio de Janeiro em 1877, onde vai se formar em medicina nas áreas do saneamento no ano de 1892. Antes da diplomação, Oswaldo Cruz já publicara dois artigos médicos e montara no porão da casa um pequeno laboratório de pesquisas. Depois de formado, casado, assume a direção de um laboratório de exames, para, em 1897, graças ao apoio do sogro, entrar no Instituto Pasteur, onde se gradua em microbiologia, soroterapia e imunologia. No retorno ao Brasil, seu primeiro desafio é o de acabar com os focos dos ratos e da peste bubônica no porto de Santos, onde cria brigadas para a caça dos roedores. Mais tarde, com o prestígio obtido, fica responsável pela remodelação e ampliação total do Instituto de Manguinhos, cuja arquitetura moura do prédio é o destaque.

Em 1904, ao assumir a tarefa de eliminar a febre amarela, por insistência do presidente Rodrigues Alves, Oswaldo Cruz, ao contrário das vozes de muitos especialistas, sabe que o inimigo é o mosquito, que precisa eliminar. Estabelece um plano para notificação compulsória dos casos e para o isolamento dos enfermos e, com brigada sanitária, invade as casas e barracos para eliminar os focos tanto de mosquitos quanto de ratos, evitando o ressurgimento de antigos e novos surtos. Sua política de pagar pecúnia por cada rato capturado pelo populacho entra no folclore e na história da cidade. Em novembro de 1904, ao tentar implantar o sistema de vacina obrigatória contra a varíola, a reação popular, incentivada por políticos e pelas notícias dos jornais, resulta em revolta popular. Rui Barbosa, com discursos inflamados, provoca uma rebelião militar, o que exige do governo o uso do exército para restabelecer a ordem e a anulação da lei da obrigatoriedade da vacinação. Só em 1907 a febre amarela será considerada extinta no Rio de Janeiro, e o aparecimento de novos casos de varíola convence a população da necessidade do uso da vacina.

Preocupado com recursos humanos, Oswaldo Cruz procura formar técnicos em saneamento sem dispensar o apoio de outros médicos, como Vital Brasil, Adolpho Lutz e Carlos Chagas. Em 1901, participa da fundação do instituto Butantã, no qual soros contra ofídios são produzidos. Participa de campanha contra a malária durante a construção da estrada de ferro Madeira-Mamoré e da campanha para erradicar a febre amarela no Pará. Viajando pelo Brasil, estabelece um código sanitário aplicado em mais de 30 portos, tanto marítimos como fluviais, trabalho que, em 1907, em Berlim, é reconhecido por medalha de ouro na Conferência Internacional de Saneamento. Oswaldo Cruz incentiva seus companheiros no uso de fotos e de filmes durante os trabalhos de campo, técnica empregada por Carlos Chagas ao descobrir a doença causada por um protozoário que infestava o inseto denominado barbeiro. Mesmo após a sua morte prematura, o seu exemplo continua. Nas pesquisas para a obtenção da vacina contra a febre amarela, as de Henrique Penna são importantes.

Em 1936/37, Max Theiler, sul-africano nos Estados Unidos, com o apoio da Fundação Rockefeller, chega ao sucesso. Ao receber o Prêmio Nobel em 1951, no seu discurso, Max Theiler cita por três vezes o nome de Henrique Penna, outro brasileiro pioneiro nas pesquisas, talvez o verdadeiro precursor pelos trabalhos publicados e o merecedor do Nobel troféu. A instituição criada por Oswaldo Cruz cresce em tamanho e importância, aglutinando cientistas, pesquisadores e médicos em uma área cada vez mais importante para o mundo. Em 1940, com recursos da Fundação Rockefeller, novas instalações e laboratórios vão permitir a produção e o aperfeiçoamento no Brasil de vacinas contra a febre amarela. Mesmo alterando a denominação para Fundação Oswaldo Cruz, ou Fiocruz, o trabalho prossegue. A produção de vacinas alcança renome internacional, tanto pela quantidade como pela qualidade, o que permite montar no Brasil uma rede de distribuição e de vacinação ímpar no mundo. No século XXI, outro desafio é lançado para vencer a nova cepa de vírus da família dos coronavírus.

Agora, a rede mundial de comunicações permite a troca instantânea de informações e de dados entre os cientistas, oportunidade para o Brasil recuperar tempo perdido. Precisamos produzir a matéria-prima essencial ao desenvolvimento das atuais e das novas vacinas, para não depender da boa vontade ou dos interesses maiores de nações rivais ou ideologicamente concorrentes. As lições de Oswaldo Cruz permanecem. Ainda mais que, com a superpopulação, mais de 8 bilhões de humanos, as aglomerações aumentam, as migrações não param de crescer e novos vírus sempre serão manchetes dos jornais. Para o ano de 2022, após a ampliação das instalações da Fiocruz e os acordos com uma farmacêutica inglesa, além de produzir o insumo básico para a vacina contra o coronavírus, estaremos fabricando com tecnologia nacional as vacinas que antes importávamos, bem como ampliaremos nossa capacidade de produzir vacinas específicas para as cepas que todos os anos vão aparecer, de modo endêmico, no Brasil. Outro evento para comemorar no ano do nosso bicentenário da Independência, ao passar para o seleto grupo de exportadores de vacinas para o mundo, talvez seja hora para recordar a visão científica de D. Pedro II, nosso iluminado imperador, que governou o Brasil por quase 50 anos.

# 18. MARECHAL HERMES DA FONSECA

Na disputa eleitoral de 1910, o marechal Hermes da Fonseca, sobrinho de Deodoro da Fonseca, gaúcho nascido em São Gabriel em 1855, vence Rui Barbosa, representante da área legalista, em 15 de novembro de 1910. Desde o início, ele sempre aparece fardado com suas medalhas e a espada protocolar segura nas mãos. Ele mesmo afirma que ela será a sua arma e linguagem durante o exercício da Presidência. De fato, durante 4 anos, o Brasil vai conviver com estados de sítio constantes. Logo na primeira semana, ele enfrenta a denominada Revolta da Chibata, comandada pelo marinheiro João Cândido, um gaúcho de Encruzilhada do Sul, num movimento que era latente durante os últimos anos. As queixas e os resmungos silenciosos eram contra o excesso das chibatadas aplicadas mesmo para pequenos delitos. A lei a bordo seguia antigas regras usadas para manter a ordem e o poder supremo do comandante, dono todo-poderoso do que ocorria a bordo e da vida dos subalternos.

Outro problema era o fato de que as funções a bordo, em sua maioria, eram ocupadas por antigos escravos, por negros livres e por mulatos, enquanto os oficiais, todos brancos e da alta sociedade, tinham tratamento distinto, com diferente alimentação e melhor acolhida a bordo, sendo os responsáveis pela navegação da belonave. Essa discrepância, pouco a pouco, criava hostilidade crescente. A Ordem do Dia declarava a punição de um marujo com um número de chibatadas capazes de matar o réu. Era a faísca que faltava. Como um almirante negro, José Cândido assume o comando da revolta, que logo alcança os encouraçados São Paulo, o Minas Gerais e o Deodoro, bem como o cruzador Bahia. Enlouquecidos, armados de machadinhas e de facas, os oficiais a bordo são massacrados, bem como aqueles que chegam tentando implantar a disciplina. José Cândido assume o controle total, pois conhece as regras para movimentar a sua frota mesmo sem nenhum oficial vivo a bordo. Ele comanda a Marinha mais poderosa da América Latina; os canhões das suas naves podem aniquilar a cidade do Rio de Janeiro, enquanto navega por 5 dias pela Baía de Guanabara. Mas João Cândido não sabe o que fazer com o seu poder; a passagem da barra seria difícil, e depois para onde rumar? Negociações são estabelecidas: a regra da chibata será extinta, as prisões em solitárias serão eliminadas e, no final, será acordado perdão para todos, o que vai encerrar o movimento. No entanto, os cabeças do movimento, inicialmente presos, são expulsos da Marinha. João Cândido retorna para o Rio Grande, mas não tem oportunidades, pois está marcado, no retorno para o Rio de Janeiro. Abandonado e na miséria, falece e é enterrado com 89 anos como ilustre desconhecido. Só mais tarde a sua atuação será revisada. Será um novo herói?

Em 1912, nas fronteiras oestes de Santa Catarina e do Paraná, em áreas devolutas não bem definidas, onde o comércio da erva-mate era a base da economia, um movimento de posseiros contra latifundiários eclode. A chamada Guerra do Contestado dura até 1916. Tudo começa quando é concluída a construção da ferrovia que vai até o Rio Grande do Sul, e milhares de operários ficaram ociosos. Surge um conflito social, dando origem à formação de diversas comunidades, em que líderes messiânicos, como o monge José Maria, se aproveitam da religiosidade dos sertanejos e do caos implantado para inflamar as massas. Um novo Canudos pode surgir no Sul? Tropas são enviadas para restabelecer a ordem, mas são derrotadas pelos rebeldes, os chamados peludos, pessoas acostumadas a combater naqueles ermos de pinheiros e ervateiras. Só após várias escaramuças e batalhas, com elevadas despesas, o Exército, com artilharia pesada, consegue acabar com os conflitos, e a área será partilhada entre os dois estados envolvidos.

A extração da seiva e a confecção da borracha, uma das riquezas do Brasil, a partir de 1906 começa a decair, pois a produção bem mais barata das plantações modernas das seringueiras implantadas na Malásia pelos ingleses altera o mercado mundial. Com sementes contrabandeadas, no Jardim Botânico de Cingapura, mudas adaptadas estão prontas para a implantação de florestas uniformes; as árvores alinhadas permitem uma produção mais fácil e com menores custos. A região amazônica entra em total decadência, deixando milhares de seringueiros desamparados. O fausto de Manaus agora é passado. Mais um problema para os futuros governos do Brasil.

Em 10 de fevereiro de 1912, o falecimento de José Maria da Silva Paranhos Júnior consterna o Brasil. As manchetes e as reportagens prestam homenagem ao barão do Rio Branco, título conferido pela princesa Isabel ao diplomata que expandira as fronteiras da nação. Um capítulo separado para dimensionar a grandeza desse brasileiro está sendo preparado.

Outra manchete que provoca comentários é a colisão do navio mais moderno e luxuoso do mundo, algo que nem Deus afundava, com um *iceberg* no Atlântico Norte. O Titanic, na sua viagem inaugural, com dezenas de milionários e figuras da alta sociedade a bordo, em alta velocidade para quebrar o recorde da travessia da Europa a Nova Iorque, afundara em uma noite escura com águas geladas na madrugada de 15 de abril de 1912. Aos poucos, o telégrafo trazia mais detalhes; palpites e discussões entre os curiosos leitores eram controversos, ainda mais que o número de vítimas era desconhecido e os possíveis erros do capitão estavam sendo analisados pelos especialistas e amadores do momento. A tragédia mantém a venda dos jornais, à medida que esparsos comentários relatam o nome dos resgatados e dos mortos recolhidos; inclusive desenhos tentam mostrar como o Titanic, partido em dois, afundava, ainda com muitas pessoas pressa em uma armadilha mortal que descia para mais de 3 mil metros de profundidade. Uma das perguntas era se o Titanic levava algum brasileiro. Uma carta recebida pela família Tajo, portada em Cherbourg, porto de escala na França, antes de iniciar a travessia, além dos relatos da primeira noite, das refeições, das orquestras e mesmo do casino, confirma a presença do prócer Rogério Tajo no Titanic, nome que não aparece na lista dos sobreviventes nem entre a dos mortos resgatados. Ele como o comandante ficam a bordo.

O governo de Hermes da Fonseca reflete a sua formação militar. Foi aluno de Benjamim Constant e ajudante de ordem do marechal Deodoro da Fonseca durante o seu governo provisório. Hermes da Fonseca intervém nos estados em que encontra oposição, declarando estado de sítio quando necessário. Vivemos no Estado da Espada.

Em 1913, Hermes da Fonseca, viúvo, casa-se com Nair de Tefé, destaque na sociedade pelas pinturas, como cantora, como atriz e pianista e ainda famosa pelas caricaturas publicadas em revistas e jornais; ela tem 27 anos e mostra uma beleza sem igual. Nas fotos oficiais, ele, de farda, com suas medalhas e espada, exibe a beleza da esposa. No dia 24 de junho de 1914, em Sarajevo, um lugar perdido da Bósnia-Herzegovina, local de difícil localização nos mapas, um atentado contra o arquiduque Franz Ferdinand e sua esposa, Sofia, vai convulsionar o mundo, iniciando a Grande Guerra Mundial. O evento ocupa as manchetes dos jornais, enquanto as chancelarias de muitos governos tentam encontrar razões e soluções. Num desfile pela cidade, fugindo de um ataque terrorista com explosivos, na esquina da Ponte Latina, o carro aberto que conduzia o casal imperial entra numa rua bloqueada. Ao manobrar para retornar à avenida principal junto ao Rio Miljacka, o veículo em marcha lenta fica perto do sérvio Gavrilo Princip, um dos membros terroristas que se extraviara do grupo principal. Era o momento aguardado. Com uma pistola, mesmo com pouco treinamento, ele não pode errar, os alvos estão a alguns metros. Dois tiros. O primeiro atravessa a lataria e atinge mortalmente Sofia, que estava sentada; o segundo vai atingir o pescoço do arquiduque, que, de pé tem, a traqueia destroçada. O assaltante não dispõe de tempo para se suicidar, pois é detido antes do terceiro tiro. O acaso provoca a morte do herdeiro da Casa da Áustria e da sua esposa. A Europa fica consternada. Viena exige explicações de Belgrado, pois as primeiras investigações chegam à sociedade secreta da Sérvia, que financiou o atentado.

Com delongas e desculpas esfarrapadas, a Sérvia nada conclui nem resolve. O exército austríaco, já mobilizado, invade a Sérvia. Devido aos múltiplos acordos existentes, como num dominó, as nações vão se posicionar em dois blocos. Por causa de dois tiros, milhões de soldados vão perecer nas lutas das trincheiras. No início, o Brasil assume neutralidade. No entanto, a economia sofre um duro golpe. Além da queda no preço do café, devido à guerra, não há navios suficientes para que as exportações brasileiras alcancem os seus mercados. As embarcações são desviadas para rotas em que a prioridade é de suprir os exércitos envolvidos, condições que afetam toda a nossa economia e aumentam o déficit público.

Venceslau Brás, advogado mineiro, é eleito para o exercício de 1914 a 1918 com planos para enfrentar a complicada situação do Brasil. Apenas em 1917, com o torpedeamento de navios brasileiros por submarinos alemães, o Brasil rompe relações com a Alemanha, confiscando as naves tedescas surtas em portos brasileiros. No entanto, não envia tropas para combater na Europa; apenas um corpo médico é deslocado para trabalhar nos hospitais franceses. Nossa armada quase obsoleta não dispõe de condições para defender a costa brasileira.

Para o período de 1918 a 1922, Epitácio Pessoa é o novo presidente. Diplomata e magistrado mineiro, vai enfrentar sérios distúrbios militares, eventos que prenunciam a Revolução de 1930, quando acaba a Velha República.

# 19. CENTENÁRIO DA INDEPENDÊNCIA. EVENTOS EM 1922

Desde a injusta deportação da família imperial em 1889, com ordens de zarpar para Lisboa em menos de 24 horas, sem possibilidades de retornar ao Brasil, D. Pedro II, ao aceitar a humilhação, nunca negou a sua vontade de ser enterrado em solo pátrio. Morre em Paris, em 1891, durante o inverno, por pneumonia, alojado em um hotel barato, esquecido pelo governo e pelas autoridades, com nenhuma notícia nos jornais oficiais. Silêncio total. No entanto, em Paris, o seu cortejo fúnebre honrou o maior estadista que o Brasil já teve, com divulgação proibida no Brasil.

Nas preparações para comemorar o Centenário da Independência, primeiro, era necessário revogar o infame decreto, depois, contatos com a princesa Isabel para a remoção dos despojos eram importantes para a viabilização do projeto. Com honras, pompas e muita multidão nas ruas, os esquifes do casal imperial foram levados de Lisboa ao encouraçado São Paulo, nave que tinha a missão de trazer os despojos para o Rio de Janeiro. Notícias e manchetes expressam desculpas para o malfeito. Enquanto o mausoléu em Petrópolis não fica pronto, os esquifes, com todas as homenagens, ficam na antiga capela imperial, atual Catedral Municipal.

Funérailles de l'empereur du Brésil.

Epitácio Pessoa foi o presidente eleito para o período tampão, pois o presidente Delfim Moreira, do Partido Republicano Mineiro (PRM), que vencera a eleição em 15 de novembro de 1918, depois de afastado por doença, falece pela gripe espanhola em 1919; seu vice, Rodrigues Alves, permanece poucos meses no cargo, até a nova eleição, que ocorre em 1.º de março de 1919, e até a posse de um novo presidente. Como paraibano, neutro para a política do café com leite, Epitácio Pessoa é o escolhido em 28 de julho de 1919, mesmo estando em Paris. No entanto, para o exercício de 1924 a 1928, mantendo o acordo café com leite, o paulista Artur Bernardes será o novo presidente. Epitácio Pessoa amplia os investimentos para celebrar o Centenário da Independência. A primeira Exposição Internacional no Brasil exige a remoção do Morro do Castelo, lugar onde ocorreu a fundação do núcleo histórico da cidade e Estácio de Sé, depois de vencer os franceses da França Antártica, ferido de morte por uma seta envenenada, foi enterrado. Igrejas históricas e um amontoado de ruelas com habitações insalubres precisam ser removidas. O aterro vai para a Baía de Guanabara. O espaço, urbanizado, serve para a edificação da exposição. Por sinal, em 1862, sessenta anos passados, a Exposição de Londres apresenta, com financiamentos de D. Pedro II, a importância do Império do Brasil. O imperador conhecia a importância da propaganda.

O movimento de rebeldia contra o sistema eleitoral brasileiro, conhecido como Os 18 do Forte, dá início ao chamado tenentismo. Gestado nas guarnições da Praia Vermelha, da Escola Militar, apenas 17 soldados e um civil, vindos do Forte de Copacabana, em 5/6 de julho de 1922, vão enfrentar as tropas regulares do governo em ação suicida. Semelhante à Questão Militar ao tempo do Império, havia dissenções entre oficiais e civis investidos em Ministérios Militares, além de a reformulação do Exército deixar muitos tenentes descontentes por soldos e promoções retardadas. Depois, acusações a Arthur Bernardes, que fora eleito dentro de regras viciadas, aumentam a reação à posse dele como presidente em 15 de novembro de 1922, havendo denúncias e acusações violentas entre as partes na imprensa. Apesar de ser um movimento nacional, apenas uma guarnição com poucos elementos sai às ruas. Siqueira Campos e Eduardo Gomes, nomes que mais tarde farão história, lideravam os rebeldes e, apesar de feridos gravemente, foram os dois únicos sobreviventes. Um balaço nos pulmões pela hemorragia mata o civil.

Quanto ao único civil, um desconhecido para muitos, para um historiador amigo escritor com anos na Globo, ele era um fazendeiro abonado do Rio Grande do Sul que retornara de Paris, cidade onde em noitadas fizera fama por dançar tango, cantar e seduzir mulheres. Também participara de filme como galã. No Rio de Janeiro, depois de passar a noite em um clube, onde conhece os tenentes, no impulso entra no grupo e com mosquetão de desertor fica na linha de frente, de terno, gravata e de chapéu; sendo alto, é alvo fácil para centenas de oponentes do governo que dizimam o grupo. Outra versão é que dormira durante a confusão no quartel, razão para entrar no movimento por amizades. A foto anexa dá destaque ao incógnito herói na revolta no dia de sangue.

Mas o ano de 1922 também é pródigo em acontecimentos relevantes: nasce em Portugal José Saramago, na pobre cidade de Azinhaga. O futuro Prêmio Nobel de Literatura, em 1998, terá diversas divergências em Lisboa, principalmente com líderes católicos, sendo obrigado a exílio voluntário. Seu livro *O evangelho segundo Jesus Cristo*, de 1991, é a gota d'água. Depois de um romance inicial em 1947, só em 1977 publica *Manual de pintura e caligrafia*. Foram 30 anos de estudos, de aulas e de traduções até iniciar sua carreira literária, em que publica cerca de 40 romances, além de *Cadernos de Lanzarote*, livros infantis, ensaios e obras póstumas, realizadas com material e cartas que nos legou. Desde o início, nunca negou a sua simpatia pelo marxismo militante, o que se percebe nos seus escritos. Na Casa dos Bicos, em Lisboa, prédio histórico construído sobre restos da antiga muralha defensiva do porto, após a restauração, a Fundação José Saramago mostra o acervo do escritor. Na frente da Casa dos Bicos, como símbolo da sua reconciliação, uma oliveira trazida da sua terra tem as cinzas de José Saramago colocadas nas suas raízes.

Para comemorar o Centenário da Independência, Gago Coutinho e Sacadura Cabral, dois aviadores portugueses, num avião anfíbio realizam a primeira travessia aérea do Atlântico Sul. Saindo de Lisboa, com pouco apoio logístico de terra, em avião sem nenhuma proteção ou *cockpit*, em etapas, vencendo obstáculos, ponto a ponto, ilha a ilha, completam a missão, chegando ao Rio de Janeiro. Como geógrafo, Gago Coutinho utiliza um moderno indicador de rotas por ele construído; razão do sucesso.

Não devemos esquecer do feito de Fernão de Magallanes que, sob a bandeira espanhola, vai realizar a primeira circum-navegação do mundo, o que altera os mapas náuticos, desacredita antigos filósofos e modifica o comércio mundial em 1522. Quinhentos anos depois, vamos aplaudir a epopeia desse desbravador de oceanos desconhecidos, que morre nas ilhas Filipinas no meio do caminho após ultrapassar o desconhecido Oceano Pacífico.

Durante a Exposição Internacional, Epitácio Pessoa inaugura a primeira transmissão oficial de rádio no Brasil. O grupo Roquete Pinto é um dos pioneiros na introdução de um moderno modo de comunicação que altera hábitos e diminui distâncias, aproximando pessoas; agora, cantores com seus discos têm o seu clube de admiradores fanáticos. No futuro, a Rádio Nacional, com seu programa "Balança, mas não cai", toma conta das noites. O repórter Esso e as transmissões de futebol fazem parte da rotina dos brasileiros.

Outro acontecimento, na área artística, vai revolucionar o Brasil. Movimento mundial que começa depois do final da Grande Guerra Mundial, quando num grito contra os horrores ultrapassados, uma febre de alegria, de músicas e de bebidas por toda parte atrai os jovens, os intelectuais, os escritores e os novos ricos, rompendo fronteiras e protocolos. Paris e Berlim fazem a festa. Tanger, na África, Macau, na Ásia, Sofia, nos Balcãs, e Xangai, na China, têm noites iluminadas nos seus cabarés e cassinos. Loucura total.

A Semana de Arte Moderna, em São Paulo, programada para o Teatro Municipal de São Paulo de 11 a 18 de fevereiro de 1922, provoca mais vaias do que aplausos, mas, apesar de durar apenas 3 dias, abre espaços para críticas e depois para novas ideias e conceitos. Tarsila de Amaral, Anita Malfatti e Antônio Gomide com seus quadros mostram outra visão na pintura. Na abertura solene, Villa Lobos traz novas melodias nas suas notas. O modernismo é apresentado por *Macunaíma*, de Mario de Andrade, na literatura. Nomes como Osvaldo de Almeida, Graça Aranha, Brecheret e Di Cavalcanti surgem nos apoios e nas discussões. Mais tarde, no Rio Grande do Sul, Dyonélio Machado, com *Os ratos*, e Erico Verissimo como editor da Globo, são pioneiros nas modificações.

# 20. ARTUR BERNARDES NA PRESIDÊNCIA. CONFLITOS MILITARES. 1922/26

Mesmo eleito para tomar posse em 15 de novembro de 1922, sucedendo a Epitácio Pessoa, dentro do protocolo político estabelecido entre as oligarquias de Minas e de São Paulo, com meses de antecedência da investidura, o mineiro Artur Bernardes já enfrenta severa oposição bem antes da posse, principalmente de militares com poucas estrelas na túnica, da classe média, da pequena burguesia e de políticos das oposições. Aproveitando as críticas às reformas introduzidas no Exército pelo ministro da Guerra, Pandiá Calógeras, ainda por ser um civil e alegando desvantagens não sanadas nos soldos, nas promoções e no descaso dos civis contra capitães e tenentes, logo os jornais estampam críticas ao governo pela classe militar e também falam das eleições fraudulentas, sempre com cartas marcadas nas mangas. Com apoio do Clube Militar, sob direção do marechal Hermes da Fonseca, uma conspiração em plano nacional é tramada, principalmente com unidades do Rio de Janeiro. A conspiração é preparada para deslanchar no início do mês de julho, mas indecisões, deserções de última hora e falta de coordenação e comando reduzem o poder dos rebeldes, o que permite às tropas do governo e aos seus oficiais prenderem com antecedência os cabeças da conjura.

Na data aprazada, apenas a Fortaleza de Copacabana com suas unidades se faz presente, trocando tiros com os demais baluartes que protegem a entrada da Baía de Guanabara e dirigindo os seus canhões para bombardear o Rio de Janeiro e os prédios militares. Siqueira Campos era o oficial de artilharia. Aguardando a chegada de reforços, muitos ficam pelo caminho, como a escola dos oficiais, onde os cadetes são presos e desarmados antes de engrossarem as filas rebeldes. No dia 5 de julho, no aguardo de notícias de vitórias no Forte de Copacabana, cerca de 200 soldados e oficiais estavam disponíveis para a defesa da fortaleza e para atacar o Palácio do Catete. Cerca de 60 combatentes, comandados por Siqueira Campos e Eduardo Gomes, seguem para a luta, mas, no caminho, uma parte deserta, restando os 18 heróis que enfrentam a morte. Apenas os dois chefes, mesmo feridos com gravidade, sobrevivem. Quanto ao civil com terno, gravata e chapéu, foi mais tarde identificado como Otávio Correa, um rico fazendeiro gaúcho que era conhecido dos líderes. O mistério era o que um civil fazia na linha de frente do pelotão. Pela roupa e altura, era o alvo perfeito. Um balaço nos pulmões pela hemorragia liquida o civil.

Artur Bernardes ainda participa da Exposição Internacional, em que apenas o Palácio Monroe será preservado, e da demolição do Morro do Castelo ainda com obras, pois o volume de terra a transportar exige a construção de uma ferrovia para a posterior urbanização, com abertura de ruas e de avenidas na nova Cidade Maravilhosa. A travessia do Atlântico Sul por Gago Coutinho e Sacadura Cabral num monomotor anfíbio ainda é razão de especulações, principalmente pelas dificuldades da orientação para encontrar uma ilha numa imensidão de mar azul. Depois, o ato de decolar da água e a amerissagem exigem perícia do piloto e motor de grande potência. Questionado, Gago Coutinho, que além de piloto era geógrafo e navegador, explica que desenvolvera um novo modelo de orientação transoceânica, com aparelho por ele mesmo construído, o que foi decisivo na travessia, algo semelhante ao feito por Pedro Alvares Cabral com naus e caravelas, o meio moderno de navegação no início do século XVI.

Artur Bernardes não tem descanso, pois, em 1923, outra revolta estala no Rio Grande do Sul. Borges de Medeiros, que sucedera o seu professor de ditadura, Júlio de Castilhos, em 1898, por meio de governo forte e de Constituição Positivista favorável, é reeleito para vários períodos como presidente do estado. Todos os métodos são permitidos para chegar à vitória:

AS VEIAS ABERTAS QUE SANGRAM O BRASIL

violências, compra de votos, adulteração de boletins, algo que o deixa no poder até 1923. No entanto, para a próxima eleição, período de 1923/28, todos os seus inimigos se unem numa coalizão inesperada e devem vencer o pleito. Ao receber o resultado, que seria desfavorável, antes de qualquer informação da junta eleitoral, ele questiona: "Vocês vieram comunicar a minha vitória?". A junta eleitoral, incluindo Getúlio Vargas, sem responder, é obrigada a alterar os boletins. A decisão não é aceita pela oposição, pelos correligionários de Joaquim Assis Brasil, chefe dos maragatos, que usam lenço colorado no pescoço, enquanto os chimangos de Borges de Medeiros usam lenço branco. Político calejado, diplomata que trabalhou com o barão do Mauá no tratado com a Bolívia para anexar o Acre, Assis Brasil vai organizar a luta armada, pois Borges de Medeiros e seus colaboradores tudo faziam para manter o poder a cada 5 anos. No período de 1908 a 1913, mesmo fora da Presidência, Borges de Medeiros elege o seu candidato pelo Partido Republicano Rio-grandense (PRR).

Fanático pelas teorias de Comte, seguindo a ditadura científica e a Constituição criada por Júlio de Castilhos, que morre em 1903, Borges de Medeiros, para endeusar seu professor, inicia uma campanha para construir um monumento para o Paladino do Rio Grande, decisões contestadas pela oposição. Iniciada a construção do memorial, agora seguindo os desenhos do escultor gaúcho Décio Villares, a obra será inaugurada em 1913. Muitos jornalistas que se opuseram à construção do monumento foram obrigados a fugir para o exterior, incluindo o avô da minha esposa.

Ramiro Barcelos, médico, jornalista e político, é um dos opositores. O seu livro *Antônio chimango*, escrito sob o pseudônimo de Amaro Juvenal, satiriza Borges de Medeiros, associado à ave de rapina de pequeno porte e bico curvo, dizendo: "Não gaste pólvora em chimango".

Na parte econômica, além de investir na construção do Palácio Piratini, inaugurado em 1921, Borges de Medeiros efetua várias encampações, começando pelo porto de Rio Grande. Com os reflexos financeiros após o término da Guerra Mundial, a liquidez dos bancos diminui, o que dificulta os empréstimos aos fazendeiros e aos pecuaristas; muitos ficam insolventes, o que coloca mais lenha nas batalhas políticas.

Como Borges de Medeiros apoiara Nilo Peçanha nas eleições contra Artur Bernardes, Assis Brasil esperava suporte em armas, em homens e mesmo intervenção do presidente no conflito. No entanto, Borges de Medeiros, velha raposa política, consegue a neutralidade de Artur Bernardes. Sem o apoio federal, dispondo de poucas armas, de munições e de soldados, a revolta não podia derrubar a ditadura de Borges. Como tática, os maragatos utilizam ataques esporádicos para posteriores retiradas, pois Borges de Medeiros conta com cinco corpos da Brigada Militar e com os meios de transporte e de comunicação, o que dificulta manter qualquer vila ou cidade ocupada pelos maragatos. Honório Lemos e Zeca Neto, com 72 anos, estão à frente dos lenços colorados, enquanto Flores da Cunha, Oswaldo Aranha e mesmo Getúlio Vargas se destacam na atuação da Brigada Militar.

Sem possibilidade de vencer Borges de Medeiros, com mediação do general Setembrino de Carvalho, preposto de Artur Bernardes, o Tratado de Paz proposto em Pedras Altas, no Castelo de Assis Brasil, é aceito. Borges de Medeiros fica até 1928 na presidência do estado, e a Constituição Gaúcha agora proíbe a reeleição. Em 300 dias de luta, mais de mil vítimas entram nas estatísticas. O principal é que esse movimento encerra as lutas entre coronéis, que vinham desde 1835. Recorde que, desde 1893, cicatrizes ainda estão abertas no Rio Grande do Sul. Ataques aos periódicos contrários, bem como atentados aos adversários políticos, são manchetes nos jornais. Pinheiro Machado, gaúcho considerado o dono do Senado, é assassinado em 1915. Suas palavras ao seu motorista entram nas lendas: "Não tão depressa que pareça uma fuga nem tão devagar que pareça provocação".

Mal resolvido o problema no sul, Artur Bernardes enfrenta outra rebelião tenentista em 1924, pois o general Isidoro ataca de surpresa, bombardeia e toma a cidade de São Paulo. Com o apoio do telégrafo, a reação do governo é rápida: tropas legais são deslocadas de modo acelerado, pois o sistema ferroviário funciona. Como disse um general governista: "Vocês rebeldes podem iniciar uma revolta, enquanto nós temos o dever de debelá-la 24 horas depois".

O movimento dura apenas 23 dias, pois a superioridade das forças legais é esmagadora. Os sobreviventes se espalham e marcham para o Rio Grande do Sul, onde outro levante, para 1925, está em gestação.

# 21. WASHINGTON LUÍS. 1926/1930. COLUNA MIGUEL COSTA/ LUÍS CARLOS PRESTES. REVOLUÇÃO DE 30

Ao assumir a Presidência em 15 de novembro de 1926, apesar de ter nascido no Rio de Janeiro e de ter estudado no Colégio D. Pedro II, escola de elite fundada pelo nosso imperador, São Paulo é o palco onde Washington Luís desenvolve sua carreira política. Advogado, historiador e político, como presidente do Estado de São Paulo, desenvolve administração pioneira para a época. Moderniza a Polícia Militar de São Paulo, cria feiras municipais de alimentos e altera as regras de nomeação de funcionários públicos, colocando funcionários de carreira, em vez do apadrinhamento político usual. Apoia as ciências e a cultura, oferecendo o Teatro Municipal para a realização da Semana de Arte Moderna de 1922. Como gestor, concentra sua atuação na construção de estradas, recebendo a alcunha de estradeiro por afirmar: "As estradas aproximam os centros produtores dos centros consumidores, valorizam as terras atravessadas e reduzem o custo dos alimentos e dos produtos, facilitando a comunicação entre municípios e estados".

Como décimo terceiro presidente do Brasil, Washington Luís recebe do seu antecessor, Artur Bernardes, em função das crises do café, dos depósitos e armazéns construídos para controlar o valor da nossa rubiácea e do custo associado aos conflitos militares debelados, um déficit fiscal que é um pesadelo. A criação do Imposto de Renda Federal em 1922 ainda dá resultados incipientes. Outro conflito, como usual no Rio Grande, é mais um movimento tenentista que parte de Alegrete, passa por Santo Ângelo e depois vai como uma cobra atravessar em 25 mil quilômetros todo o interior do Brasil. Em duas colunas, inicialmente com cerca de 1.500 rebeldes, em que se destacam veteranos em revoltas, como Miguel Costa, Siqueira Campos e Juarez Távora, que perdera o irmão Joaquim no ataque a São Paulo em 1924, além de João Alberto, de Cordeiro de Farias e Luís Carlos

Prestes, um engenheiro militar civil teórico sem nenhuma experiência de comando ou combate, mas que tem a patente de capitão, a mais alta do grupo. Iniciada em outubro de 1924, com Prestes no comando, o movimento fica inerte por falta de munição, para depois, em junho de 1925, deslocar-se para Foz do Iguaçu, onde se une à coluna de Miguel Costa, formando uma brigada com 1.500 homens. A missão era conscientizar os habitantes do interior dos graves problemas que assolam o Brasil, começando com a deposição de Artur Bernardes. Na pauta, era necessário fazer uma reforma política, acabando com o voto a cabresto e introduzindo o voto secreto, depois criar a educação básica gratuita para todos os cidadãos e reduzir a desigualdade social.

Miguel Alberto da Costa, nascido em Buenos Aires, de pais da Catalunha, inicia sua carreira militar na Força Pública de São Paulo, sendo ativo na preparação da Rebelião de 1924. Com a derrota do general Isidoro, desloca-se para Foz do Iguaçu, onde se une à coluna de Prestes vinda do sul. Com dificuldade de apoio, sempre sendo perseguidos, a necessidade de obter cavalos e alimentos obriga o bando a saquear armazéns e fazendas, o que provoca reações contrárias, pois agora não passam de bandoleiros. Ao final, em 1927, exaustos, vitimados pelo cólera, os sobreviventes se internam na Bolívia. Depois de outro fracasso, Miguel Costa vai estar na linha de frente da Revolução de 1930, de Getúlio Vargas, dessa vez para vencer.

Luís Carlos Prestes, nascido em Porto Alegre em 1898, da Escola Militar sai formado engenheiro civil militar com láureas. No episódio do Rio de Janeiro de 1922, apesar de apoiar os revoltosos dos 18 do Forte, sem entrar na luta, como castigo é enviado para Santo Ângelo, no Rio Grande do Sul, onde começa a conspirar para dar início a outra frente contra Artur Bernardes. Depois de mais de 2 anos de escaramuças, de retiradas e deslocamentos, sua coluna fica dizimada, e Prestes é forçado a se exilar na Bolívia em 1927, indo depois para a Argentina, onde se encontra com dirigentes dos partidos comunistas da América Latina. Convidado para participar da Revolução de 1930, recusa o convite de Getúlio Vargas, indo para a União Soviética em 1931. Só retorna em 1935 para o Brasil, acompanhado por Olga Benário, sua companheira e agente bolchevique. Missão: fundar o Partido Comunista Brasileiro (PCB) e tomar o poder, depondo Getúlio Vargas.

Joaquim Assis Brasil, que além de político e diplomata, como pecuarista introduz nas suas fazendas várias novidades quanto à melhoria dos rebanhos gaúchos, após a paz de Pedras Altas de 1923, numa visão pioneira, funda o Partido Republicano Democrata (PRD) e introduz o conceito e a filosofia de democracia liberal, algo que altera os discursos e os lemas políticos daqueles anos, apesar das tiranias e rebeliões em gestação.

Washington Luís não enfrenta as rebeliões que mantinham Artur Bernardes em estado de sítio permanente e desenvolve um moderno modelo de gestão, tendo por lema: "Governar é abrir estradas". No Rio de Janeiro, nas novas avenidas, no carnaval de 1927 e no de 1928, os desfiles em carros alegóricos abertos trazem jovens dos clubes e da alta sociedade que desfilam com fantasias, quando o pó de arroz, os confetes e o lança-perfume, entre pierrôs e colombina, acrescentam cores e aromas, enquanto as modinhas e as antigas marchinhas carnavalescas, muitas criadas por Chiquinha Gonzaga, saem de gargantas desafinadas, mas entusiasmadas. Herança portuguesa, a tradição *carnis levare* da época medieval sofre modificações no Brasil, e o intruso, com o lançamento de água e de farinha nos passantes das ruas, agora é a nova brincadeira.

*Ó, abre alas, que eu quero passar! Eu sou da Lira, não posso negar!*

Como dirigente moderno e pacificador, é contra prisões políticas e aceita, às vezes, a liberdade de imprensa. Dizia: "Não prender sem processo!".

Devido à crise financeira causada pela queda dos preços do café e do açúcar, o que debilita o valor da moeda nacional e aumenta a inflação, Washington Luís tenta criar um fundo lastreado no padrão ouro, mas sem sucesso, pois as condições dos mercados mundiais são abaladas pela queda da Bolsa de Valores de Nova Iorque, na quinta-feira negra de 24 de outubro de 1929. Nos jornais brasileiros, as manchetes e os comentários não entram em mais detalhes, pois desconhecem a gravidade dos fatos, não percebem o cataclisma que se abate sobre o mundo e a recessão que vai se abater sobre o Brasil. Os comentários dos periódicos americanos apresentam os motivos principais que provocam o desastre na economia americana. Com uma supersafra de cereais, mas sem o mercado na Europa, que se recupera dos efeitos da Guerra Mundial, os preços despencam, deixando os fazendeiros sem condições de saldar os seus compromissos nos bancos. O sistema bancário americano, dentro da filosofia *America Best Way of Life*, concede empréstimos com baixos juros para os seus clientes. No dia 24 de outubro, com mercado tenso, muitos tentam vender ações e liquidar suas posições em aberto. Os preços despencam, o pânico se instala e, no final, do dia, muitos ativos representados por ações agora são micos sem valor nas mãos desesperadas de investidores plenos de dívidas. Uma corrida em busca dos depósitos confiados aos bancos, como um *tsunami*, varre a América. Como usual, para cada 10 dólares depositado, a instituição financeira deixa no caixa 10 a 15%. Aplicando o restante em hipotecas, em empréstimos e aplicações várias, em pouco tempo o problema de liquidez, como um jogo de dominó, começa com os pequenos bancos, depois com os médios e a seguir os grandes entram em falência, pois não têm condições de honrar os depósitos confiados. O presidente Herbert Hoover, eleito para o período de1929 a 1933, não dá a devida atenção ao problema, acusa os desesperados pela má aplicação e não enxerga o número de desempregados que cresce a cada dia.

Se o governo Hoover, em ação enérgica, disponibilizasse recursos para dar liquidez aos bancos, evitaria a corrida, os saques e a terrível recessão, que dura mais de 4 anos. O custo para o Tesouro Federal seria bem menor e evitaria o sofrimento da fome e do desemprego para milhões de americanos. Franklin Delano Roosevelt, eleito para o período de 1934 a 1939, com o plano *New Deal* começa a lenta recuperação. Apenas os cautelosos que aplicaram no ativo ouro ficam longe do olho do furacão.

No Brasil, aos poucos, a situação fica estampada, além das quedas nos preços, as quantidades de sacas vendidas tanto de café quanto de açúcar sofrem redução de 70%. Com uma supersafra de 21 milhões de sacas de café, tendo apenas dois produtos principais na exportação e basicamente um único cliente, agora o custo da armazenagem, do transporte e da produção não são cobertos por preços aviltados. A solução encontrada foi queimar o excesso. Washington Luís não cede às pressões dos cafeicultores, que demandam financiamentos. Muitos vendem joias e propriedades para evitar a bancarrota, arrependidos por jogarem os dados numa superprodução de café.

Washington Luís, pensando na sua sucessão, não segue o combinado com Minas Gerais, escolhe um paulista, Júlio Prestes, que julga em melhores condições de governar o Brasil. O Partido Republicano de Minas Gerais, contrafeito, une-se aos republicanos do Rio Grande do Sul e da Paraíba. Getúlio Vargas para presidente e João Pessoa para vice compõem a chapa de oposição, que será derrotada nas eleições de março de 1930. Júlio Prestes deve ser empossado em 15 de novembro de 1930.

Getúlio Vargas, que fora ministro da Fazenda de Borges de Medeiros, recebe os ensinamentos do precursor da ditadura científica baseada no positivismo de Comte. Considerada uma religião no Rio Grande do Sul, introduzida por Júlio de Castilhos, o mestre de Borges de Medeiros, agora consegue novo adepto.

## 22. REVOLUÇÃO DE 1930.
## REVOLTA DE 32.
## CONSTITUIÇÃO DE 34.
## INTENTONA COMUNISTA DE 35

Após a derrota da chapa da oposição, tendo Getúlio Vargas para presidente e João Pessoa para vice em março de 1930, uma conjuração começa. Com o governo de Washington Luís enfraquecido devido à recessão que avançava pelo mundo, a oposição procura aliciar todos os tenentes que haviam sido protagonistas de rebeldias anteriores a entrar no movimento. A experiência do grupo em conseguir adeptos era importante, a única exceção foi a de Luís Carlos Prestes, que já tem outros planos e outros caminhos, quando decide ir para Moscou em 1931, onde permanece até 1935, pois já era reconhecido por Stalin como importante prócer comunista nas Américas. Nelson Costa, Juarez Távora, Cordeiro de Farias, Siqueira Campos e outros líderes gaúchos, como Osvaldo Aranha, João Neves da Fontoura e Flores da Cunha, estão na linha de frente. Siqueira Campos viaja para o Uruguai, onde vai se encontrar com Luís Carlos Prestes. Ele é a única pessoa capaz de influenciar Prestes, pois, durante a longa marcha pelo interior do Brasil, além da amizade, consegue contestar e alterar as ordens do chefe, pois possui maior experiência militar. O objetivo era demover Prestes do movimento comunista e participar da futura revolução. Não conseguindo a esperada decisão, no retorno ao Brasil, em 10 de maio de 1930, o seu avião cai no mar e ele não sobrevive.

Osvaldo Aranha, no sul, é o cérebro do movimento, conseguindo adesões das forças militares, montando uma estrutura logística para ter êxito na conspiração. Era importante agir antes da posse de Júlio Prestes. Em 26 de junho de 1930, em Recife, numa confeitaria, João Pessoa é morto a tiros por rival ao amor de uma jovem jornalista. As manchetes dos jornais falam em um assassinato político, o que inflama os ânimos e as discussões nem sempre concordantes. Era o motivo que faltava. Osvaldo Aranha não perde tempo. Precisa isolar o Comando do Exército da Zona Sul das demais unidades, inclusive como se fossem obras de saneamento; trincheiras são cavadas e metralhadoras são colocadas em pontos estratégicos da cidade. No dia 3 de outubro de 1930, o sinal é dado. Em surpresa, sob o comando de Osvaldo Aranha, o ataque ao QG do Exército do sul, após o término do expediente, foi fulminante. Os poucos soldados na vigilância, apesar da resistência, foram superados pelos atacantes. O general comandante é preso, deixando o campo livre para a vitória da revolução, agora com o apoio da população. Getúlio Vargas, em farda militar, sai do Grande Hotel onde estava hospedado para ser ovacionado como novo herói.

Contingentes da Brigada Militar, vindos de todo o Rio Grande do Sul, em trens, deslocam-se para o norte, encontrando pouca resistência. Por telégrafo, a notícia se espalha, mas Washington Luís, enfrentando a inflação, a perda do poder aquisitivo do povo e o descontentamento dos cafeicultores, não tem tempo para reagir. No dia 24 de outubro de 1930, os gaúchos amarram os seus cavalos no obelisco do Rio de Janeiro. Cercado no Palácio do Catete, com a mediação do núncio papal, ele é obrigado a renunciar. Washington Luís vai para exílio nos Estados Unidos, onde permanece até 1947. Um governo provisório é formado; no triunvirato, Getúlio Vargas é destaque como presidente, governo que vai até 1934.

O primeiro ato do governo provisório foi por decreto anular a Constituição de 1891, fechar o Congresso e a Câmara de Deputados, destituir todos os presidentes dos estados e as suas Câmaras Legislativas e colocar a maioria dos tenentes que apoiam o novo governo como interventores estaduais, mas com certas restrições, como a de solicitar empréstimos externos e de dispor de força policial ou Brigadas Militares superiores às forças do Exército nacional. Na realidade, com poder de governar por decretos, o Poder Executivo anula tanto o Judiciário quanto o Legislativo. O Brasil vive uma ditadura provisória, algo em que Getúlio Vargas teve doutores-mestres. Para agradar os cafeicultores em crise, ele concede favores fiscais e tributários, obtendo o apoio imprescindível da categoria. Em 9 de julho de 1932, uma reação contra a não realização de eleições, promessa sempre adiada por Getúlio Vargas, provoca mais um movimento revolucionário. Com o Estado de São Paulo à frente, a Revolução Constitucionalista de 32 tenta derrubar o governo provisório com o apoio dos caciques e dos coronéis que perderam influência nos estados com a nomeação dos intendentes. Após a morte de quatro estudantes, milhares de voluntários se alistam para a luta, mesmo sem armas e treinamento; os combates duram cerca de 3 meses. O Estado de São Paulo, sem o apoio dos demais parceiros, fica cercado pelas tropas do governo, sem oportunidade de vencer. A rendição ocorre em outubro de 1932.

Em 1934, as pressões resultam na convocação de uma Assembleia Constitucionalista, que promulga a terceira Constituição do Brasil. Como novidades, destacam-se: o voto feminino, a justiça do trabalho, os direitos trabalhistas e a educação primária para todos. A segunda fase da Revolução de 1930 é a de um governo constitucionalista, tendo Getúlio Vargas como presidente. Apesar de o PCB ter sido proibido em 1927, Luís Carlos Prestes regressa de Moscou em 1935 com a missão de refundar o partido comunista e derrubar Getúlio Vargas. Vem acompanhado de Olga Benário e de vários agentes bolchevistas para reestruturar o partido comunista, formando uma célula de comando. Com apoio da Aliança Nacional Libertadora (ANL), da qual é presidente honorário, Prestes dispõe de milhares de simpatizantes que se opõem ao governo de Getúlio Vargas. Fundada em 1932, a ANL tem programa revolucionário, pois prega: governo popular, reforma agrária, suspensão da dívida externa nacionalização das empresas estrangeiras e lança Luís Carlos Prestes para a Presidência.

Em 27 de novembro de 1935, o plano de Prestes, contando com suportes no Rio Grande do Norte, em Recife e, principalmente, no Rio de Janeiro, deflaga a Intentona Comunista. Prestes superestima o seu apoio, pois as manifestações no nordeste iniciadas nos dias 23/24, com exceção de Natal, são prontamente debeladas. Sem o apoio popular esperado, isolado na Praia Vermelha, onde conta com apenas dois regimentos de infantaria da Vila Militar e da Escola Militar, ele não consegue o controle do Campo dos Afonsos, de onde aviões poderiam bombardear a cidade, depois de quatro dias de lutas violenta, com a aviação e a artilharia legalista arrasando por completo os redutos rebeldes, o que causa a sua rendição. A repressão é terrível. Os jornais trazem notas do assassinato de oficiais legalistas durante a noite ou quando chegam nos quartéis rebelados no dia seguinte; barbárie que os periódicos legalistas exploram. O nome de Filinto Müller, chefe da polícia secreta de Getúlio Vargas, acompanha as violências e os temores. A Lei da Segurança Nacional dita os julgamentos das cortes; Luís Carlos Prestes é severamente punido, e sua companheira, Olga Benares, como estrangeira indesejável, é expulsa do país em 1936. Como judia alemã, o seu destino é o *Reich* de Hitler.

A perseguição aos dirigentes da ANL é intensa, e as correntes integralistas aumentam o tom dos discursos contra os comunistas e simpatizantes; Getúlio Vargas tem simpatia com os regimes de Mussolini e de Hitler, apesar do voto contrário de Osvaldo Aranha. Com os boatos de um novo complô bolchevique, o chamado dossiê Cohen, Getúlio Vargas outorga uma nova Constituição em 1937; denominada Polaca, ela lhe concede a desejada ditadura. A terceira fase do governo Vargas começa. O chamado Estado Novo, outorgado por Getúlio Vargas em 10 de novembro de 1937, fecha todos os órgãos legislativos. A justiça funciona sob jurisdição do Executivo, todos os partidos são extintos. O direito à greve termina, e a censura prévia é estabelecida. Todos os poderes estão nas mãos de Getúlio até 1945, com o término da Segunda Guerra Mundial.

## 23. ESTADO NOVO. OSVALDO ARANHA. FEB. A COBRA VAI FUMAR? RENÚNCIA DE VARGAS

Com a Constituição de 1937, a Polaca, todos os partidos foram extintos, mas os grupos políticos organizados continuam agindo mesmo na clandestinidade. Os integralistas, seguidores de Plínio Salgado, usando uniforme verde, defendendo ideais fascistas e nazistas, denominados pelos adversário galinhas verdes, usam a saudação Anauê, com o braço estendido, nas suas demonstrações. Em 1938, num gesto de amadores, atacam o Palácio do Catete, sede do Governo Vargas, e outros prédios públicos. Em um ataque relâmpago, num *push*, conseguem permanecer por algumas horas no prédio-alvo até as forças do tenente-coronel Cordeiro de Farias e do general Eurico Gaspar Dutra retomarem o Catete. Sem contar com apoio do público ou de forças militares, a tentativa é um fracasso.

Com a censura da mídia, com Filinto Müller controlando a Polícia Especial, Getúlio Vargas tem o poder total nas suas mãos, tendo interventores fiéis nos estados, que não perdoam os inimigos políticos. Meu pai, como juiz, é obrigado a fugir de Porto Alegre para o Rio de Janeiro com a esposa grávida do primeiro filho, acusado de tomar uma decisão contrária ao Estado. Minha irmã nasce em 30 de janeiro de 1939: uma carioca. A decisão do interventor estadual, Cordeiro de Farias, era definitiva.

Mas Maurílio Daiello, um civilista de gema, não desiste. Só há uma possibilidade, pois não havia nada de concreto na acusação de ser contra o governo: era necessário apelar para a esfera superior, no caso, Getúlio Vargas. Só depois da sua morte, uma cópia do recurso chega às minhas mãos. Uma peça jurídica de mestre. Minha mãe, passeando com minha irmã pelo Catete, no Rio de Janeiro, encontra Getúlio Vargas com dois guarda-costas. Aproveitando o momento em que Getúlio Vargas se aproxima da Majane, minha irmã, minha mãe aproveita para explicar a situação da família. Não sei as palavras e os argumentos, mas Getúlio Vargas pediu para um dos seus assessores tomar nota do número do processo. O certo é que, com o apoio de políticos, de amigos, como o escritor Pedro Vergara, meu pai teve a sua reintegração como juiz deferida. Ao retornar ao Rio Grande, ele deixa na magistratura um registro brilhante.

No plano externo, desde 1933/34, Vargas reconhece o despreparo do Exército brasileiro, com armamento obsoleto, da Marinha, sem condições de proteger as costas do Brasil, e de uma Aeronáutica incipiente. Sem moeda forte para investir e sem pagar os empréstimos externos, não tem como realizar os projetos de industrialização, incluindo uma siderúrgica. Isso o leva a incrementar o comércio com a Alemanha em 1936, inclusive com a compra de material bélico da Krupp. O acordo comercial permanece válido até 1940. A partir de 1937, com a guerra civil na Espanha e com os avanços do Japão na Manchúria e na China, Getúlio Vargas é pressionado pelos Estados Unidos, que não veem com bons olhos os nossos negócios com a Alemanha de Hitler, principalmente depois da questão dos Sudetos na Tchecoslováquia. Osvaldo Aranha, ministro da Fazenda, é a favor dos ianques, ao passo que Getúlio Vargas e alguns generais têm outra tendência. Em 1939, em Washington, Osvaldo Aranha procura empréstimos para dar início ao plano siderúrgico de Vargas, começando a industrialização do Brasil. Cinquenta milhões de dólares ficam disponíveis para compras nos Estados Unidos. Em Volta Redonda, a Companhia Siderúrgica Nacional (CNS) começa a sair do papel como projeto.

Em 1.º de setembro de 1939, a invasão da Polônia dá início à Segunda Guerra Mundial, e o Brasil declara neutralidade, apesar dos esforços de Franklin Roosevelt para formar uma frente latino-americana favorável aos aliados, pois são países fornecedores de matérias-primas indispensáveis ao esforço de guerra. Com o deslocamento das ações dos submarinos nazistas do Atlântico Norte para o Caribe e o Atlântico Sul, para bloquear a saída de alimentos do porto de Buenos Aires e evitar a chegada de materiais estratégicos para o sul dos Estados Unidos, o torpedeamento de dois navios brasileiros, que iam para a Europa, provoca o cancelamento do acordo comercial Alemanha-Brasil em 1940. Como resultado, o Brasil apreende 28 embarcações alemãs surtas nos portos brasileiros como compensação, enquanto estoques de café em Hamburgo trocam de mão. Como consequência, o racionamento de gêneros e de artigos básicos, como a gasolina, provoca inflação e desperta o mercado negro. O pior, agora, os navios de bandeira brasileira ficam na mira dos periscópios dos Lobos do Mar.

No começo de outubro de 1942, dois navios de passageiros foram torpedeados na costa brasileira, com poucos sobreviventes. A população enfurecida sai às ruas e exige providências do governo. Pressionado, Getúlio Vargas declara guerra à Alemanha em 22 de outubro de 1942 e, depois, à sua aliada, a Itália. Como aconteceu em 1917, quando Wenceslau Brás declarou guerra à Alemanha, uma fúria contra pessoas de origem germânica e suas propriedades, principalmente no sul Brasil, onde cerca de 200 mil pessoas são consideradas inimigas, foge à razão. Agora as atrocidades alcançam escalas inimagináveis. Entidades, clubes esportivos, sociedades, templos, lojas, comércios e propriedades são atacados, pilhados e queimados; mesmo em núcleos de maioria germânica, é proibido falar alemão; livros e bíblias no idioma de Goethe são queimados. Ministros luteranos são levados para campos de concentração. Pessoas que têm hotéis e residências de bom nível são presas, e suas porcelanas, roubadas; quadros familiares são quebrados, e o gado e as ferramentas trocam de mãos. A cultura germânica sofre um golpe mortal. Pessoas que sabem orar apenas em alemão não podem mais rezar. Milhares de escolas que ensinam a disciplina, a religião e o canto são fechadas, mas as alternativas não chegam.

*Alemão batata, come queijo com barata.*

Na verdade, é natural que alemães natos ou naturalizados brasileiros que mantêm relação de sangue com a pátria mãe participem de associações simpáticas a Hitler, locais onde agentes da Gestapo atuam com propaganda capciosa; alguns retornam para lutar pela Alemanha.

Conforme estabelecido por acordo, em uma área próximo de Natal, cedida aos americanos, em 1942, uma base aérea é implantada. No esforço de guerra, era necessário montar um trampolim para, em rota mais curta, levar suprimentos dos Estados Unidos para as tropas que lutavam na África e que invadiriam a Sicília. A ligação Natal-Dakar foi denominada trampolim da vitória. Durante mais de 3 anos, uma América ianque sobrevive no Rio Grande do Norte. Getúlio Vargas e Franklin Roosevelt encontram-se em Natal e reforçam laços de interesses e de amizades. Em 1943, Getúlio

Vargas vai criar a Força Expedicionária Brasileira (FEB), modo de adquirir prestígio e equipamentos bélicos modernos. Inclusive, um grupo selecionado de aviadores brasileiros é enviado para treinamento em modernas aeronaves, como o P-57, nos Estados Unidos. Surge a esquadrilha denominada de *"Senta a Pua."* Ao mesmo tempo, oficiais do Exército são treinados em bases americanas nas técnicas modernas desenvolvidas durante o conflito, táticas desconhecidas no Brasil.

As vozes populares gozavam pelo fato de que, sem experiência, mal armada, a FEB nunca sairia do Brasil. Era a piada do dia.

*É mais fácil uma cobra fumar do que a FEB ir para a guerra.*

Por sinal, quando a primeira leva da FEB parte para Nápoles, com quase 6 mil soldados, o emblema nas túnicas mostra uma cobra fumando cachimbo, modo matreiro de o brasileiro mostrar sua resposta. A equipe de comando incluía militares de alto coturno e com experiência de combate, como marechal Mascarenhas de Moraes, Castelo Branco, Cordeiro de Farias, Zenóbio Costa e Olympio da Cunha. A primeira leva é incorporada ao IV Grupo do Exército Americano e, quando a Divisão está completa, fica sob o comando do V Grupo, em que o general Marc Clark tem o comando supremo. A Força Expedicionária, que treinara em regiões quentes do Brasil, chega na Europa, onde recebe as armas prometidas para combate no inverno, que seria rigoroso. A FEB vai lutar em locais montanhosos com neve, frios intensos e enfrentando divisões alemãs que, mesmo em retirada, são veteranas nos combates e ocupam posições estratégicas nos altos dos Apeninos.

Durante mais de 8 meses em combates contínuos, a Força Expedicionária, após os primeiros reveses, vai colecionando vitórias: Mazzarosa, Monte Prano e Fornaci, para depois, completa como Divisão, com apoio aéreo do Grupo Senta Pua, alcançar feitos heroicos em Monte Castelo, Montese, Formigine e Fornovo, conseguindo romper a linha defensiva nazista dos Apeninos, quando recebe a rendição de divisão completa alemã, a 148.a, com 17 mil soldados, incluindo dois generais. Com a rendição da Alemanha, era hora de voltar. Para os mortos em ação, em Pistoia, próximo de Firenze, num memorial e cemitério militar, ficam os corpos de 471 homens que não retornam. Só mais tarde os despojos serão transladados para um memorial construído no aterro da Praia do Flamengo, no Rio de Janeiro. Os expedicionários no retorno são homenageados com desfiles em várias capitais. Com soldados recrutados em todos os estados, numa mistura de todas as etnias brasileiras, na Itália, os oficias americanos ficam surpresos por encontrar unidos negros, mestiços e brancos, alguns falando alemão irmanados por um espírito militar único, pois a América tinha divisões exclusivas de afro-americanos sob o comando de oficiais brancos. Os alemães prisioneiros também ficavam surpresos pela harmonia entre soldados tão diferentes na cor da pele na hora da rendição.

A situação política no Brasil, após a vitória da FEB contra ditadores numa luta por liberdade, com Getúlio Vargas no poder por quase 15 anos, sempre governando por decretos e censura absoluta, precisa mudar. Pressionado pelos militares, Vargas, em abril de 1945, concede anistia aos presos políticos desde 1934, libertando líderes comunistas, como Prestes, militares, escritores e chefes integralistas. Em seguida, permite a formação de partidos políticos, como o PSD, a UDN e o PTB, marcando eleições, como estava na Constituição, para Presidência da República e para as câmaras de deputados para 2 de dezembro de 1945. A UDN engloba todos os seus adversários políticos, tendo o brigadeiro Eduardo Gomes como chefe; o PSD congrega aliados dos interventores, lideranças rurais e das indústrias, surgindo como partido conservador; já o PTB, com as ideias de Antônio Pasqualini, congrega os trabalhadores e os sindicatos e conta com o apoio dos beneficiados pela implantação do salário mínimo para seus membros. Getúlio Vargas é o pai dos pobres. Nas ruas, aparece um movimento indicando Getúlio Vargas como candidato, o queremismo. Mas os ministros militares, com o general Zenóbio da Costa no comando, obrigam Getúlio Vargas a renunciar, podendo ficar na sua fazenda em São Borja, sem obrigação de sair do país como exilado. No dia 29 de outubro de 1945, o Estado Novo termina, ficando o ministro do Supremo Tribunal Federal, José Linhares, como presidente provisório até ser eleito e tomar posse o novo presidente, em 1946.

# 24. GETÚLIO EM SÃO BORJA. ELEIÇÃO DE DUTRA. CONSTITUIÇÃO. RETORNO DE GETÚLIO

Mesmo ausente, autoexilado na sua fazenda em São Borja, não podendo participar da próxima eleição, como desejavam os adeptos do queremismo, Getúlio vai ter participação no resultado do pleito. O general Eurico Gaspar Dutra, que fora seu ministro da Guerra, é o indicado para concorrer pelo PSD, com o apoio do PTB, partido por ele criado, tendo membros da classe trabalhadora conquistada pelo salário mínimo e pelas leis trabalhistas, enquanto o PSD tem a máquina de governo instalada pelos interventores e com apoio dos conservadores e fazendeiros. O seu oponente, o brigadeiro Eduardo Gomes, liberal da UDN, como favorito, engloba todos os oponentes de Vargas. Eduardo Gomes, um dos líderes dos 18 do Forte de Copacabana, ferido gravemente na virilha durante o conflito, recupera-se, mas fica emasculado, fato bem explorado pelos opositores nos folhetos, ainda mais que ele permanece solteiro, mesmo sendo um bonito oficial da Aeronáutica. Na campanha, o rádio é arma da propaganda eleitoral. Eurico Dutra é o primeiro presidente eleito pelo voto popular no pleito de 2 de dezembro de 1945. Considerado um militar sem grande brilho, com dislexia, a primeira providência de Dutra é marcar a data para votar a nova Constituição; a quinta desde 1824. A Assembleia Constituinte, com 320 membros, inicia os trabalhos em fevereiro de 1946. O texto final é votado em 9 de setembro, e a Constituição é promulgada em 18 de setembro de 1946. Prestes, como senador, comanda os 17 parlamentares do PCB; o PSD tem 177; a UDN, 87; o PTB, 24; os pequenos partidos contam com 17 parlamentares.

A Constituição estabelece um sistema representativo para todos os órgãos do governo, prevê mandato de 5 anos para o presidente e os governadores, sem reeleição, e os deputados e senadores podem tentar a reeleição tendo 4 e 8 anos, respectivamente, de mandato; reafirma antigos direitos, como voto secreto, o direito à livre manifestação, acaba com a censura, mantém o voto feminino, excluindo os analfabetos, garante a inviabilidade da correspondência, permite o direito de greve sob condições e a participação dos militares em casos especiais. A Constituição de 1937, a Polaca, fica no passado. Eurico Gaspar Dutra faz um governo morno, sempre usando a Constituição liberal como referência em casos de dúvidas nas questões dúbias:

*O que diz o livrinho?*

Na economia, no final da guerra, o Brasil dispõe de um saldo de 700 milhões de dólares, em função do volume das exportações no período da guerra. No entanto, ao liberar as importações, em vez de usar os fundos na industrialização do país, Dutra inunda o Brasil com produtos supérfluos e de bens de consumo para ao mais ricos; em pouco tempo, as reservas desaparecem. Como aliado de Washington por tratados, no início da Guerra Fria, breve Dutra rompe relações diplomáticas com a União Soviética, para depois colocar na ilegalidade o PCB de Prestes, que perde o mandato de senador, perseguindo os membros do partido. Os países da América Latina formam um bloco de apoio aos americanos na luta contra o comunismo. Nos transportes, vai colocar asfalto na rodovia Rio-São Paulo e inicia obras na fraca infraestrutura de um país continental. A CSN, instalada em Volta Redonda, inaugura o primeiro alto forno em 1946. O sonho e projeto de Getúlio Vargas e de Osvaldo Aranha, resultado de acordos com Franklin Roosevelt, deslanchado em 1943, vai produzir com matéria-prima nacional o aço para alavancar o progresso brasileiro.

Dutra estabelece o projeto SALT, com planos de melhorar a saúde, dar eficiência ao serviço público e melhorar a alimentação. Como não dispõe de recursos, facilita a entrada de empresas estrangeiras, pois o espírito de vira-lata não prestigia a incipiente indústria nacional. Muitos desconhecem o potencial do Brasil, aceitando a ideia de inferioridade no setor técnico.

*Tudo que é bom para os americanos é bom para o Brasil?*

Dutra inicia a construção da hidroelétrica do rio São Francisco, criando taxa nas contas da energia elétrica, ao mesmo tempo que fecha todos os cassinos, o que deixa muitas pessoas desempregadas; mas os viciados nas roletas e nas cartas da sorte vão jogar em salas clandestinas ou no exterior. O seu alinhamento com os Estados Unidos provoca perseguição aos movimentos dos trabalhadores, com comunistas e anarquistas infiltrados; favorecendo inversões estrangeiras, ele desnacionaliza a indústria brasileira ainda incipiente. Com a redução do poder de compra da população, uma migração de nordestinos, em busca de emprego e de melhores condições de vida, para São Paulo e para o Rio de Janeiro altera o perfil urbano das cidades.

Como o Brasil se ofereceu para sediar o Campeonato Mundial de Futebol de 1950, pois, devido à guerra, os eventos de 1938, de 1942 e 1946 não foram realizados, agora é necessário obter recursos para a construção do maior estádio de futebol do mundo, o Maracanã, com capacidade para 155 mil espectadores. Além das desapropriações e das terraplenagens, a saída é obter financiamento em tempo hábil. A construção começa em 1948. A seleção brasileira é a favorita, pois esmaga os seus adversários, partida por partida. No dia final contra o Uruguai, com o estádio superlotado, quase 200 mil torcedores, um erro do arqueiro Barbosa em não fechar o canto do gol permite que Ghiggia, em chute enviesado, emudeça toda a multidão naquele 2x1. Todos choram, mesmo a distância, ouvindo o rádio, na derrota inesperada em 16 de julho de 1950; no camarote oficial, o presidente Eurico Gaspar Dutra estava presente no dia de luto nacional.

No final do mandato Dutra, apesar da administração razoável, o país está endividado, com inflação crescente e com perda do poder de compra dos trabalhadores, o que agita a campanha presidencial de 1950. O brigadeiro Eduardo Gomes, apoiado pela oposição e pela UDN, mais uma vez é candidato; Cristiano Machado, com suporte do presidente Dutra e do PSD, representa o governo, enquanto Getúlio Vargas, uma raposa na arte política, que não fica inativo em São Borja, com o apoio do PTB e do PSP do paulista Ademar de Barros representa a classe dos obreiros. Com boa campanha pelo rádio, com *slogans* interessantes, Getúlio Vargas vai retornar ao Catete, agora pelo voto popular. Sua atuação como ditador é esquecida. Numa jogada política de última hora, o PSD abandona Cristiano Machado e apoia Vargas, desidratando a sua candidatura oficial num processo denominado cristianização.

*Bota o retrato do velho outra vez! Bota no mesmo lugar!*

Com quase 49% dos votos, Getúlio recupera posição e prestígio com base nas suas políticas trabalhistas e de aumentar a participação do governo nas atividades econômicas. Em 1952, cria o Banco de Desenvolvimento Nacional e, depois, acompanhando ideias e projetos de Monteiro Lobato, cria a Petrobras, e vai fazer um governo populista ao estilo de Juan Peron, na Argentina, o que aumenta os ataques da UDN. Getúlio Vargas, com quase 70 anos, não tem a energia de antes e encontra um Brasil bem distinto, com descendentes de imigrantes ampliando inversões em indústrias, no comércio e no varejo, o que amplia o número de trabalhadores e de sindicatos e prevê atritos para 1953, quando greves tumultuam o ambiente, causando conflitos e mesmo prisões. O ministro do Trabalho pede demissão, e Vargas chama João Goulart, deputado federal, amigo de Vargas e membro do PTB, para o posto. Ao assumir, Jango concede o aumento exigido, o que provoca uma reação dos empresários, sendo Getúlio Vargas obrigado a cancelar o decreto. Com a inflação em alta, com solicitação de reajustes imediatos, o círculo vicioso não para. Sem ganhos na economia, é ineficaz o aumento de salários, medida que resulta em desemprego e falência de empresas. Denúncias de fraudes pelos correligionários de Vargas nos bancos oficiais, na CACEX, aumentam a virulência dos ataques de Carlos Lacerda. É tribuno notável, líder da UDN e dono do jornal *Tribuna da Imprensa*, que todos os dias tem manchetes incendiárias. A reação não demora. O atentado na Rua Tonelero, 180, residência de Lacerda, no dia 5 de agosto de 1954 fere Lacerda de leve, mas mata o seu acompanhante, o major Vaz. O estopim é aceso, inquéritos são abertos, os suspeitos são presos, as conexões chegam ao Palácio do Catete; as delações e confissões agora tomadas na parte militar do Galeão apontam como mandante o guarda-costas de Getúlio Vargas: Gregório Fortunato. O Anjo Negro, como era conhecido, desde a fazenda em São Borja faz parte da família; alto, forte e valente, era o cão de guarda sempre presente. Carlos Lacerda, denominado o Corvo pelos seus opositores, não perde tempo e exige a prisão e o impedimento do presidente, o verdadeiro mandante na sua opinião. O fato de Gregório possuir patrimônio de valor incompatível com os vencimentos recebidos durante todos os anos aponta haver corrupção dentro do Catete.

O cerco aperta; apenas o comandante do Exército apoia Vargas, pois a Marinha e a Aeronáutica exigem a saída dele. Getúlio Vargas, com 72 anos, está acuado; sua filha, Alzira, a única a dar esperanças durante as refeições e na hora de dormir, funciona como secretária.

Convidado por Juscelino Kubitschek, governador de Minas Gerais, para participar da inauguração oficial da Fundição Mannesmann em 13 de agosto de 1954, Vargas consegue poucos dias de descanso, mas precisa retornar para o Rio de Janeiro para enfrentar seu inferno astral. Perdendo apoio militar a cada novo ataque de Lacerda, com o pedido de 22 generais pela renúncia de Vargas, a hipótese de solicitar licença em vez de renúncia foi a conclusão da reunião que entrou pala madrugada do dia 24 de agosto, quando Getúlio vai para seu quarto de dormir. Depois de dispensar seu mordomo, ele dispara contra o próprio peito. O que aconteceu, quais foram os seus pensamentos, quais foram as suas decisões ou indecisões durante horas, ninguém pôde conjeturar.

Íntimos de Getúlio Vargas afirmam que, na sua personalidade forte, o poder não tinha limites, e lembram as suas palavras quando atacado:

*Não pisem no meu poncho. Daqui não saio, daqui ninguém me tira.*

Depois do suicídio, além das manifestações, das homenagens e depredações, a mensagem da sua carta-testamento é analisada e surge a dúvida de em que momento ela foi escrita, pois os discursos de Getúlio eram escritos por outras mãos, apesar de ele ser acadêmico.

*Saio da vida para entrar na História.*

# 25. GOVERNO CAFÉ FILHO. JUSCELINO E JANGO. BRASÍLIA

Ao assumir o governo após o suicídio de Getúlio Vargas, como vice-presidente, Café Filho encontra uma situação de comoção nacional, ainda mais com as interpretações e as acusações da carta-testamento de Vargas e os ataques da UDN contra os dirigentes e amigos do PTB, com seus negócios escusos com os bancos oficiais e com os setores de câmbio e de exportações. As manchetes falam de um mar de lama envolvendo o Palácio do Catete. Como Café Filho não foi eleito pelo PTB, ele procura fazer um governo liberal, convidando nomes importantes da oposição na formação dos quadros do governo; para o Ministério da Fazenda, o economista Eugênio Gudin tem a tarefa de reduzir a inflação crescente com a política de cortar gastos públicos e de aumentar a arrecadação. Em 8 de novembro de 1955, por problemas cardíacos, ele pede licença e será substituído no posto por Carlos Luz, presidente da Câmara de Deputados. No entanto, em 11 de novembro de 1955, o general Lott, ministro da Guerra, que seria substituído da função, antes do fato, num contragolpe afasta Carlos Luz, colocando como presidente tampão o presidente do Senado. Nereu Ramos declara estado de sítio e fica até a posse dos eleitos no pleito de 1955. O general Lott temia um golpe da oposição contra Juscelino Kubitschek e João Goulart.

Para o pleito de 1955, a UDN lança o general Juarez Távora para presidente, tendo Milton Campos para vice; Ademar de Barros, o político de São Paulo com o lema "rouba, mas faz", é o candidato do PST, enquanto Juscelino Kubitschek, com Jango Goulart como vice-presidente, tem o apoio do PSD e do PTB, partidos majoritários no Brasil. O contragolpe de 11 de novembro do general Lott garante a posse de JK, pois

Nereu Ramos dá suporte à investidura, e Carlos Luz, na oposição, é voto contra. Getúlio, no seu governo, deu importância política aos estados de Minas Gerais e do Rio Grande do Sul, oportunidade para novos líderes como Juscelino Kubitschek com boa gestão como governador de Minas, surgirem no cenário nacional.

Como propaganda, JK usa o bordão "50 anos em 5" de mandato, com promessa de acelerar a modernização do Brasil, trazendo novas fábricas, incluindo de automóveis, além de colocar recursos em energia elétrica, em transportes e infraestrutura. Eleito com 36% dos votos, com pequena margem sobre Juarez Távora, JK estabelece o plano de metas, que implica trazer financiamentos externos, abrindo o Brasil para investidores tanto nacionais quanto estrangeiros; para isso, ele concede vantagens tributárias e fiscais, bem como financiamentos dos bancos oficiais; mas a educação e a alimentação são as áreas menos aquinhoadas. Juscelino Kubitschek, ao contrário de Vargas, com sua formação positivista ditatorial, governando pelo desenvolvimento baseado no Estado, introduz novos paradigmas com seu plano de metas.

O desenvolvimento nacional tem duas etapas. Na primeira, a função do Estado é o planejamento do que fazer e como. O Grupo de Estudos da Indústria Automobilista (GEIA) fica responsável pelas fábricas automotoras. Com os empréstimos do BID, a estrada Belém-Brasília é construída, e as hidroelétricas de Furnas e de Três Marias saem do papel, bem como estradas de conexão entre os centros de produção e os de consumo. Na segunda etapa, para a integração nacional, a Sudene é formada para resolver a chaga da seca e, segundo a Constituição de 1891, a construção de nova capital no centro da nação é projetada. Brasília será o primeiro passo para o oeste de JK. Em 1956, com o projeto de Lúcio Costa, a construção é iniciada. Para inaugurar a nova capital em 1960, além de empréstimos de fundos de pensão dos funcionários públicos, a emissão de papel-moeda alimenta a construção julgada impossível de ser entregue no governo JK.

Uma notícia pouco divulgada afirma que monges budistas, ao analisar o projeto, baseados no *feng-shui*, sugeriram a mudança da posição do pássaro de Lúcio Costa, caso contrário, Brasília seria sempre uma cidade de tumultos e confusões. Durante o seu mandato, JK enfrenta dois atos de rebeldia da Aeronáutica, de pouco efeito, apesar da ocupação da primeira página dos periódicos por alguns dias: Jacareacanga e Araguaia.

Com o general Henrique Lott, ministro do Exército, contando com apoio político, JK goza de prestígio no Brasil, ainda mais que a cultura deslancha com a Bossa Nova, e o Brasil, em 1958, ganha a sua primeira Copa Mundial; no cinema, com os filmes de chanchadas da Atlântida Filmes, o brasileiro ri de modo diferente. Em tempo recorde, Brasília foi edificada, tendo o arquiteto Niemeyer como criador dos principais prédios públicos, usando o concreto de forma pioneira. Os custos de Brasília, incluindo os desvios, e os sobrepreços nunca foram contabilizados; muitas pessoas ficaram milionárias. No entanto, a produção da indústria brasileira ultrapassa todas as estatísticas, e o nosso PIB cresce em níveis históricos. Na parte negativa, JK, ao desprezar e não investir no modal ferroviário, fará a rede existente ser sucateada; a prioridade no sistema rodoviário tem custos de manutenção elevados, e a nossa dependência pelo petróleo aumenta. O pior para a classe trabalhadora, inclusive para os candangos vindos do Nordeste, foi a elevada inflação deixada e as dívidas, principalmente em dólares, pois a produção de alimentos não aumenta como devido. Junto à inflação, o arrocho salarial é outro pesadelo que influi nas eleições de 1961.

Pela Constituição de 1946, após 5 anos de governo, a reeleição de JK é proibida, e ele vai tentar o senado por Goiás. Enquanto o PSD escolhe para presidente o general Henrique Teixeira Lott, tendo para vice o indicado pelo PTB, João Goulart, a chapa adversária tem como candidato para a Presidência Jânio Quadros, ex-prefeito e ex-governador de São Paulo. Jânio Quadros é apoiado pelo PTN. Para vice, é indicado Milton Campos, pela UDN. Como a eleição não é por chapa, mas pela votação individual de cada concorrente, o resultado das urnas consagra Jânio Quadros como presidente e João Goulart como vice. Mistura política explosiva.

Jânio Quadros, nascido no Mato Grosso, em Campo Grande, construindo sua carreira política desde vereador a governador de modo rápido, sem recursos financeiros, sem padrinhos políticos e apoiado por partidos sem expressão, apresenta-se aos eleitores como um homem humilde, populista, vestido de preto e falando de modo simples apesar de ser professor de português; deixa frases singelas com sonoridade que agradam os ouvintes. Na eleição de 1961, na sucessão de JK, que deixa o Brasil endividado com inflação galopante e com ataques por corrupção por parte da UDN, Jânio aparece como candidato que vem para acabar com a corrupção e os desvios das verbas públicas; seu partido, o PTN, recebe o apoio dos adversários de JK e da UDN. Na propaganda, seu lema vencedor:

*Varre, varre vassourinha, varre a corrupção do Brasil.*

Nas ações iniciais, Jânio desvaloriza a moeda, corta salários e reduz o crédito (medidas duras para a crise); no entanto, apesar de ser anticomunista, no plano externo, reata relações com a União Soviética, condecora Che Guevara com a Ordem do Cruzeiro do Sul e recebe Fidel Castro em Brasília, atitudes que desgostam os militares e os radicais da UDN. Algumas decisões esdrúxulas, como proibir o biquíni nas praias e acabar com as brigas de galos e o uso do lança-perfumes, despertam o ridículo e apresentam um comportamento dúbio do presidente. Em 21 de agosto, de modo intempestivo, anuncia a sua renúncia aos auxiliares; mesmo procurado pelos ministros militares que tentam demovê-lo, pois sabem que o ato vai tumultuar o Brasil, reafirma ser irrevogável sua decisão. Em 25 de agosto de 1961, pela tarde, a sua carta de renúncia é lida no Congresso; após algumas horas de discussões políticas, a carta de renúncia é aceita pela Câmara dos Deputados; como o vice João Goulart estava na China, interinamente o presidente da Câmara, Ranieri Mazzilli, assume a Presidência. Uma crise institucional se instala. Considerado com tendências comunistas, ligado aos sindicatos e herdeiro político de Getúlio Vargas, João Goulart aparece como agitador capaz de levar a nação ao caos, sendo vetado como presidente e impedido de retornar e de assumir o cargo. Alguns analistas políticos tentam explicar, pela personalidade instável, que Jânio Quadros, numa jogada política, com a renúncia, tenta obter mais poder junto ao Congresso, que despreza, e, com o apoio do povo, ser reconduzido ao cargo com mais poder. A chantagem já fora usada com sucesso durante a sua breve carreira em situações semelhantes. Com a divulgação da notícia, uma revolta popular abala o Rio de Janeiro, quando lojas são depredadas e jornais da oposição são queimados, incluindo a *Tribuna da Imprensa*, do deputado Carlos Lacerda, que, depois de apoiar Jânio Quadros durante a eleição, agora é crítico da sua atuação como presidente. A ida de Jânio Quadros para a Europa em 28 de agosto de 1961 encerra essa etapa da história do Brasil. No vácuo político instalado pelo impedimento do vice e com a possível convocação de novas eleições, no Rio Grande do Sul o Movimento pela Legalidade pode provocar uma guerra civil.

Leonel Brizola, governador do Rio Grande do Sul, casado com uma irmã de Jango Goulart e que apoiara a eleição do cunhado, com o suporte do engenheiro Homero Simon, instala uma rede de rádio denominada Rede da Legalidade, convocando o povo para uma luta armada com o apoio da Brigada Militar e, a seguir, do comando do III Exército, que se opõe aos comandos do governo central. Inclusive, grupos de voluntários são armados com revólveres Taurus, retirados da fábrica de Porto Alegre. O Palácio Piratini é a sede do movimento, onde sacos de areia reforçam as defesas e metralhadoras são instaladas nos terraços, para caso haja ataques aéreos, o que não ocorre. Na base aérea de Canoas, os caças são sabotados pelos sargentos, que esvaziam os pneus dos jatos. Não há nenhuma morte ou tiros. Em 7 de setembro, é reimplantado o parlamentarismo no Brasil. Com Tancredo Neto como primeiro-ministro, Jango assume a Presidência com poderes reduzidos. O Movimento pela Legalidade com o Rio Grande vence a primeira etapa.

# 26. ANOS DE SOMBRAS: 1961 A 1964. OS TRÊS JOTAS: JK, JANGO E JÂNIO

Para entender as razões do acontecido nas vésperas de 31 de março de 1964 e nas semanas seguintes, é necessário analisar o que ocorre desde o retorno de Getúlio Vargas ao poder, agora via eleições diretas de 1950. Como discípulo de Borges de Medeiros e de Júlio de Castilhos, pela cartilha de Comte, Vargas adora o poder, e fará de tudo para permanecer na posição de comandantes máximo. De 1930 a 1934, durante 4 anos, há o governo provisório, depois, com a Constituição outorgada de 1934, Vargas consegue governar constitucionalmente por 3 anos e, a partir da Constituição Polaca de 1937, será o ditador do Brasil, tendo nas mãos todos os poderes, inclusive sobre o Judiciário. Meu pai, juiz no Rio Grande do Sul, em 1938, por perseguição política, foge com a esposa grávida para o Rio de Janeiro, praticamente com as mãos vazias.

Em 1945, após 15 anos no poder, por pressão dos seus ministros militares, Vargas renúncia ao cargo, sem sofrer impedimentos, e volta para São Borja. Como concedera aos trabalhadores vantagens laborais, incluindo o salário mínimo, férias e regime legal de jornada, será considerado como o pai dos pobres, mesmo usando a retórica apenas para chegar ao poder. O PTB, partido por ele formado, aglutina todos os líderes sindicais, as centrais e o apoio dos comunistas, que agem na clandestinidade após a cassação do PCB e de Prestes ter perdido o cargo de senador em 1947.

Durante a campanha de 1950, Getúlio encontra João Goulart, jovem advogado de 31 anos que possuía fazendas na região; com apoio de Vargas, Jango, como é conhecido, é eleito deputado federal pelo PTB com imensa votação, o que lhe dá projeção nacional, com possibilidade de ser o sucessor de Vargas, agora com 68 anos. Inclusive, João Goulart será o ministro do Trabalho de Vargas. Como presidente, Vargas prestigia os líderes políticos de Minas Gerais, sendo o governador Juscelino Kubistchek o preferido. Depois do suicídio de Getúlio, um vácuo político se instala. Café Filho, como vice, assume o cargo até sofrer um ataque cardíaco, o que tumultua o Brasil; por ação do marechal Lott, no contragolpe de 11 de novembro,

Nereu Ramos, presidente do Senado, vai governar sob estado de sítio até a posse de JK, em 1956, como presidente. Na campanha, por sugestões de Vargas durante a visita a Minas Gerais, antes de 24 de outubro, Juscelino, com apoio do PSD, tendo Jango como vice pelo PTB, vence a coligação da UDN de Carlos Lacerda, que tem o general Juarez Távora como candidato.

Juscelino, com o seu projeto de 50 anos de avanços em 5 de mandato, introduz o planejamento como base para os investimentos, dando atenção à industrialização do Brasil com a vinda de multinacionais para a instalação de fábricas de automóveis e de caminhões, construindo estradas para os brasileiros usarem os seus veículos. Não dando importância à produção de alimentos, com a ideia de construir uma nova capital, a Brasília dos seus sonhos, como dono da arca nacional, vai gastar os recursos previdenciários estatais, tomar empréstimos que não pode pagar e fazer as rotativas da Casa da Moeda girarem sem parar. O resultado catastrófico é a inflação, que chega a 80%. O meio circulante, que era de 70 bilhões de cruzeiros em 1956, agora, em 1961, supera os 350 bilhões, e o Brasil não tem mais créditos no FMI, tendo juros a pagar em dólares que não tem. No pleito de 1961, além da inflação e da perda da credibilidade do Brasil no mercado financeiro, havia suspeitas sobre irregularidades na construção de Brasília, cujo custo real era desconhecido; nas entrelinhas, ouvia-se: um caminhão antes descarregar a carga transportada, no controle de entrada, anotava a carga como entregue mais de uma vez.

Como JK não podia se reeleger, cláusula da Constituição de 1946, o PSD lança o marechal Lott para a Presidência, e para vice o PTB apresenta João Goulart. Na oposição, a UDN lança para vice o udenista Milton Campos, e para Presidência um nome apenas lembrado em São Paulo, o desconhecido Jânio Quadros, que tivera carreira política meteórica. Um professor de português num partido sem expressão, sem recursos, sem padrinhos ou grande suporte eleitoral, em poucos anos passara de vereador a governador. Jânio descobre o modo de se tornar popular, vestindo surrados paletós na cor preta, de cujos bolsos retira sanduíches para se alimentar. Usando expressões de português correto, mas pouco usual, cria um estilo populista que se adapta ao momento e à situação do país. Na campanha, usa como símbolo uma vassoura, que aparece na mídia impressa e no rádio e na televisão.

*Varre, varre vassourinha! Varre toda a corrupção!*

O marketing de Jânio vai levá-lo à vitória contra o marechal Lott, mas a surpresa será a eleição de João Goulart para a vice-presidência, algo não desejado pela UDN e pelos militares. Como a votação era individual, como Carlos Lacerda vaticinara ao criticar os votos de outros candidatos para vice e como Jango recebe o apoio do PCB e de Luís Carlos Preste, grupos atuantes mesmo na clandestinidade, João Goulart vence com uma diferença em torno de 300 mil votos e com *jingle* interessante:

*É Jango! É Jango! O Rio Grande já Jangou!*

No início, a atuação de Jânio Quadros agrada ao FMI ao reduzir os incentivos fiscais, congelar salários e desvalorizar o cruzeiro, mesmo iniciando arrocho salarial. Depois, ao mostrar independência em relação ao Congresso, sem consultas às suas bases, usando bilhetes na comunicação com seus ministros, declara, como independente, poder mudar a política brasileira em relação aos países comunistas, ao reatar relações com a Rússia e países-satélites; procura ampliar as exportações brasileiras por troca de máquinas e bens manufaturados. Mostra simpatia com o regime de Fidel Castro, recebendo Che Guevara em Brasília, quando o condecora com a Ordem do Cruzeiro do Sul. Falando com Fidel, ao perguntar o que Cuba pode exportar, a resposta é rápida:

*Revoluciones.*

Ao analisar o comportamento de Jânio Quadros durante a sua carreira política, sua ação instável, isolada e individualista, para se impor usa da chantagem da renúncia como arma para dobrar os adversários. Ao enfrentar reações contrárias, já fala em renunciar para os colaboradores, o que concretiza ao enviar sua renúncia no dia 25 de agosto de 1961, apesar de receber pedidos de retirar o documento protocolado à tarde no Congresso, pois vai levar o Brasil a uma convulsão social desnecessária, ainda mais que o vice, Jango, após passar por Moscou, encontra-se na China. Para surpresa de Jânio, a sua renúncia é aceita, e ele não recebe o pedido esperado de retornar com mais poderes, ainda mais que perdera o apoio de Carlos Lacerda. Dias depois, ele com a esposa vai para a Europa, enquanto Raniere Mazzilli, como presidente da Câmara, assume provisoriamente a Presidência. Na ausência de João Goulart, sua posse começa a ser discutida, pois as restrições pela atuação passada de Jango assustam os militares e os políticos da oposição, ainda mais pelo fato de o seu discurso na China falar em alterar a Constituição para eliminar cláusulas que contrariam o seu discurso político referente à reforma agrária e à atuação política de sargentos e subtenentes. Se retornar ao Brasil, Jango será preso.

No Rio Grande do Sul, o governador Leonel Brizola, cunhado de Jango, mobiliza a população através do rádio para entrar na Rede da Legalidade, que defende a diplomação de Jango como presidente, como reza a Constituição, e se prepara para conflito armado. No impasse, o Congresso apresenta uma solução conciliadora, criando o parlamentarismo híbrido, em que o presidente eleito assume com poder reduzido, pois acima se encontra o primeiro-ministro, no caso, o senador Tancredo Neves. Em 7 de setembro, Jango, que estava no Uruguai, é empossado nessas condições.

Ainda jovem, no Rio Grande, eu estava ao rádio ouvindo as preleções de Brizola. Mas o que ocorre nos corredores do Congresso fica mais bem esclarecido ao ler o livro de memórias do general Olímpio Mourão Filho, que permite acompanhar dia a dia os eventos que culminam no dia 31 de março de 1964, com a deposição e fuga de João Goulart para o Uruguai. De 7 de setembro de 1961 a 13 de janeiro de 1963, num parlamentarismo com três primeiros-ministros, o Brasil viveu dias confusos, com inflação e desordens em alta. Patrocinado pelos senadores JK e Valadares, o plebiscito entre parlamentarismo, com 20% e presidencialismo, com 80% dos votos, devolve os plenos poderes do presidente João Goulart, que, com Leonel Brizola, desenvolve um projeto revolucionário, tendo como tema as ditas reformas de base. Mesmo tendo perdido o governo do Estado para Ildo Meneghetti em 1962, Brizola (eleito deputado federal pelo estado da Guanabara) continua ativo na sua pregação revolucionária, ainda mais que agora Jango tem plenos poderes, o que lhe possibilita estreitar relações com as entidades sindicais e apoiar movimentos de insubordinação entre sargentos e marinheiros, quebrando a hierarquia militar. Para agradar as massas trabalhadoras, o décimo terceiro salário é instituído em 1962. As ligas camponesas de Julião, apoiadas pelo governador Miguel Arraes, sem oposição, tumultuam o sertão nordestino.

Desde os eventos de 1961, os comandos militares pelos seus generais e marechais estavam divididos muitos concordavam em tolerar o governo Goulart até o final de 1966, afirmando que estariam atentos e vigilantes se Jango ousasse colocar a cabeça fora da Constituição, estimulando a baderna ou procurasse fundar uma República Sindicalista. Lema da época tenentista era citado:

*Vocês podem iniciar uma revolução, mas, não ganhando em 24 horas, nós temos o dever de combatê-la.*

No seu diário, o general Olímpio Mourão Filho decifra os enigmas e os vícios do presidencialismo quando políticos ou agentes medíocres, incapazes, corruptos ou psicopatas conseguem chegar ao poder por acordos políticos viciados ou com apoio de mídias compradas ou cooptadas pela ideologia, tendo o apoio de autoridades bajuladoras, que tentam sobreviver nos novos tempos. Inclui, ainda militares inseguros, tolhidos por falso legalismo e que não atuam para não perderem as vantagens ou temerem remoções ou desligamentos desonrosos. Nas análises, Mourão Filho apresenta o perfil de todas as personalidades envolvidas nesses anos de sombras. São muitos os nomes espalhados em 457 páginas do livro escrito por Hélio Silva. Militares em gabinetes distantes, sem tropas, não enxergam o que lentamente se implanta de modo insidioso no Brasil.

Com visão do futuro, Mourão Filho, já no Rio Grande do Sul, inicia uma campanha silenciosa para obter apoio de militares com tropas, pois sabe que terá que intervir em face da conspiração de Leonel Brizola e de Jango de instalar uma Republica sindicalista. Depois, em São Paulo, em Minas Gerais, em Juiz de Fora, onde comanda uma unidade importante do Quarto Exército, continua em um trabalho silencioso; não pode aparecer, pois seus superiores podem retirar o seu comando ou removê-lo para uma localidade distante, apesar de não considerarem Mourão Filho com envergadura de provocar um movimento revolucionário exitoso. Muitos políticos, incluindo o governador de Minas Gerais, Magalhães Pinto, apesar da simpatia, não querem se comprometer.

Em 1963, Jango se aproxima dos movimentos sindicais, como o Fórum Sindical, a UNE, a PVA e linhas auxiliares de inocentes úteis, como a JUC e a JOC. Sua arrogância chega ao ponto de jactar-se de, ao aperto de um botão, paralisar o Brasil, mas seus ministros, incluindo o da Guerra, não percebem a gravidade. Greves e paralisações tumultuam o Rio e São Paulo.

É mais fácil João Goulart preparar um golpe para tomar o poder do que a reação de contragolpe para dar basta ao crime contra a Constituição ao instalar a República Sindicalista. O presidente tem apoio do cunhado, Leonel Brizola, que o incentiva, mas não toma atitude contra a insubordinação dos sargentos militares que destroem a hierarquia do Exército Brasileiro.

*Quem não usa os olhos para ver, vai usá-los para chorar.* – Conclui Mourão Filho.

No comício do dia 13 de março de 1964, na Central do Brasil, com o apoio dos sargentos em franca rebeldia e do partido comunista, Jango afirma que, mesmo sem o suporte do Congresso, vai mudar a Constituição, implantando as reformas de base que Brizola e a turba reunida exigem. Inclusive, Leonel Brizola organiza os grupos dos 11, grupo paramilitar para ajudar na tomada do poder. A lista dos inimigos a fuzilar já é notícia. Não há reação dos ministros militares. Em 19 de março, a rebelião dos sargentos é ampliada, e, no dia 25 de março, sob o comando do cabo Anselmo, marujos iniciam um movimento solicitando maiores vantagens em salário e nas condições das casernas.

O general Olímpio Mourão Filho sabe que a hora da ação chegou, sua atuação tem quer ser rápida, de surpresa, para que não haja reação dos superiores para acionar tropas legalistas. Precisa usar os movimentos civis que exigem liberdade e ação do Exército na defesa da propriedade e da família, como ocorre em São Paulo no dia 19 de março. A ação é protelada, pois espera manifesto do governador de Minas Gerais, que hesita. Ao final, cortando etapas, no dia 31 de março, sua tropa sai de Juiz de Fora pela madrugada; conexão com outras unidades e caminho livre garantido por oficiais de confiança permitem o avanço para o Rio de Janeiro e a tomada do centro do poder na data aprazada; no dia 2 de abril, João Goulart voa para Porto Alegre e, depois, se asila no Uruguai. Muitos marechais e generais de nível superior que agora cumprimentam o herói, mesmo tendo as mesmas ideias, nunca moveram um dedo para afastar Jango do poder, evitando a criação de uma República Sindicalista no Brasil. Os louros vão cair em mãos erradas. O general Olímpio Mourão Filho, no seu diário, não poupa críticas aos que agora formam o novo governo.

# 27. A DATA DE 31 DE MARÇO DE 1964, REFLEXOS NO BRASIL.

Para entender o significado da data, seus reflexos no Brasil e nos parlamentos, é necessário revisar o passado histórico, algo definido em capítulos anteriores, mas que exige rápidas súmulas e recapitulações.

Em 1930, os tenentes dos anos vinte, com a revolta de Getúlio Vargas, derrotado na eleição por Júlio Prestes, alegando fraudes no processo, chegam ao poder. Vargas não cumpre a promessa de efetuar eleições e vai governar por decretos, constituição ditatorial e manobras políticas até o retorno da FEB vitoriosa na Segunda Guerra na Itália, fato que muda a opinião pública. A ditadura durou quase 15 anos

Em 1945, por pressão de partidos políticos e dos jornais e do povo, os ministros militares obrigam Getúlio Vargas a renunciar, mas sem perder seus direitos políticos. Novas eleições são marcadas, uma nova Constituinte é formada e é estabelecida anistia geral aos presos políticos.

Em 11 de novembro de 1955, o general Henrique Lott, comandante do Exército, que estava sendo substituído, numa quartelada após a incapacitação do presidente Café Filho, por doença, afasta o substituto legal Carlos Luz, presidente da Câmara Federal, que se refugia no cruzador Tamandaré, pelo senador Nereu Ramos, que vai governar o Brasil em estado de sítio até a posse de Juscelino Kubitschek, eleito presidente em 1955, que sofria objeções da classe política, por não ter maioria de votos e por causa do seu vice, João Goulart, que apoiava um governo sindical.

Em 1961, após a tentativa frustrada de chantagem, algo comum na sua carreira política, a renúncia de Jânio Quadros leva a nação a um vácuo político. Estando o vice-presidente ausente em viagem à China, conforme a Constituição, o presidente da Câmara, Ranieri Mazzilli, assume o governo provisório; no entanto, a pose de Jango é contestada, devido ao seu perfil político e às suas decisões quando em cargos executivos. Jango, impedido de retornar ao Brasil, fica no Uruguai, enquanto seu cunhado, Leonel Brizola, governador do Rio Grande do Sul, requisita a rádio Guaíba e, com suporte do engenheiro Homero Simon, forma a Rede da Legalidade. O

Congresso, como solução, altera a Constituição e, com apoio do mineiro Tancredo Neves, cria um parlamento híbrido, com Tancredo Neves como primeiro-ministro e chefe de governo, o que permite a posse de Jango Goulart como presidente, com redução de atribuições e com poderes repartidos com o primeiro-ministro, que assume o poder.

Esse regime híbrido, um monstrengo político, não funciona, ainda mais por ser desconhecido por todos os brasileiros. A campanha pela volta do presidencialismo por meio de plebiscito, apoiada por Leonel Brizola e pelos banqueiros, consegue, em 1962, o restabelecimento do presidencialismo como regime político da nação. No início de 1963, João Goulart reassume a Presidência com todos os seus poderes. Leonel Brizola, agora reconhecido e prestigiado por ser um político ativo, com ambições de chegar à Presidência da República, nas eleições de 1966 inicia uma nova luta para alterar a Constituição, que não permitia a eleição de parentes próximos ao presidente em exercício.

Se João Goulart fosse prudente, seguindo a Constituição, mantendo a ordem, o ordenamento político e a paz no país, com certeza faria um bom governo e poderia ter implantado, com o apoio do parlamento, algumas das suas reformas de campanha. No entanto, por influência de Leonel Brizola, seu cunhado, prócer político independente e ambicioso, com raízes fortes no caudilhismo de Getúlio Vargas, com intenso apelo nas suas rádios, com o claro objetivo de ser o seu sucessor a qualquer preço, o presidente pouco a pouco se afasta do centro político e tradicional do Brasil.

Jango desloca seus discursos e suas ações, apoiando todas as entidades de esquerda, todos os sindicatos, que agora têm a permissão de paralisar o país por greves fora de hora e apoiar as ligas camponesas que atuam no nordeste, que, em suas invasões na busca de reforma agrária, sem fundamento técnico para o sucesso, querem substituir o trator pela enxada, espalhando o ódio e o medo pelo interior. Promete encampar as refinarias e atender aos pedidos para legalizar o Partido Comunista do Brasil, com suas pautas de atraso e bandeiras vermelhas, cada vez mais frequentes nas manifestações populares que ocorrem com proteção do Exército e da polícia. As influências das revoluções marxistas, que partem da ilha de Fidel Castro, pois Cuba é especialista em exportar revoluções, conforme palavras do seu líder máximo, têm muitas vozes em refrão. Como era previsível, a reação começa a tomar forma, principalmente em Minas Gerais, o estado mais conservador e católico do Brasil, que percebe que a agitação só tem um propósito: estabelecer uma nova ordem política e uma nova Constituição outorgada com todas as reformas de base ditadas por uma República Sindicalista.

Em 13 de março de 1964, um comício gigante na área da Central do Brasil, cerca de 300 mil presentes, cujos lemas e discursos, incluindo as palavras violentas de Leonel Brizola, embora com um discurso mais leve de João Goulart, são claros de que uma nova Constituição precisa ser aprovada, mesmo à bala, como afirmam os cartazes: reforma agrária sem critérios, direito de voto e de participação política de sargentos, de cabos e soldados, o que é proibido pela Constituição de 1946. Um incentivo claro à insubordinação na estrutura das Forças Armadas, o que fica claro nas palavras do cabo Anselmo, que prega desobediência aos seus superiores militares, ou seja, o fim das hierarquia nas Forças Armadas, em consequência de sua dissolução, as responsáveis pela integridade territorial do Brasil e pelo respeito à Constituição em vigor. Exército, Marinha e Aeronáutica são órgãos de Estado, e não de governo.

As reações dos jornais, de políticos não radicais e do público em geral foram de espanto, de indignação e revolta; inclusive, o Exército fornecera uma proteção especial à comitiva presidencial, o que aumentava o ultraje, por ter ficado calado. Passeatas, marchas, reuniões, quando as palavras pátria, religião e família eram os lemas escutados, além de pedidos para as Forças Armadas tomarem atitude: uma intervenção militar era solicitada por milhões de brasileiros, que invadem as ruas em 19 de março de 1964; a principal passeata talvez tenha sido em Belo Horizonte.

Carlos Lacerda, governador do estado da Guanabara, um dos maiores críticos de João Goulart, orador brilhante e jornalista da *Tribuna da Imprensa*, diz nas suas memórias não possuir tropa ou força militar pública sequer capaz de defender a sede do seu governo, quanto mais para promover uma insurreição, pois parte dos oficiais da força pública estadual tinham aceito proposta da presidência para atuar na esfera federal.

Carlos Lacerda, depois de apoiar Luiz Carlos Prestes em 1946, agora é um feroz anticomunista, mas sem armas. Mas seus discursos são farpas à atuação de Jango. Nas sombras, a figura do general de quatro estrelas Olímpio Mourão Filho, com comando no Rio Grande do Sul, conhecedor das tradições dos caudilhos gaúchos, nas suas memórias é claro como prepara e monta uma operação para evitar o golpe por parte do presidente João Goulart. Com o comando de brigada em Juiz de Fora, Minas Gerais, ele trabalha para ter a unidade militar preparada, com os veículos prontos para a ação. Com apoio dúbio do governador Magalhães Pinto, político mineiro sempre indeciso, em cima do muro, sabe que o momento chegou depois dos acontecimentos de 13 de março de 1964. A data de 31 de março é a escolhida; contatos com capitães e tenentes de unidades amigas já foram estabelecidos, de modo a não encontrar obstáculo no caminho para o Rio de Janeiro.

*O contragolpe precisa ser rápido, tenho que chegar em 24 horas no Ministério da Guerra no Rio de Janeiro, bloqueando todas as comunicações, de modo a evitar que unidades legais pudessem ser ativadas. A surpresa é a chave do sucesso.* – Palavras do general Olímpio Mourão Filho.

*Generais de quatro e cinco estrelas, nos seus escritórios com ar-condicionado, não dispõem de tropas, portanto, não têm nenhum poder e estão mais envolvidos nos seus interesses pessoais, nas suas promoções, nas pensões e não são tentados a ir contra as normas gerais, não assumem riscos* – explica o general Olímpio Mourão Filho ao falar dos seus camaradas que não queriam tomar posição no golpe em andamento.

*O marechal Castelo Branco, inclusive, queria que eu adiasse a data* – reafirma no seu diário.

*Na última hora, o governador Magalhães Pinto, que devia fazer pronunciamento à nação, protela a decisão e depois envia algo meio confuso, pois os governadores do Rio Grande do Sul, do Paraná e de São Paulo apoiam a minha atitude e aguardam o manifesto* – continua o general Olímpio Mourão Filho.

Como o general Assis Brasil afirma que o presidente tem o apoio das Forças Armadas, no Catete, o presidente João Goulart é pego de surpresa. Como ele, muitos acreditam que o governador Carlos Lacerda faça parte da ação. Na realidade, Carlos Lacerda mal consegue apoiadores que, com seus revólveres e pouca munição, chegam para proteger o Palácio Guanabara, prédio sem as *mínimas condições de defesa e com apenas uma linha telefônica em operação.* (Fragmentos das memórias de Carlos Lacerda.)

*A reação possível estava com o almirante Aragão, que comandava a guarnição dos fuzileiros navais, tropa de elite treinada pelos americanos e equipada com equipamento militar ultramoderno e que deveria se deslocar para tomar o Palácio Guanabara, o que seria uma moleza. A situação era tão complicada que o marechal Castelo Branco sugere que o melhor era eu fugir do desastre, indo para lugar mais seguro. Conselho que eu rejeitei* (afirma Carlos Lacerda nas suas memórias). *Apesar das ameaças o ataque nunca ocorreu, pois o almirante Aragão, talvez, depois das palavras atrevidas não teve os culhões necessários para a ação, chorando ao ser preso nos dias seguintes –* conclui Carlos Lacerda.

*Quando eu cheguei de noite no Quartel-General do Rio de Janeiro, o general Costa e Silva estava dormindo, quando eu exigi que ele fosse despertado de imediato, para assumir posição de comando.* (Palavras do general Olímpio Moura Filho no seu diário.)

*No dia 1.º de abril, quase todo o Exército estava unido na revolta, muitos dos chefes de 4 e 5 estrelas, antes temerosos e prudentes em demasia, agora eram todos elogios e cientes do contragolpe. E o presidente João Goulart, numa atitude positiva, elegante e desprendida, desiste de resistir. Ele não quer ver sangue de brasileiros nas ruas do País e, no dia 2 de abril de 1964, voa primeiro para Brasília e depois para Porto Alegre, deixando vago o cargo. Os tanques que protegiam o Catete se deslocam para o Palácio Guanabara e assumem posição de defender o governador Lacerda contra atos desesperados dos aliados de Jango.* (Palavras extraídas das memórias de Carlos Lacerda, que começa a organizar os detalhes para ocupar o vácuo político deixado pelo abandono do cargo por João Goulart.)

Pela Constituição, Raniere Mazzilli, presidente da Câmara dos Deputados, assume a função provisoriamente por até 30 dias, enquanto o poder constituinte do contragolpe define as decisões e escolhe entre o marechal Castelo Branco, da linha moderada, e o general Costa e Silva, da linha dura, como autoridade constituinte para assumir o comando e preparar a transição constitucional.

*As Constituições são alteradas através do voto popular ou por uma revolução vitoriosa que tenha apoio popular.*

# 28. O GOVERNO DE CASTELO BRANCO ATÉ 1966 E OS ATOS INSTITUCIONAIS.

Por ser o oficial mais antigo, chefe do estado maior do Exército, o marechal Castelo Branco é aclamado como líder da revolução. Conhecido pela lucidez do pensamento, com cursos de aperfeiçoamento, primeiro na França e depois nos Estados Unidos, durante a Segunda Guerra Mundial, participou das ações da FEB durante as lutas na Itália e foi o estrategista e mentor da tomada do Monte Castelo, vitória importante por quebrar as barreiras montadas pela Wehrmacht para impedir o avanço das tropas aliadas e permitir a fuga das suas divisões, evitando o cerco e a rendição. Como professor da Escola Superior de Guerra, era admirado pelos colegas de farda, a maioria antigos alunos. Com seu nome lançado e apoiado por políticos, incluindo Carlos Lacerda, apesar de ser considerado um teimoso, um cabeça dura, é o escolhido como chefe do poder constituinte da revolução, assumindo o comando após a renúncia forçada de Ranieri Mazzilli, depois de 13 dias como substituto de João Goulart. Em 11 de abril, numa eleição indireta, contra Juarez Távora e Eurico Gaspar Dutra, é eleito para ser o 26.º presidente do Brasil. A sua posse, mesmo com restrições do general Costa e Silva, ocorre em 15 de abril de 1964.

O A1, primeiro Ato Institucional, em 9 de abril, estabelece as regras do governo revolucionário e vai legitimar a posse do marechal Castelo Branco dentro do menor prazo possível. Evitar a quebradeira e a paralisação das empresas, dos negócios e das fábricas, instabilidade que provoca inflação e o descomunal aumento da emissão de papel-moeda para não parar a máquina pública, como ocorreu durante os 30 dias decorrentes da renúncia de Jânio Quadros, é a preocupação de todos.

O Ministério formado pelo presidente Castelo Branco era para governar o Brasil até o término do mandato do governo João Goulart, em 1966, quando todos esperam a realização de novas eleições. Como conservador em excesso, coloca Roberto Campos na Economia, brilhante na teoria, mas sem a necessária prática; seu plano de metas não apresenta as intenções do movimento revolucionário. Milton Campos na Justiça, extremamente legalista, não estava preparado para decisões rápidas, inclusive sendo contrário, como Vasco Leitão da Cunha, nas Relações Exteriores, ao rompimento de relações com Cuba, desejo da maioria, país que incentivara e financiara os movimentos grevistas que pararam o Brasil. Carlos Lacerda, grande apoiador de Castelo Branco desde o início, aos poucos começa a criticar a atuação dele, que depois de tomar uma decisão não volta atrás, pois era teimoso e vaidoso ao extremo, o que provoca ruído nas comunicações entre ambos. Numa tentativa de pacificação, Carlos Lacerda aceita participar de eventos em Paris para defender a revolução. Ele leva uma carta para De Gaulle e participa de entrevistas pelas rádios e televisões, pois as críticas e as manchetes dos periódicos não têm ideia do que acontece no Brasil.

Orador brilhante, não deixa sem respostas as sarcásticas desinformações vindas com as perguntas. A primeira pergunta era se a revolução fora feita com apoio dos americanos:

– *Não, há um engano, o que foi feito com o apoio dos americanos foi a libertação da França.*

Lacerda refutava a vinda de esquadra americana como suporte, pois o movimento surgira no interior do Brasil.

– O senhor, na juventude, foi comunista?

– *Sim! Fui como o ministro André Malraux.* – Responde Carlos Lacerda, com riso irônico.

– Como o senhor explica uma revolução sem sangue?

– *As revoluções no Brasil são como os casamentos na França!* – replica Lacerda.

– E as torturas no Brasil?

— *Houve prisões, muitas injustificadas, precipitadas mesmo, mas desconheço o uso de torturas, principalmente pelo governo Castelo Branco ser da ala moderada do Exército.*

Carlos Lacerda está em Londres, quando, em 10 de junho de 1964, Juscelino Kubitschek tem seus direitos políticos cassados. Desde 1961, com Jânio Quadros no poder, já havia denúncias quanto às despesas da construção de Brasília. Mesmo apoiando e votando em Castelo Branco, o ex-presidente não foi poupado, principalmente pela posição e pressão do general Arthur da Costa e Silva. Para muitos, a pretensão de Carlos Lacerda de concorrer ao pleito de 15 de outubro de 1965 ganhava força, o que ele nunca esconde, apesar de afirmar ser do seu partido, a UDN, a devida homologação. No exterior, Carlos Lacerda era questionado sobre uma possível dilatação do período de governo de Castelo Branco, o que era desmentido.

*O presidente, nas suas falas, sempre foi contra as reeleições e contra a dilatação de mandatos em todas as esferas de poder.*

O Ato Institucional 2, de 27 de outubro de 1965, desagrada os liberais que apoiam a revolução, pois, além de ampliar os poderes do presidente, que pode estabelecer estado de sítio por 180 dias, fechar o Congresso e acabar com os partidos políticos, amplia o governo de Castelo Branco por mais um ano, acabando com a possibilidade das eleições previstas para outubro de 1965. Uma mensagem clara de que, quando os militares intervêm, o fazem para valer, pois não confiam no sistema político implantado no Brasil desde a declaração da República.

A tradição do "toma lá, dá cá" contamina todos os atos e feitos da política, pois o poder da caneta ou da espada presidencial vai despertar a cobiça e ampliar a corrupção, atraindo e protegendo bajuladores, os parasitas em busca de refúgio em cargos públicos ou em posições de criar dificuldades para vender facilidades.

Para Carlos Lacerda, o ideal da revolução fora traído, um ato imoral, algo que rejeita pela mudança dos argumentos de Castelo Branco, desconhecendo as razões da alteração da opinião do presidente. Como ele afirma:

*Posso até desistir da minha candidatura, mas nunca das eleições.*

Lacerda começa a organizar uma frente única, em que os nomes de antigos rivais, como Jango e Juscelino Kubitschek, aparecem para iniciar uma luta pacífica.

A partir de fevereiro de 1966, o AI-3 introduz o sistema do bipartidarismo, com a Arena englobando os nomes do governo, em que Filinto Müller, o antigo chefe de polícia de Getúlio Vargas, é o chefe no Congresso da Arena, enquanto o MDB aglutina os opositores do governo. As charges da época mostram a cara do abandono e da frustração dos partidos nanicos, fora da mesa das discussões políticas do Brasil. Enquanto eles dizem sim, o presidente, dando um murro na mesa, diz não.

O ato AI-4, de janeiro de 1967, outorga uma nova Constituição, que entra em vigor quando o general Artur da Costa e Silva, em eleição indireta, assume como 27.º presidente em março de 1967. Castelo Branco apoiava o general Geisel como seu sucessor, mas é derrotado pela linha dura do general Costa e Silva, que, com mão de ferro, vai impondo em Brasília a filosofia das mudanças. Para o público em geral, por ter acabado com o regime das badernas na administração de João Goulart, com apoio da mídia escrita, dos rádios e das televisões, há simpatias populares com relação aos militares.

O general Costa e Silva, como ex-ministro do Exército do governo provisório de Mazzilli, foi decisivo na cassação de 41 deputados e na prisão de governadores, no momento que substitui Castelo Branco, além de iniciar projetos para melhorar a infraestrutura do Brasil, contando com financiamentos externos, com juros subsidiados pelo BID, dando início ao chamado Milagre Brasileiro; ao endurecer com as alas revolucionárias que iniciam ações terroristas, como ataques a bancos e a quartéis em busca de armas e mesmo roubos em mansões de milionários, dá origem aos denominados anos de chumbo.

# 29. MARECHAL COSTA E SILVA

Gaúcho de Taquari, o marechal Costa e Silva fazia parte do chamado núcleo duro da revolução de 1964, em contrapartida à ala moderada do marechal Castelo Branco. Suas palavras e ações eram para impedir que os políticos que provocaram a crise de 1961 a 1964 retornassem à cena política, assumindo cargos no governo. Eleito por votação indireta no Congresso, será o 27.º Presidente do Brasil; ele vai ampliar a cassação de políticos e dirigentes que, por meio de fraudes, de conchavos e barganhas, loteavam o governo para manter seus privilégios e cargos.

Nas suas memórias, Carlos Lacerda, governador da Guanabara, era favorável às restrições constitucionais. Inclusive, fora a medida usada para eliminar corruptos do seu governo. No entanto, muitos governadores do nordeste mantinham o seu estado como um feudo, onde as eleições eram fraudulentas. O excesso das medidas restritivas para afastar apenas adversários políticos obriga o governador Carlos Lacerda a formar uma frente única com ex-presidentes para se contrapor aos atos arbitrários. Em breve, ele será outro cassado.

Na Escola de Engenharia da Universidade Federal do Rio Grande do Sul (UFRGS), onde eu lecionava, um dos professores era filho do general Emílio Garrastazu Médici, sendo fonte de notícias que nem os periódicos traziam; eram dados que vinham direto das cocheiras.

O início das ações terroristas, com agentes treinados em Cuba, nação que exportava revoluções por toda a América Latina e que fornecia os recursos necessários para financiar as operações e organizar a Ação Libertadora Nacional, encontra os dirigentes militares despreparados, o que resulta nos atos institucionais promulgados.

Entre os revolucionários, duas correntes divergiam. Uma propunha a luta urbana com ataque aos bancos, a execução de sequestros e ataque às mansões de milionários para obter os recursos necessários para financiar a luta armadas, enquanto outra ala era favorável à instalação de guerrilhas pelo interior do Brasil, seguindo o exemplo de Sierra Maestra com Fidel Castro.

Começa uma guerra não declarada entre estudantes, agentes sindicais e membros do PCB, como Carlos Marighela, com seu *Manual do guerrilheiro urbano*, e um sistema repressor que, aos poucos, começa a se estruturar para prender os membros, obtendo informações para encontrar os cabeças protegidos pelo anonimato.

Em 13 de dezembro de 1968, o Ato Institucional 5 reforça o poder militar e autoritário do presidente Costa e Silva com poderes para fechar o Congresso, eliminar o Supremo Tribunal Federal (STF) e iniciar um movimento contra os extremistas que tentam acabar com o Regime Militar e implantar uma República Democrática no Brasil, seguindo o modelo de Cuba.

Sofrendo um derrame que o incapacita, Costa e Silva será substituído pelo general Emílio Garrastazu Médici numa eleição indireta chancelada pelo Congresso em 30 de outubro de 1969. O 28.º Presidente do Brasil vai continuar a política de desenvolvimento iniciada com Castelo Branco. Com financiamentos do BID, é importante melhorar a precária infraestrutura do Brasil, investindo em portos, em estradas, em hidroelétricas, em pontes e usinas nucleares.

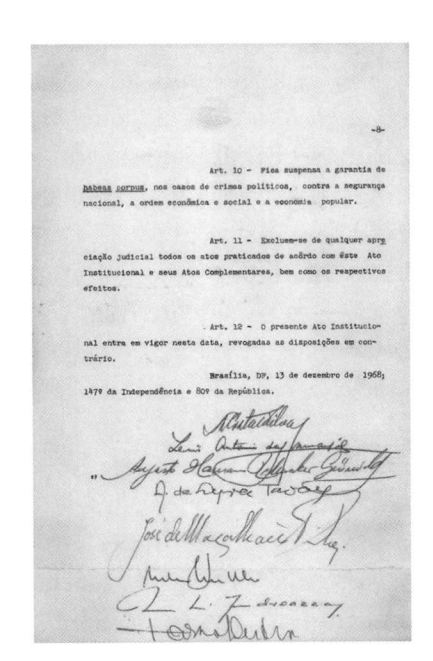

Para a população civil, longe da guerrilha urbana, restrita ao Rio de Janeiro e a São Paulo, o clima era de segurança; os índices de criminalidade caíam, e a implantação do Programa de Investimento em Obras Públicas alavancava a indústria nacional. Foi nesse período, em fevereiro de 1969, que eu, Felipe Daiello, formado em energia elétrica industrial e eletrônica e o engenheiro Paulo Menezes, especializado em telecomunicações e aeroportos, criamos uma empresa para trabalhar nos projetos e instalações criados pelo governo, a Elcom – Eletricidade e Comunicações, cujo nome representa as especialidades dos dois engenheiros: eletricidade e comunicações. O Brasil era um canteiro de obras, com oportunidades para todos; uma classe média mais robusta surge; muitos operários entram num mercado de trabalho promissor.

Em 1970, o Brasil alcança o Tricampeonato Mundial de Futebol, no México; o presidente Médici aparece no Maracanã com o rádio de pilha colado aos ouvidos. Uma onda de patriotismo circula pelo país: *Brasil, ame-o ou deixe-o.*

Em 1971, Walt Disney apresenta uma revolução ao construir um parque temático na Flórida: Disneyland. No mesmo ano, em visita à China de Mao Tsé-Tung, o presidente Nixon, dos Estados Unidos, transforma o pingue-pongue num esporte diplomático. A partir de 1972, as novelas serão vistas a cores. Na Festa da Uva, em Caxias do Sul, surge a nova vedete de consumo. As plantações de soja invadem as coxilhas do Rio Grande do Sul, anunciando nova riqueza.

# 30. GOVERNOS MILITARES: ERNESTO GEISEL E JOÃO BAPTISTA FIGUEIREDO

Em 15 de março de 1974, o gaúcho de Bento Gonçalves, Ernesto Beckmann Geisel, que pertencia à linha branda, chamada castelista, sabia que o regime militar esgotava a sua vida; era necessário estabelecer uma lenta e gradativa distensão. Como 29.º presidente do Brasil, mesmo com a oposição de Garrastazu Médici, mas com o apoio de Golbery do Couto e Silva, ele estabelece uma nova orientação do seu governo e indica o seu sucessor. Mesmo com a crise do petróleo de 1973, que abala a economia mundial, o PIB brasileiro continua crescendo e chega a 8,1% em 1974, mas a oposição do MDB, que aumentara o número de cadeiras no Senado e na Câmara Federal, demandava reformas e eleições.

Em 1975, Geisel estabelece com a Alemanha Ocidental um acordo para instalação de uma usina nuclear em Angra dos Reis. O projeto vai permitir que o Brasil receba os dados científicos e técnicos para o domínio da energia nuclear.

Em 1977, tendo em vista a oposição do MDB, fortalecido pelas eleições municipais, usa o AI5 para fechar o Congresso e efetuar a reforma no Judiciário, providência vetada pela oposição. Os atos favorecem os candidatos da Arena nas eleições indiretas para governadores. No ano da serpente de fogo, a inflação chega a 38,85%, o petróleo vale 8,28 U$ o barril, o PIB cai para 5% e o dólar americano vale 15,80 cruzeiros.

Em Itaipu, palavra indígena que significa pedra que canta com a água, era necessário desviar o curso do rio Paraná para permitir a construção dos três lances das barragens, numa extensão de quase 8 quilômetros. O canal do desvio, com 2 quilômetros de comprimento, 150 metros de largura e 50 metros de profundidade, precisava ser escavado em rocha dura.

Em 1978, o rio Paraná segue o novo curso e começa a etapa de preparar as necessárias fundações da represa. Uma multidão de operários atraídos pela obra exige uma logística nunca vista no Brasil. A cidade de Foz de Iguaçu não é mais a mesma.

Em 1977, a morte do jornalista Vladimir Herzog, numa cela do DOI-CODI, em São Paulo, abala o governo e emociona a nação. Numa atitude contra a opinião do general Sylvio Frota, representante da linha dura, Geisel consegue indicar seu sucessor, o general João Baptista Figueiredo, que assume o governo em 15 de março de 1979, como o 30.º presidente do Brasil. Apesar de ser carioca, João Figueiredo inicia a sua carreira militar na Escola Militar de Porto Alegre e assume o compromisso de implantar a normalidade democrática. Como último ato, Geisel revoga o AI-5, o que aumenta os protestos da oposição e favorece o surgimento de novas lideranças sindicais no ABC paulista, bem como o aumento no número de greves e o movimento nacional demandando: Diretas Já, para as eleições.

A Lei da Anistia, de 28 de agosto de 1979, do presidente João Baptista Figueiredo, de modo geral e amplo, encerra o período chamado de anos de chumbo, perdoando todos os elementos subversivos, os presos políticos e os agentes que enfrentaram com armas e polícia os elementos rebeldes. Todos os processos nos tribunais militares foram suspensos ou anulados. Os exilados podem retornar sem preocupações, com ficha limpa para todos. As palavras de João Baptista Figueiredo eram claras:

*Lugar de brasileiros é no Brasil.*

Em 1980, o papa João Paulo II visita o Brasil. O governo de João Figueiredo enfrenta a segunda crise internacional do petróleo, o que se reflete no aumento do patamar da inflação, bem como uma queda do PIB de 2,5%, depois de vários anos em que sempre superava os 10%.

Em 1982, as comportas do canal de desvio do rio Paraná são fechadas, e o imenso lago artificial de Itaipu começa a tomar forma; serão 1.350 quilômetros quadrados de extensão, ocupando áreas do Paraguai e do Brasil. Numa atitude ecológica, além de transferir as vilas e povoações das áreas inundadas, pela compra ou relocação em áreas seguras, era importante, numa operação gigantesca, retirar os animais das ilhas que se formavam com o surgimento do lago, antes de as águas, subindo, provocarem uma catástrofe. Até cobras precisavam ser retiradas dos galhos das árvores. No entorno, uma reserva florestal aparece para abrigar os sobreviventes; até as onças, agora, têm abrigo seguro.

Outra alteração na paisagem será o desaparecimento da cachoeira das Sete Quedas, localizada em cota inferior a montante do lago. Por sinal, num voo como carona num avião da FAB, tive o privilégio de, do alto, dar uma mirada em uma beleza natural que o progresso vai eliminar. Sobraram apenas fotos e pinturas dessa maravilha da natureza. Com 20 turbinas de 14 MW, o complexo energético custou cerca de 18 bilhões de dólares. A primeira turbina gera energia em 1984, e a última turbina será instalada em 2007. O complexo de Itaipu, a maior obra executada no Brasil, até a construção da usina chinesa em Três Gargantas, será a maior hidroelétrica do mundo, permitindo o crescimento da nossa economia de forma sustentável. A obra faraônica, segundo os *slogans* repetidos pela oposição radical, mostra a realidade da construção do maior complexo hidroelétrico nas Américas, apesar das críticas ideológicas da época. Uma visita hoje ao complexo de Itaipu enche de orgulho a todos, principalmente se forem engenheiros.

Mesmo contrariado, o quinto e último presidente do regime militar cumpre o seu compromisso para restabelecer a democracia no Brasil. Algumas das suas palavras desconsideradas no momento só o futuro podem confirmar:

> *Vocês querem, então vou reconhecer esse sindicato como partido. Mas não esqueçam que um dia esse partido chegará ao poder e lá estando tudo fará para introduzir o comunismo, e nesse dia vocês vão querer tirá-los de lá. E para tirá-los de lá será à custa de muito sangue brasileiro.*

Apesar de questionamentos, as palavras do presidente João Baptista Figueiredo foram ditas no mesmo ano de fundação do PT, em 1980, tendo Luiz Inácio da Silva como presidente de honra.

# 31. A DEMOCRACIA DESPERTA NO BRASIL

Como desfecho de um cronograma programado, um novo ato, como numa peça de teatro, acontece em Brasília, no dia 15 de janeiro de 1985. Seguindo a Constituição de 1967, como a emenda Dante de Oliveira para modificar a cláusula constitucional não obteve os dois terços dos votos necessários, a eleição para escolha do 31.º Presidente do Brasil ainda será indireta, porém os candidatos são civis escolhidos pelos partidos políticos. Apesar dos esforços dos regimes militares de afastar todos os políticos responsáveis pelos desvios e crimes que justificaram a ação de 31 de março de 1964, as precauções falham de fato. Tancredo Neves, candidato da oposição, antiga raposa política mineira, responsável pela criação do Parlamentarismo em 1961, sendo ainda o primeiro-ministro do parlamento, vence com 480 votos o paulista Paulo Maluf, que por muito pouco não fora caçado pelos desvios e peculatos cometidos em São Paulo. Maluf, como representante da situação, só obtém 180 votos.

No entanto, por descuido com sua saúde, Tancredo Neves, com problemas de diverticulite não tratados devidamente, vai ter uma apendicite violenta. Depois de 40 dias na UTI, ele vem a óbito, mantendo o seu suplente, o senador José Sarney, prócer político do Maranhão, que governa o Estado como feudo familiar, como o 31.º presidente do Brasil. Desde 1984, ano do 15.º aniversário da Elcom, sob o signo do rato da madeira, quando neva em Porto Alegre, os efeitos da segunda crise do petróleo continuam. A inflação, no patamar de 200%, o PIB só cresce 5,4%, o dólar, no final do ano, vale 3.008,00 cruzeiros, e a Bolsa cai para 7.000 pontos. O fantasma inflacionário, a partir de 1985 refortalecido, exige precauções por parte dos empresários, pois os insumos atrelados ao dólar variam a cada dia. As faturas a pagar vencem a cada duas semanas, mas as receitas estão engessadas. Os órgãos públicos, atrasando o pagamento, usam a inflação como modo de aumentar sua receita, pois aplicam o saldo de caixa enquanto protelam as suas obrigações. A inflação nos proporciona uma receita extra – afirma um dos governadores do Rio Grande do Sul.

Despreparado, o presidente Sarney não consegue controlar as contas públicas. Esquece que o importante não é a quantidade do gasto público, mas sim a sua qualidade, principalmente em investimentos públicos que proporcionem retornos para pagar os empréstimos necessários, pois o governo não consegue formar poupança, sendo especializado em aumentar custos, mesmo falando em atuação social como desculpa. Em 1986, além do desastre nuclear de Chernobyl, temos o Plano Cruzado I, que altera o padrão monetário cortando três zeros das notas, um cruzado vale mil cruzeiros, enquanto um controle rígido de preços é implantado, principalmente nos supermercados. Os fiscais de Sarney, de modo quixotesco, são manchetes nos jornais.

Como esperado, o projeto Dílson Funaro falha, e ele é demitido. Em novembro de 1986, o Plano Cruzado II institui o empréstimo compulsório, e os combustíveis têm aumento de 60%; para reduzir a inflação, o insumo básico da economia é aumentado. Em julho de 1987, por 60 dias, os preços, os aluguéis e salários são congelados pelo Plano Bresser. No final do ano, o dólar vale 67,42 cruzados, a inflação alcança 421,568%, e o barril de petróleo atinge 15,4 dólares americanos, enquanto o salário mínimo estaciona em 3.600 cruzados. Todos ficam mais pobres, o que ocorre também com a Elcom, que perde 30% do seu patrimônio. Em 1988, após muitas discussões, temos uma nova Constituição, que recebe a denominação, por Ulisses Guimarães, de Constituição Cidadã, por falar mais em direitos do que deveres. Muitas das cláusulas exigem futuras leis reguladoras, o que vai tornar difícil a administração geral do país. Por outro lado, o Poder Judiciário sai fortalecido, obtendo maior parcela do gasto público e ampliando a sua atuação por meio dos procuradores, algo que torna a justiça mais lenta, pois surge um quarto poder.

Em 1989, duzentos anos após a Queda da Bastilha, o muro de Berlim, que separa a Alemanha e o mundo, começa a ruir. Uma revolução, além de eliminar a Cortina de Ferro, proporciona a liberação das nações sujeitas aos tacões da Rússia e dos partidos comunistas. O Plano Verão, no Brasil, além de eliminar a correção monetária automática, criada por Delfim Netto, ainda em 1989, estabelece, com o corte de três zeros, o Novo Cruzado, que vale mil cruzados antigos. A inflação chega a 1.782,9%, o dólar vale 9,177 novos cruzados, e o salário mínimo fica em NC$ 788,18. Em 1990, para confundir as estatísticas e os empreendedores, temos vários índices para definir a inflação; uma salada de cifras. O IPCE indica 1.794,14%, o IOCE FIPE marca 1.398,82%, o IGP da FGV apresenta 1.476,17%, e o governo apresenta o BTN com 959,97%, índice que usa para corrigir as suas dívidas, enquanto as receitas são corrigidas por um valor mais elevado. Mais trabalhos para os advogados tributaristas e para as bancas especializadas. Para a Elcom, o importante era fazer a obra no menor tempo possível com cláusulas adequadas ao cronograma contratual, em que os pagamentos estavam ligados ao fornecimento de equipamentos e materiais na obra; depois, era importante acompanhar as faturas para agilizar pagamentos, e o importante era escolher serviços e obras essenciais com verbas garantidas. Se não seguíssemos a bíblia, a falência seria o castigo.

No Brasil, as ideias marxistas de estado gigante, controlando a economia e criando leis que beneficiam as classes privilegiadas, continuam em alta, principalmente nas universidades, sindicatos e órgãos públicos, como os ligados ao transporte, à comunicação e à energia elétrica. Uma nomenclatura cresce de modo devastador, o que é prejudicial para os que escolhem um caminho distinto, como o dos empresários, e que retarda as rodas da fortuna no destino do Brasil. Surge outro drama nos caminhos seculares do Brasil.

## 32. O CAÇADOR DE MARAJÁS

Depois do desastre econômico do governo José Sarney, com tantas tentativas e químicas para controlar a inflação, para o pleito de 1990, um nome apoiado pela mídia, pelo sistema e setores comercias e bancários, um governador de Alagoas, estado sem muita expressão no Brasil, com nome desconhecido, aparece como salvador da pátria, tendo por propaganda o fato de reduzir os altos salários de uma casta de funcionários públicos. A propaganda era fértil em destacar qualidades pouco conhecidas sobre a administração, sobre erros e acertos de Fernando Collor.

Disputando com Leonel Brizola, do PDT, Luiz Inácio Lula da Silva, do PT e demais partidos da esquerda, incluindo o PCB, no segundo turno, Collor enfrenta Lula, saindo vencedor em pleito aguerrido. No ano do cavalo de ferro, segundo o horóscopo chinês, o primeiro ato da ministra da Fazenda, Zélia Cardoso de Mello, pessoa desconhecida nos meios financeiros, foi bloquear por 18 meses as contas superiores a 50 mil cruzados novos; até a poupança não fica isenta. As medidas impopulares provocam reações, e os negócios ficam paralisados por falta de liquidez corrente. A Elcom perde clientes e obras. A economia vira um pandemônio: contratos são rasgados e, como resultado, o BIP fica negativo; o barril de petróleo fecha o ano em 28,5 dólares americanos; o dólar encerra o ano em 151,3 cruzeiros; o salário mínimo está em 8.836,82 cruzeiros. O padrão monetário passa de cruzado novo para cruzeiro, com a tradicional eliminação de três zeros.

O irmão mais jovem de Fernando Collor, por inveja, por problemas desconhecidos, alguns de anos passados, faz denúncias sérias contra o presidente; as acusações envolvem o tesoureiro da campanha, Paulo Cesar Faria, que, responsável pelas contas da campanha, no governo uma eminência parda, monta um sistema de arrecadação de fundos para facilitar os negócios de Estado. Mesmo com um tumor no cérebro, acusado de ser incapaz, Pedro Collor mantém e amplia as acusações, o que origina uma comissão de inquérito que culmina com o processo de *impeachment* de Fernando Collor. Com uma campanha a favor dos caras pintados de preto ganhando as ruas, o presidente Fernando Color renuncia em 1992, passando o cargo para Itamar Franco, seu vice-presidente, antes do seu julgamento no Congresso. No futuro, tanto PC Farias como sua amante aparecem mortos, numa situação complicada e confusa; para uns, uma queima de arquivos, para outros, uma morte seguida de suicídio, caso em que ainda hoje há incógnitas. Fernando Collor, no futuro, perderá os seus direitos políticos por 8 anos.

O político mineiro, considerado cabeça-dura, temperamental, irascível, guardava rancores no refrigerador, segundo seus colaboradores. Durante seu curto período governamental, teve 55 ministros, sendo quatro na pasta da Fazenda; somente o último, Fernando Henrique Cardoso, será lembrado, mas não como sociólogo. Itamar Franco tenta reviver o nosso famoso Fusca, não mais fabricado por estar obsoleto, entre suas medidas, mostrando insegurança na condução do Brasil.

Fernando Henrique, professor universitário em São Paulo, exilado no Chile durante o período militar, fica famoso quando afirma: *Esqueçam os livros que eu escrevi*. Tenta esconder o seu passado simpático aos movimentos da esquerda. No governo Itamar Franco, Fernando Henrique Cardoso era ministro das Relações Exteriores, sendo deslocado para o Ministério da Fazenda para resolver o problema da hiperinflação. No final de 1983, a inflação atinge 2.708,4%, o dólar vale 320,92 cruzeiros, e o PIB está em 4,2%.

Com o apoio de economistas de renome em estudos desde 1993, por meio de Medida Provisória, o Plano Real, após meses de planejamento e de medidas acessórias, traz o milagre que consegue a desindexação da economia. São modos de conversão inteligentes aplicadas de modo gradual, incluindo cortes de despesas, privatização de empresas públicas e aumento de impostos. Com Pérsio Arida, Pedro Malan, Edmar Bacha e André Lara Resende no comando da equipe de notáveis com seus auxiliares, baseado na filosofia de John Keynes, temos a URV: Unidade Real de Valor associada ao cruzeiro real, que é o antigo cruzeiro com menos três zeros. A URV variava com a inflação, que chega ao pico de 45% ao mês, em julho de 1994, quando a URV atinge o valor de 2.750 e se transforma em novo padrão monetário do Brasil; o real equivale a um dólar americano. Henrique Cardoso é o político mais famoso do Brasil, o que o catapulta, ele e seu partido, o PSDB, para vencer as duas próximas eleições presidenciais, apesar de alguns partidos de esquerda serem contra o Plano Real.

Para se ter uma ideia dos efeitos danosos da inflação, algo criado pela má gestão das coisas públicas e dos órgãos paquidermes criados pelos políticos para abrigar seus eleitores, por gastar mais do que arrecada, sendo obrigado a contrair empréstimos, o governo acaba com a iniciativa privada e coloca mais brasileiros na miséria; basta olhar as estatísticas, pois a inflação empobrece a todos. Se, em 1970, um milionário guardasse no colchão a fortuna de dois trilhões e setecentos bilhões de Cruzeiros, em 1994, a sua poupança valeria apenas um real, triste resultado após as diversas conversões monetárias.

Com o sucesso do Plano Real, a estabilidade atingida na economia quando nossa moeda está ao par do dólar produz uma revolução no Brasil, quando milhões de brasileiros deixam de pagar o imposto mais odioso, que é o confisco indireto dos seus recursos pela inflação. Impulsionado pelo sucesso que a propaganda mostra ser só dele, Fenando Henrique Cardoso será eleito presidente do Brasil no período de 1994 a 1998 e, com a reeleição, governará a nação até 2002.

# 33. OS GOVERNOS E DESACERTOS DE FHC DE 1994 A 2002

Apesar do sucesso obtido por FHC com o Plano Real, ao se aliar ao PFL, partido em que muitos próceres da Arena e apoiadores do regime militar, que muitos chamavam de golpe e outros de contragolpe, encontram abrigo, ao escolher Marcos Maciel para ser o vice na sua chapa eleitoral, Fernando Henrique Cardoso desvia-se das suas antigas posições. Crítico dos regimes militares, forte na campanha Diretas Já, aposentado prematuramente pelas suas falas e escritos em 1969 na Universidade de São Paulo pelo AI5, o processo da reeleição de 1997, proibido pela Constituição de 1988, que inclui barganhas políticas e compra de votos, deixa mais sequelas na sua biografia.

Muitas medidas consideradas neoliberais pelos seus opositores da esquerda mais à esquerda, como redução do tamanho do estado, reformas administrativas, desregulação dos mercados, alterações na previdência e mudanças nas regras de contratação de mão de obra, e o início das políticas de privatização para eliminar déficits fiscais provocam reações nos muros e pontes: fora FHC. A crise financeira do México em dezembro de 1994 e a moratória da Rússia em 1996 trouxeram dificuldades previsíveis ao nosso balanço de pagamento e ao nosso sistema financeiro. O Proer é criado para atender os ruídos resultantes nos bancos e empresas financeiras. A elevação das taxas de juros para defender a nossa moeda, o nosso real, no entanto diminui o crescimento da nação e aumenta o desemprego, que passa de 5,6% para 7,6% de 1996 para 1997. Na tentativa de tornar a administração mais eficiente, apesar da campanha violenta da oposição, as companhias de telecomunicações, incluídas as estaduais e a Vale do Rio Doce, são privatizadas. Como o Estado é péssimo gestor de empresas e craque na obtenção de prejuízos e o Brasil tinha 10 pessoas para cada telefone, quando o recomendado é no mínimo um aparelho por pessoa, esse era o modo de modernizar o sistema telefônico brasileiro.

No plano agrícola, as medidas e as legislações favorecem os membros dos sem-terra. O MST, mesmo sem ter registro, não sendo empresa registrada, sem nenhum arcabouço legal, aumenta o número de invasões e de manifestações, sem ter suas ações proibidas controladas. No plano social, a Bolsa Família é criada com imensa publicidade, em que o número de famílias beneficiadas serve de propaganda. Outro fato importante é que um projeto social tem o seu mérito no número de associados que saem, e não nos que entram. Outra chave de sucesso é colocar a certidão de propriedade no nome da esposa ou da mulher, pois elas são mais responsáveis, não vendem a propriedade nem tem conta para bebidas no boteco do acampamento.

 No segundo mandato, com a desvalorização do real, a adoção do câmbio livre vai favorecer as exportações e prejudicar as importações, o que pressiona a inflação. O pior de tudo ocorre no final do governo, que enfrenta uma crise hídrica anormal, com as barragens secando, as usinas térmicas existentes com custo mais elevado do Watt-hora não são suficientes para atender à demanda, o que obriga o Brasil a impor racionamentos severos em certas regiões, o que diminui e atrasa a produção e reduzir as rendas de todos. As críticas a Fernando Cardoso aumentam: fora FHC aparece em todos os recantos e paredes.

Mesmo tentando comprar grupos geradores de grande porte, devido à grande demanda chinesa que acelera o seu desenvolvimento, os prazos de entrega dos fornecedores mundiais são gigantescos. No Brasil, as usinas térmicas de emergência instaladas só funcionarão depois do término da crise. No futuro, só irão operar nos períodos de pico, em emergências ou manutenções programadas. No plano econômico, o PIB fica positivo em 0,2, valor quase nulo em função da crise, com o valor de um trilhão e duzentos e sete bilhões de cruzeiros deixados escondidos no colchão, agora no plano real, devido às inflações, temos apenas um real.

Quanto a Elcom, o seu capital atualizado é de 574 mil reais, o suficiente para participar de licitações de maior porte, atividades desenvolvidas desde 1969 e que servem para balizar os acontecimentos políticos, econômicos, financeiros e tributários e mesmo efeitos mundiais que afetam a vida dos brasileiros, principalmente dos empresários considerados cidadãos de segunda categoria. A Constituição Cidadã de 1988 amplia direitos trabalhistas, aumentando os poderes da Justiça do Trabalho, que considera todo empregador quase um criminoso. Muitos políticos, ao discursarem pelo social, desconhecem que a melhor solução é o emprego, e os únicos que criam postos de geradores de riquezas são empresários, pessoas sem 13.º salário, sem férias e gordas aposentadorias. A legislação favorece os servidores da justiça, do legislativo e das áreas tributárias, o que deixa os servidores do executivo como pedintes, salvo os com cargos em comissão, que também ficam dentro da curva dos privilegiados. O custo indireto de um empregado, com todos os penduricalhos legais, é empecilho ao emprego, pois, para cada real pago ao contratado com carteira assinada, um a dois reais adicionais se perdem num cipoal de obrigações. Para ter sucesso, além da boa gestão, da escolha certa dos seus empregados, é necessário treinamento adequado e que ele aprenda a gostar do que faz. Importante prever as maldades que o governo está preparando na surdina, como aumentar impostos. O filósofo Bernard Shaw afirma: *Quando nada mais pode piorar a situação, vem o governo e consegue.*

Num mundo globalizado, a entrada no terceiro milênio exige estar preparado para acompanhar a era digital, que substitui a época analógica. Sem semicondutores, sem circuitos impressos, chips e computadores da última geração, ficar obsoleto é fácil. No seu primeiro governo, FCH desconsidera o acordo em Cingapura, estabelecendo regime de mercado, o que proíbe, num retrocesso, a entrada de produtos eletrônicos modernos no Brasil.

No seu segundo governo, a desvalorização do real aumenta o preço de insumos, como o cobre, essencial nas atividades da Elcom. Com as mudanças, nossa atividade, antes ligada a silos, a portos, a frigoríficos para frutas e instalações industriais, precisa de modo rápido não perder o barco do mercado. Redes lógicas, redes estruturadas, cabos óticos, terminações, servidores, *hubs*, computadores de alta velocidade centrais de processamento de certificação de redes e manuseio de manuais apresentados em nova linguagem eram tarefas que exigiam cursos dos engenheiros e treinamento dos nossos melhores chefes de equipe, bem como novas ferramentas e equipamentos para a certificação no nível mundial. Depois dos primeiros trabalhos em bancos, no SNI, na Receita Federal, estávamos preparados para efetuar todo o cabeamento do novo aeroporto de Porto Alegre. Foram mais de 500 quilômetros de cabos lógicos e 60 quilômetros de cabos óticos instalados no novo Salgado Filho, bem como milhares de conexões para ligar todos os novos prédios, com interligação com as unidades de comando, incluindo travessia não destrutiva das pistas. Tudo foi entregue antes do prazo com todas as certificações exigidas para um aeroporto internacional. A obra do novo aeroporto foi talvez a derradeira grande obra inaugurada no governo FHC. A Elcom cumpria o seu destino.

## 34. GOVERNOS DO PT. 2002 A 2016. FINAL DO GOVERNO FHC. A PROPAGANDA LEVA LUIZ INÁCIO DA SILVA AO PLANALTO. FORA FHC ESTÁ EM TODOS OS MUROS, COM PAZ E AMOR PROMETE RESOLVER TODOS OS PROBLEMAS DO BRASIL

Como em 1998, no Rio Grande do Sul, Olívio Dutra, outro líder sindical ligado ao PT, assume o Piratini, ao iniciar uma administração ortodoxa, já sinaliza os planos do partido. Ele cancela os contratos e compromissos assumidos pelo anterior governador, Antônio Brito, arquivando projetos que visavam a ampliar o PIB do Estado, além de substituir todos os cargos de chefia ao colocar correligionários. Mesmo com contrato assinado e com obra iniciada para modernizar a polícia rodoviária, ele é cancelado com a Elcom. O planejamento para instalar um conjunto industrial capaz de mudar a estrutura rural do Rio Grande, incluindo outra montadora de veículos, fábrica de pneus, siderúrgicas de aços planos, além de muitas indústrias secundárias, com hotéis e infraestruturas de apoio na área prevista em Guaíba, primeiro entra em compasso de estudos para depois acabar de modo melancólico. A decisão atrasa o Rio Grande em mais de 30 anos. Uma geração abandonada tem o seu futuro aniquilado, a oferta nunca mais vai ocorrer. O cavalo passou encilhado, mas Olívio Dutra não o montou.

Não aproveitando a maré provocada pelo crescimento da China, que aumenta o valor das *commodities*, Lula amplia os projetos sociais de FHC e não investe os recursos na logística essencial para modernizar os portos, as redes ferroviárias e as estradas de acesso para reduzir o custo do Brasil, algo que não preocupa os políticos de ocasião. Financiar o consumo favorece o endividamento familiar, as grandes lojas e os supermercados. Mesmo com o PIB atingindo valores superiores a 4,0, numa comparação com a China e com nações emergentes, como Chile, fica claro que não sabemos fazer a lição de casa. A tabela anexa é o ponto final das discussões ao comparar variações do PIB entre 1986 e 2004.

Brasil – 56,6
Chile – 199,3
Índia – 192,1
Coreia – 242,3
China – 433,8

Os dados econômicos e políticos dos capítulos associados aos duzentos anos de Brasil independente, com dramas, com tragédias, com revoluções e golpes sem muito sangue, com acertos e vitórias mostrando a evolução de uma Colônia, para reino unido a Portugal, para Império e seguir como República tem suporte em obras já publicadas, como *Vida, Fortuna, Herança* e *Enfrentado os tubarões*, livros de Felipe Daiello, todos editados pela AGE, e das informações do economista Darcy Francisco Carvalho dos Santos, meu amigo e conselheiro. O *Manual do guerrilheiro urbano*, de Carlos Marighela, é contraponto a *Memórias*, do general Olímpio Mourão Filho, e do depoimento de Carlos Lacerda. Ives Granda Martins é outra referência.

No primeiro governo de Lula, a Elcom já enfrenta dificuldades nas licitações federais; para enfrentar os obstáculos burocráticos, além de engenheiros, precisamos de corpo de advogados e de lobistas, algo de que só empresas gigantes dispõem. A nossa maior obra foi com CEF, em 2000/2001, para reformar a unidade central em Porto Alegre, implantando um moderno sistema telemático que vai servir de modelo para todo o Brasil. Em 2004, ao comemorar 35 anos de vida, a Elcom enfrenta dificuldades, pois a carga tributária chega a 35%, a inflação é de 11%, o PIB alcança 4,5, e o dólar vale 2,654 reais. Necessário reduzir o tamanho da Elcom para adaptação às crises que chegam de modo lento, mas persistente.

Em 2005, morre o papa João Paulo II, um dos responsáveis pela queda do muro de Berlim e do esfacelamento da União Soviética. O iPod é lançado no mercado. Em 2006, o centenário do voo de Santos Dumont com o 14 Bis em Paris é comemorado. Em 2007, o iPhone como telefone inteligente chega ao Brasil. O televisor de plasma é a nova vedete de consumo. Hugo Chaves, ditador e criador do bolivarianismo, acaba com a liberdade de imprensa na Venezuela. A Bolívia nacionaliza, com a permissão de Lula, uma refinaria comprada e modernizada pela Petrobras, prejuízo de mais de cem milhões de dólares para os acionistas.

Desde o início das atividades da Elcom, a má gestão dos órgãos públicos é um escândalo, sem controle algum, com o desperdício em material e em horas de trabalho irregular ou malfeito sendo a regra. A não continuidade das obras e dos projetos das gestões anteriores jogava no lixo todo o investimento inicial. A colocação de afilhados políticos no lugar de técnicos era outro erro crasso. Grupos privilegiados com força política obtêm vantagens adicionais negadas às outras categorias, o que provoca reações, atrasando o andamento normal dos processos administrativos e a liberação das faturas. O tubarão burocrata exige a sua parte.

O aumento do tamanho do governo, com a criação exagerada de ministérios e de secretarias e de estatais para colocar maior número de funcionários em cargos ou funções desnecessárias, não permite a contratação de mais policiais e de médicos em postos onde eles são necessários. A figura do tubarão-baleia retrata muito bem um órgão imenso no tamanho, lento na movimentação e incapaz de ações rápidas nas emergências.

Governo inchado, além dos gastos, cria leis, decretos e normas para justificar a contratação de mais pessoas para controlar as atividades dos liberais e empresários condicionados a perder horas preciosas do seu tempo preenchendo formulários antes de pagar seus impostos e boletos. O pior, com custos exagerados, sem recursos, é obrigado a aumentar impostos e mesmo assim é forçado a tomar empréstimos que sabe não poder pagar. Tanto maior o rombo orçamentário, maior é o valor dos juros a pagar ao contratar um novo e salvador empréstimo. A má gestão provoca o aumento dos juros.

Pressionado por inquéritos parlamentares associados ao mensalão e por pedidos de impedimento no Congresso, Lula é salvo pelo PSDB, que atua como cobertura. Afirmando nada saber dos movimentos e dos procedimentos dos seus auxiliares e ministros, Inácio da Silva joga a culpa nos seus subordinados. As denúncias de Roberto Jefferson, deputado federal, sobre o pagamento mensal a vários deputados para obter fidelidade aos projetos do executivo causam um furacão político em Brasília, pois as provas eram esmagadoras e comprometiam o próprio denunciante, que chefiava a corrupção nos Correios e no IRB. Em todos os jornais e nas capas das revistas, o assunto da compra de votos convulsiona Brasília, em junho de 2005. José Dirceu, ministro da Casa Civil, foi apontado como líder, e Delúbio Soares, tesoureiro do PT, como o pagador, enquanto Marcos Valério, como publicitário, seria o operador do esquema. Com os coadjuvantes afastados, Lula consegue sobreviver com poucos arranhões. Em 2007, o iPhone como telefone inteligente chega ao Brasil. O televisor de plasma é a nova vedete de consumo. Hugo Chaves, ditador e criador do bolivarianismo, acaba com a liberdade de imprensa na Venezuela.

Só em 2007, o Supremo acata a denúncia do mensalão contra os 40 envolvidos na corrupção passiva, na lavagem de dinheiro e na formação de quadrilha, entre outros crimes. José Dirceu, a eminência parda e cérebro do PT, é condenado a 15 anos de reclusão, mas Lula escapa, tendo tempo para indicar Dilma Rousseff para ser sua sucessora nas eleições de 15 de outubro de 2010.

Apresentada como gerente das obras de Lula, com apoio do PMDB, tendo Temer como vice, Dilma Vana Rousseff vence a eleição contra José Serra, do PSDB, tomando posse em 1.º de janeiro de 2011, sendo reeleita em 2014 ao vencer Aécio Neves, do PSDB, tendo Temer como vice e apoio do PMDB, num pleito que deixa suspeitas, pois a apuração, realizada sem a transparência constitucional exigida, sofre uma pane na contagem e, quando retorna, para surpresa de Aécio, ele vai perder pelos votos do nordeste. Sem o carisma e o pulso de Lula, com ministros débeis nos pensamentos, mas rápidos em ações não republicanas, pelo loteamento das estatais, os casos de corrupção começam a pipocar onde a Petrobras é a estrela em queda pelos negócios ou negociatas realizadas que destroem os seus ativos. Os inqueridos do caso Lava Jato desvendam outro processo de corrupção.

A compra de Pasadena, a refinaria mais antiga dos Estados Unidos, um ferro-velho enferrujado, poluidora, processando apenas petróleo pesado, adquirida por um financista belga por 50 milhões de dólares, ao final do dito investimento, aprovado por Dilma quando no comando do Conselho da Petrobras, custa à nossa estatal quase um bilhão de dólares americanos. Em Bruxelas, o vendedor é considerado um gênio nos negócios, a personalidade do ano.

Confusa nas falas e nos atos, o governo Dilma entra em queda livre, obras paralisam, muitas estão abandonadas há anos, o BNDS entra na linha de fogo pelos investimentos, ou seriam doações, feitos no exterior com carências elevadas e juros subsidiados a 3 e 4%, quando o Tesouro Nacional emite títulos pagando até 14% de juros para financiar obras em Angola, Venezuela, República Dominicana, Cuba e outras nações famosas pelos calotes usuais. Depois, as conexões espúrias entre as maiores empreiteiras do Brasil e os governos de Lula e de Dilma começam a surgir nos jornais, piorando as condições políticas e econômicas.

O resultado do desgoverno de Dilma Rousseff, com 39 ministérios, aparece na inflação de 11%, na taxa de desemprego de 12% e no PIB negativo: −3,5 em 2015, −3,3 em 2016, −1,3 em 2017. Sem apoio político, pelo descalabro econômico, em 31 de agosto de 2016, Dilma Vana Rousseff sofre processo de *impeachment*. O vice Michel Temer assume a presidência para completar o mandato até 1.º de janeiro de 2018.

Como presidente do processo, o ministro do supremo Ricardo Lewandowski, juiz indicado por Lula, contrariando a Constituição Federal, não retira os direitos políticos de Dilma e não a deixa inelegível por oito anos, como de direito. Dilma Rousseff se candidata ao Senado Federal por Minas Gerais em 2018 e, mesmo liderando as pesquisas e as prévias, é derrotada, mas mantém as mordomias dos ex-presidentes.

# 35. GOVERNO TEMER. OPERAÇÃO LAVA JATO. BOLSONARO.

Michel Temer, em 12 de maio de 2016, assume provisoriamente o governo, devido ao afastamento temporário de Dilma Rousseff, pois o Supremo acatara o procedimento de *impeachment* iniciado pelo Senado. Em 31 de agosto de 2016, com o impedimento definitivo de Dilma Vana Rousseff, Temer, como presidente de fato, vai de modo tranquilo, com frases acadêmicas bem construídas, iniciar a reconstrução do país, mesmo com a oposição dos partidos de esquerda, que o consideram um traidor e vão fazer de tudo para bloquear as medidas necessárias para retomar o crescimento do Brasil, diminuindo a inflação e o desemprego para obter PIB positivo. A campanha "Fora Temer" é apoiada por PT, PDT, PSOL, PSB, PCdoB e Rede, que lançam propostas do atraso, mesmo empregando narrativas plenas apenas de *slogans* sedutores.

Outro fato importante é a operação iniciada em um posto de gasolina em Brasília em 2014 para avaliar evidências de lavagens de dinheiro: as investigações descobrem a existência de uma rede de cambistas dando suporte a ilícitos de todas as partes. Como num jogo de dominó, cada inquérito derruba outras peças, abrindo um leque que chega a Brasília, mostrando ramificações num esquema de alcance nacional e internacional. Com base em Angola, com o suporte do presidente Perpétuo e da sua filha, a pessoa mais rica de Angola, um paraíso fiscal para facilitar a circulação de caixa dois é descoberto.

De modo gradual, como um *puzzle*, as buscas de evidências, as ações da PF, dos procuradores, com delações premiadas, as forças-tarefas em todo o Brasil procuram, envolvendo centenas de pessoas, desvendar o cipoal de ilícitos que sufocam a nação. A cada etapa, a extensão dos desvios atinge os poderosos que comandam como uma empresa a corrupção e seu irmão gêmeo, o caixa dois. A cada operação, mais de 80, a lama chega aos governadores, aos empresários, aos diretores de estatais, aos políticos e ao presidente Lula. A construção de metrôs, as obras da Copa do Mundo de 2014, a transposição do rio São Francisco, em todo Brasil a lista de desvios ilícitos, os financiamentos das campanhas eleitorais, a execução de obras em propriedades particulares como retribuição ao contrato de obra superfaturada, são algo considerado normal.

Mesmo com as desculpas de sempre de que desconhecia as evidências, em 2018, o Presidente Luiz Inácio da Silva é obrigado a responder um processo em Curitiba. Começa uma luta jurídica que dura anos, pois todas as possibilidades da defesa para delongar o julgamento são empregadas. A Odebrecht, uma das maiores empresas de engenharia do mundo, num acordo com a Petrobras, devolve bilhões de reais, o que começa a ser purgatório para minimizar os pecados. Na Suíça, 400 milhões de dólares, com depósitos irregulares, mesmo criminosos, serão devolvidos ao Tesouro Nacional. O escândalo alcança países como o Peru, onde o presidente é preso, amostra da extensão da corrupção no nível mundial. Independentemente das tempestades, dos motins, o capitão é o único responsável para trazer a nave e a sua carga ao porto de destino com segurança. – Lema milenar.

Em 12 de julho de 2019, com a conclusão do processo, Lula é considerado culpado pela 13.ª Vara de Curitiba. Depois de agravos, do esgotamento de recursos, o processo é remetido ao TR4, em Porto Alegre, órgão competente de 2.ª estância jurídica. Após todas as petições possíveis, por unanimidade, em 2020, a sentença é confirmada e até tem as penas aumentadas para 12 anos. Em 12 de abril de 2020, esgotadas as estâncias conforme protocolo, o juiz Moro emite a ordem de prisão. Preso no sindicato dos metalúrgicos de São Paulo, Lula vai cumprir sentença, em caráter especial, com muitas regalias no prédio da Superintendência Federal de Curitiba. A defesa tenta no STF anular a condenação, seria a terceira estância, mas a 5.ª junta confirma a prisão, apenas reduz parte das penas, anulando o argumento de que ninguém pode ser preso antes de esgotar todas as instâncias, o que levanta polêmicas judiciais. Como pode o Supremo Federal, órgão criado para pacificar dúvidas constitucionais, tomar decisões fora da sua alçada? Os aparatos da justiça da primeira e da segunda estâncias, imensos e mais custosos depois da Constituição de 1988, para o que servem se os seus julgados para serem confirmados dependem dos magistrados de Brasília. No dia 8 de março de 2021, numa decisão com argumentos ligados a detalhes, o ministro Edson Fachin, de modo monocromático, conforme acervo político de juventude, anula o trabalho de anos, favorecendo apenas um dos condenados, processos que deverão ser reiniciados em outro foro. Lula ficou preso por um ano, sete meses e um dia, até recuperar os seus direitos políticos, mesmo sem ter o perdão exigido. A libertação é confirmada em plenário.

O processo Lava Jato, também conhecido como *Petrolão*, por ser a Petrobras uma das empresas mais envolvidas nas maracutaias, pela magnitude dos valores envolvidos, mais de sete trilhões de reais analisados, deixa muitas lacunas em aberto. Inclusive, a morte do ministro Teori Zavascki num desastre aéreo em Parati, aeroporto bem conhecido pelo piloto, deixa suspeitas, pois o ministro Zavascki, como relator desde 2014 dos casos em que os investigados do Lava Jato tinham foro privilegiado, era o responsável por tomar decisões sobre as leniências, as multas e as prisões de figurões como José Inácio Lula da Silva. Com a sua morte, todos relatórios e as provas passaram para o ministro Edson Fachin, magistrado que tinha opiniões divergentes.

Todas as acusações, as reações contrárias, os contraditórios, as notícias em revistas e jornais revelam a ponta de um *iceberg* de um sistema ou aparelho montado no Brasil capaz de controlar a economia, os meios de comunicação, as relações políticas e mesmo as eleições.

Michel Temer precisa introduzir reformas para acelerar o crescimento da economia, reduzir a inflação, que estava em 10,25%, o desemprego, batendo 11%, e reverter o PIB negativo de −3,3 de 2016. Era importante eliminar os erros e as causas do desastre do desgoverno Dilma Vana Rousseff. Contando com maioria na Câmara e no Senado, aos poucos consegue, mudando os administradores, reverter a situação de quase bancarrota da Petrobras, que, por descaminhos, por corrupção endêmica, saqueada por diretores políticos, por formação de quadrilhas e serviços superfaturados, como no escândalo de Pasadena, fica com patrimônio negativo. A ação PN da Petrobras lançada a 26,50 reais despenca até 4 reais, trazendo prejuízos aos acionistas nacionais, aos fundos de pensão e aos investidores internacionais ligados à Bolsa de Nova Iorque.

A situação da Petrobras, devido ao processo aberto nos Estados Unidos, com os investidores dos fundos de pensão e de bancos questionando as perdas, a obriga a acordo de 2 bilhões de dólares para evitar a continuação da causa, que poderia trazer maiores prejuízos nos seus negócios mundiais, com o bloqueio de suas contas ou a apreensão de propriedades. Outra providência foi o saneamento da Petrobras, mudando diretoria e o planejamento das operações, eliminando atividades com prejuízo e vendendo ativos de modo a reduzir o endividamento e aumentar a geração de caixa para reduzir passivos. O reflexo aparece na Bolsa de Valores, que passa de 48 mil pontos para 86 mil pontos. O PIB de 2017 chega a 1,3 para, em 2018, alcançar 1,8.

Nos seus projetos de reformas, Temer aprova a Lei da Terceirização para atividades-fins, ampliando a possibilidade de as grandes empresas contratarem firmas menores, mas ultraespecializadas em atividades semelhantes, mas com vantagens para ambas. Pela PEC 55, um limite, um teto para gastos públicos, é aprovado, modo de evitar a gastança irresponsável do governo, com o consequente controle da inflação. Modificações nas leis trabalhistas tentam reduzir os processos das questões trabalhistas com reclamatórias, solicitando: periculosidade, horas extras, insalubridade e vantagens indevidas, o que exige laudos técnicos, de medicina, e de contabilidade, obrigando o empregador a pagar valores desproporcionais ao reclamante, que mesmo atuando de má-fé pode levar uma pequena empresa a falência. Reduzir o número de reclamatórias aumenta o número de empregos, pois anteriormente muitas reclamatórias vagas nas provas com valores absurdos tinham efeito negativo na contratação de um empregado.

Mesmo incompleta, uma medida para reduzir o déficit na previdência, mais de 200 bilhões de reais por ano, bancada pelo governo, foi aprovada apesar de deixar lacunas que em pouco tempo exigirão a aprovação de outra lei. O sistema de aposentadoria é injusto na comparação do recebido por funcionários independentes com teto de 8 salários mínimos e os funcionários públicos, principalmente os da Justiça e os do Legislativo, que apresentam aberrações que ressurgem o conceito de marajás. Mais importante ainda é a ordem para o projeto da transposição do rio São Francisco, paralisado há tempo, com obras abandonadas e mal executadas pela Mendes Junior durante os governos do PT, ser retomado, como promessa a cumprir, para eliminar os problemas da seca secular no nordeste que tantas vidas ceifaram ao longo dos anos desde a época do Império. Apesar dos ataques da esquerda, dos fora Temer, o presidente Michel Temer cumpriu com eficiência o seu mandato tampão.

Para as eleições de 15 de outubro de 2018, um candidato desconhecido, apoiado por um partido nanico, surge como nova estrela. Como deputado federal pelo Rio de Janeiro desde 2009, o capitão reformado Jair Messias Bolsonaro, usando com maestria as redes e mídias sociais, cobre o Brasil de verde e amarelo. Suas carreatas empolgam o povo. Sua mensagem é clara: vai lutar contra o sistema, reduzindo o tamanho de governo e fazendo uma administração centrada na boa gestão dos recursos públicos. Menos Brasília e mais Brasil é o seu *slogan*. Para retirar o país da fase analógica do atraso, era importante investir na infraestrutura, mudar marcos temporais, incentivar as atividades dos empresários, privatizar as atividades em que os governos falham por não ter competência e que servem apenas como cabide de emprego para os seus filiados. O Brasil só investe nas obras públicas e na infraestrutura menos de 5% do seu orçamento total e não consegue pagar os juros dos empréstimos necessários para cobrir as gastanças públicas, o que alavanca a inflação. Incluindo na lista estados e municípios, não há investimentos dos demais poderes públicos. A solução está em trazer investidores externos não para o mercado financeiro, mas para investimentos nos setores básicos, incluindo redes de água e de esgotos, para reduzir problemas sanitários e médicos que assolam as populações de baixa renda. Só 35% da população tem rede de esgoto, e o abastecimento de água tratada apenas alcança 74% dos brasileiros, um pesadelo a enfrentar, calamidade que ultraja a nação. Tarefa do novo governo.

# 36. GOVERNO BOLSONARO. COVID-19. BICENTENÁRIO DA INDEPENDÊNCIA

Com apenas 23 ministérios, em que técnicos exercem a chefia, em vez de caciques políticos, reduzindo as verbas de publicidade, excluindo os recursos destinados à cultura que vão para artistas consagrados, Bolsonaro começa a enfrentar o sistema, provocando reações por todas as frentes. Com o engenheiro Tarciso de Freitas à frente do Ministério dos Transportes, a prioridade é primeiro terminar as obras relacionadas à movimentação de cargas, eliminando gargalos na infraestrutura tanto nas estradas como em portos e aeroportos. Outra prioridade, a máxima, continuando o retomado por Michel Temer, é aumentar as extensões dos canais e acelerar a transposição do São Francisco. Os antigos açudes são ampliados, restaurados para formar uma rede de abastecimento capaz de armazenar águas das chuvas e receber por gravidade as águas do Velho Chico. Depois do reservatório de Jati, a mais de 790 metros de altitude, um conjunto de canais, de túneis, de novas barragens, obras em todos os estados, o desafio continua em todas as frentes para acabar em 3 anos, de modo definitivo, com a indústria da seca no nordeste. O sonho de D. Pedro II foi concretizado.

Considerada obra faraônica ou impossível, o projeto pode ser adaptado para o Rio Grande do Sul que, apesar das suas lagoas, sofre ciclos periódicos de seca. Apesar da pouca divulgação, os investimentos vão revolucionar o nordeste e o norte, só os cegos não veem ou escondem. Com quase 30% da população, o PIB não chega a 10% do PIB do Brasil, mas o desemprego, a violência e o número de bolsas famílias predominam. No entanto, com terras baratas, povo simples, com poucas luzes, mas trabalhador, os desertos com irrigação controlada, como em Israel, podem encontrar o verde da fartura.

Com energia solar abundante, zerando os impostos de importação de equipamentos e ampliando os parques eólicos em regiões propícias, inclusive no mar, o nordeste terá outros modos de vencer a fome e o atraso estimulado pelos políticos. A potência das fontes alternativas em breve vai ultrapassar a potência das usinas térmicas que usam combustíveis fósseis. Outra frente de trabalho foi iniciar o projeto 5G nas telecomunicações e, para acabar com o deserto de sinal em áreas remotas, o necessário o lançamento de quilômetros de cabos óticos, além de ampliar as estações repetidoras. O que as populações indígenas, mesmo na Amazônia, mais querem é ter celular ligado ao mundo.

No final de 2019, de modo vago, notícias de Wuhan, na China, falavam de um novo vírus, a covid-19. Boatos diziam que o vírus procedia de mercados de animais silvestre vivos e pela falta de higiene, algo comum na China, com seus tradicionais pratos exóticos, contaminar pessoas. "Se ele se move, podemos comê-lo". Diz a tradição.

Mais tarde, os noticiários falaram do escape do vírus, por acidente, por negligencia ou má-fé, do centro de pesquisas de Wuhan com seus laboratórios de ensaios avançados em cepas de vírus. Outras fontes afirmam ser uma pesquisa para o desenvolvimento de vacinas, pois o vírus pode servir como arma de guerra. No final do ano, com as festas de natal e comemorações do ano novo chinês, o fluxo de viajantes chineses aumenta, inclusive para a Europa e o norte da Itália, onde possuem muitas empresas. Notícias vindas de Bergamo e de Milão mostram que, nos lares de repouso de idosos, uma epidemia acontece, e o número de mortes explode. Após os primeiros sintomas, o quadro piora, e os pacientes ficam com falta de ar, necessitando de respiradores para sobreviver. O número só aumenta, com crescente pânico entre os idosos. Os serviços funerários entram em colapso, pois, são difíceis as despedidas a um ente querido falecido, pois em tempo de peste, o morto encerrado no caixão ou na mortalha deve ser logo enterrado.

As primeiras autópsias indicam nos mortos baixo teor da vitamina D3, hormônio associado ao sol e aos exercícios físicos. Em estágio avançado da moléstia, os sintomas graves são definidos pela falta de ar, e os pulmões já estão enegrecidos, como os de fumantes inveterados, e os alvéolos não conseguem absorver o oxigênio recebido. O resultado é falecimento do doente, e os poucos recuperados ficam com sequelas graves que os deixam em cadeira de rodas, com paralisias permanentes.

No Brasil, apesar dos avisos do governo para controlar a entrada de estrangeiros, os carnavais no Rio, em Salvador e São Paulo atraem milhões de visitantes. Por outo lado, a OMS, com comando político, marca das organizações ligadas à ONU, permanece em silêncio. Quando as primeiras mortes ocorrem em março, as novidades associadas às vacinas prometidas não tinham data para serem entregues. O que fazer além de aumentar o número de leitos, ampliar hospitais e comprar respiradouros, mesmo não tendo os médicos e enfermeiros intensivistas em número adequado. Pelo sistema globalizado em todo o mundo, médicos e laboratórios nas suas tentativas de encontrar uma solução dentro da sua experiência tentam medicamentos e soluções para diminuir as mortes, enquanto as vacinas não chegam. Finalmente, a OMS declara a pandemia, mas é tarde, muitos médicos perdem a sua autonomia no tratamento aos seus pacientes; os hospitais, num voo cego, só tratam pacientes com covid-19, esquecendo que outras doenças continuam matando e, o pior, são contra o uso de remédios que podem evitar ou reduzir as possibilidades de ter ou minimizar a doença, que parece não ter cura.

O STF, regulando a legislação médica, fora da sua área constitucional, define que a responsabilidade do assunto covid-19 fica a cargo dos estados e municípios; o governo federal apenas pagará as contas, impedido de controlar o que era a sua obrigação. Com o aumento dos casos, a OMS aconselha que as pessoas fiquem enclausuras nos seus lares e usem máscaras em todas as ocasiões. O *slogan* "Fique em casa, a Economia vem depois" vai com os seus efeitos colaterais levar anos até a recuperação da economia mundial. O turismo, com as suas ramificações, principal fonte de renda de muitas nações, fica paralisado. Hotéis, restaurantes, ônibus, aviões e transportes não funcionam a pleno. Trabalhadores terceirizados ficam sem rendas, muitos mendigam para comer. No Brasil, o ministro Mandetta, mais político do que médico ortopedista, usa o canal diário de comunicação para promoção pessoal, enquanto afirma que, para não lotar os hospitais, só quando tiver falta de ar é o momento de procurar médico ou hospital, até lá fique em casa.

Quanto aos procedimentos para melhorar o nosso sistema imunológico, evitando a multiplicação viral, dando tempo para o nosso organismo combater o vírus invasor, nenhuma palavra. Mesmo na medicina, é melhor evitar do que remediar. Amigos na China desde o início da doença aconselhavam dentro da filosofia médica chinesa a aumentar o consumo de certos alimentos, de derivados da soja, de algas, de chás, de missô, tudo para melhorar a nossa imunidade. Médicos vindos de missões na África Equatorial, regiões de doenças tropicais endêmicas, continuaram a tomar a sua dose diária de comprimidos como precaução. No entanto, a propaganda dos grandes laboratórios, indústria de bilhões de dólares, ratificava que a única solução seria a vacinação. Mais de seis laboratórios eram férteis na divulgação dos avanços dos seus produtos.

Outro problema estava na concentração de insumos para medicamentos na Índia, enquanto a China tinha monopólio no fornecimento de artigos hospitalares, desde máscaras até respiradores. Com o aumento do consumo mundial, era impossível atender a todos de modo rápido, mesmo pagando à vista, pois o elo transporte era outro ponto fraco. Só em dezembro de 2020, em Londres, a primeira dose de vacina é aplicada, depois nos Estados Unidos e em Israel, países prioritários para os laboratórios.

O Brasil, nação continental, em 2021, quando a vacinação começa, era precisava construir uma rede logística eficaz para entregar do Chuí ao Amapá tanto as vacinas quanto o material hospitalar e os acessórios que chegavam por aviões e navios. As vacinas, para não perder eficiência, necessitam de baixas temperaturas durante a sua distribuição. Tarefas realizadas pelo ministro Pazuello com eficiência. Em poucas horas e dias, o necessário chegava ao destino conforme o cadastro das necessidades.

Para evitar a quebra de estados e municípios, pois a arrecadação de impostos despencara, o governo federal envia verbas a fundo perdido não apenas para manter os hospitais em funcionamento, mas para pagar funcionários que estavam em casa sem trabalhar ou em tarefa à distância. Os valores são suficientes inclusive para o pagamento de contas em atraso e para chegar ao final do exercício com as contas no azul. O nome Paulo Guedes, pouco citado, economista com projeção mundial pela atuação em bancos e por ser consultor do governo chinês no seu projeto de ser líder no mundo, com palavras mansas e gestos rápidos, consegue manejar a economia brasileira de modo adequado. O rombo associado ao coronavírus ultrapassa 700 bilhões, valor pago pelo Brasil para não quebrar como a Argentina. As obras federais não foram paralisadas, continuam as extensões ferroviárias para reduzir o custo do Brasil no transporte de grãos e de minérios, as exportações mantêm o ritmo e a queda do PIB, estimada em menos 10%, fecha o ano de 2020 em menos 4,1%, um dos menores valores de um mundo em crise total. A inflação do ano fica pouco acima de 10%.

Em 2021, a oportunidade não é perdida pela oposição, uma CPMI é criada para desgastar o governo Bolsonaro e criar narrativas. A divulgação das mortes ocorridas no dia é manchete nos jornais, nas rádios e nas televisões. O termo "genocida" começa e termina os ataques. Nas estatísticas, a maioria dos óbitos é registrada como por covid-19, mesmo que o paciente tenha câncer terminal. Por sinal, em todo o Brasil, o tratamento de outras moléstias é descurado, até os tradicionais infartos, os aneurismas, o câncer de mama e de próstata não surgem nos registros. Médicos especializados estão com os seus consultórios desertos. Com a chegada dos lotes de vacinas adquiridos, começa a etapa de vacinar mais de um milhão pessoas por dia, pois as compras superam 240 milhões de doses. Inclusive, como a Coronavac, vacina associada ao Butantã, apresentou menor eficiência, uma dose de reforço é indicada. A Pfizer e a AstraZeneca, como novas marcas, chegam com métodos revolucionários, sendo usadas para vacinar as populações mais jovens e permitir um reforço para as pessoas vacinadas nas primeiras levas com a Coronavac, vacina que não teve os resultados esperados. No terceiro semestre de 2021, em função da redução do número de mortes, das modificações nas cepas do vírus e da imunização do efeito manada, a OMS reduz e elimina as restrições, mas apenas o certificado de vacinação permite as viagens pelo mundo. Só casos extremos exigem o suspeito passar por teste local. A compra total de vacinas pelo governo Bolsonaro permite vacinar todos os brasileiros, muitos com duas a três doses, e ainda algumas terão validade em 2023.

Já em 2021, o PIB aumenta e chega a 5,9, enquanto a inflação cai para 5,79 e surpreende a todos pela rápida recuperação do Brasil. Como preparação para as comemorações do Bicentenário da Independência do Brasil, evento desprezado ou esquecido pela mídia, Bolsonaro vai usar e abusar dos símbolos pátrios durante as comemorações. Em 2022, as bandeiras em verde e amarelo já aparecem em muitos lares, sinalizando que, na data do aniversário, em 7 de setembro de 2022, as celebrações serão gigantes pelos duzentos anos de um Brasil independente, apesar de todas as dificuldades, dos conflitos, dos golpes e dos contragolpes, das revoluções e dos políticos usurpadores e corruptos interessados no enriquecimento da sua família em detrimento dos brasileiros de segunda classe e dos miseráveis. Mesmo assim, o gigante se levanta após cada tombo. O destino do Brasil surge sempre com o sol raiar.

## 37. VEIAS ABERTAS SANGRAM O BRASIL?

Ao concluirmos as comemorações do Bicentenário da Independência do Brasil, quando visualizamos os problemas econômicos e políticos que afligem a nossa pátria, muitos iniciados em 1889, outros cometidos durante os últimos 45 anos por presidentes incompetentes, a dúvida está no que esperar e festejar em 2122, no Tricentenário da Independência do Brasil. Quatro novas gerações precisam enfrentar problemas históricos que sugam as energias vitais do Brasil. Como proceder?

A Constituição de 1988, por influência de sindicatos e de organizações politicamente poderosas, colocam os deveres bem acimas de responsabilidades e obrigações, pois muitas das emendas exigem a promulgação de leis complementares. Se ela fosse promulgada mais tarde, depois da Queda do Muro de Berlim, em 1989, por coincidência 200 anos depois da tomada da Bastilha em Paris, ela teria sofrido correções e desvios influenciados por uma nova ordem mundial. Uma das primeiras consequências foi a criação de mais de 1.400 novos municípios, acréscimo de 35%. Hoje, mais de 80% dos 5.570 municípios não dispõem de receita própria para manter uma prefeitura e muito menos uma câmara de vereadores. Como mendigos, dependem do Fundo de Participação dos Municípios e de emendas dos deputados estaduais e federais. Com populações entre 5 mil a 20 mil habitantes, sem estímulos às atividades produtivas, a solução depende da entrega de bolsas-auxílios de todos os tipos, pois carteiras de trabalho são raridades por essas bandas. Recorde que o sucesso de todo projeto social é medido pelo número de pessoas que saem, e não das que entram. Numa eleição para os municípios considerando prefeitos e vices, vereadores, assessores com CC ou não, mais de 580 mil postos de trabalhos ficam disponíveis em 2024. Sem uma reformulação no modelo adotado, aglutinando distritos e sedes e criando unidades não governamentais, representações populares sem subsídios ou salários, uma imprescindível revolução deve começar.

Outra consequência da Carta Cidadã foi separar os brasileiros em duas categorias. A primeira classe, graças à maior influência política e a uma melhor organização funcional, obtém maiores salários, aposentadorias mais generosas e benefícios que os da segunda categoria ficam proibidos de gozar, como estabilidade no emprego, mesmo não sendo exemplos na função. Com 13,5 milhões de representantes, cerca de 6,4% da população nacional, o seu regime de previdência especial acumula déficit de 244 bilhões anos, ou seja, 22,8 mil reais de rombo por aposentado.

Os brasileiros de segunda classe, ligados ao regime único do SUS, têm aposentadorias que não ultrapassam 8,0 salários mínimos, com reajustes anuais abaixo dos índices inflacionários. Sua sina, mesmo jubilados, é continuar trabalhando. Com 60 milhões de participantes, o valor negativo per capita do regime SUS é de 2,3 mil reais por ano, dados que demonstram a injustiça do atual quadro previdenciário. Não é hora de uma redistribuição de renda?

Outra consequência da Carta Cidadã foi prestigiar as categorias dos bacharéis de direito, pois, numa distorção, o Brasil forma muito mais advogados do que engenheiros e médicos. O Brasil é a nação onde o número de advogados por habitante é o maior do mundo, por isso qualquer pendência entre partes exige a presença de consultor jurídico. Agora a casta dos procuradores é equiparada a dos juízes em vantagens, em prestígio, em tribunais e em poder paralelo. O resultado em custos logo se faz presente, junto ao tempo que as partes agora dispendem nas suas questões jurídicas. Agora a justiça está mais cara e lenta, afirmam as partes e os seus causídicos.

Em 2023, o Poder Judiciário adjudicou 1,61% do PIB do Brasil, enquanto os países da OCDE tinham média de 0,37%, mesmo que percentualmente tenham maior número de ministros e juízes. O STF, com 11 ministros, dispõe de mais de 2.400 funcionários, além de serviços médicos e dentários de alto padrão para todos os seus familiares. Os Tribunais Eleitorais, típica jabuticaba brasileira, ao terem eleições a cada 2 anos, aumentam o número dos seus tribunais, nos quais o luxo demonstra prestígio, à procura de poder e de holofotes da mídia, e assumem funções legislativas através de normas e resoluções internas, atuando como poder não constitucional. Sem ter nenhum voto por via democrática, esquecendo que juízes se expressam apenas nos autos, mantendo posições de neutralidade, agora julgam-se agentes políticos, aparecendo em seminários, em eventos, em entrevistas a rádios e televisões, em busca de projeção desnecessária e ilegal. Uma reformulação do aparelho judiciário e de toda a legislação pertinente é essencial. Pois, como afirma o meu pai, um desembargador da velha guarda:

*Justiça cara e lenta provoca injustiça inominável. Recordo também: a justiça é cega, mas às vezes tem faro.*

No sistema prisional, nossas cadeias ficaram obsoletas na estrutura, superadas nos resultados e distantes na recuperação dos apenados. Muitos juízes, em função das catástrofes criminais, relevam penas, soltam apenados e negligenciam a aplicação das leis. No entanto, por resolução legal, usando os valores dos depósitos judiciais que permanecem anos aguardando decisões e embargos, aproveitando a diferença entre a remuneração destinada à ré, muito menor que a poupança e a obtida por aplicação na CEF e no BB, os ganhos entram no Fundo Especial da Justiça Federal. Com esses recursos, a manutenção e a construção de prédios, de palácios da justiça, com todas as mordomias possíveis, espalham-se pelo Brasil. Por simples alteração da lei, como a justiça dispõe de departamentos de engenharia, durante 25 anos, os recursos seriam empregados na construção de penitenciárias-modelo, segundo o atual padrão mundial de gestão cidadã. O número de apenados nunca é superior a 400 almas, e os próprios presos participam de todas as fases da administração penal, incluindo cozinha, limpeza, oficinas de trabalho e reciclagem de materiais. Com 2.500 unidades, cerca de um milhão de detentos seriam abrigados, com custos muito menores do que os atuais. Para presos de alta periculosidade e para psicopatas com ações de mando em cartéis de drogas, unidades especiais para 250 apenados seriam necessárias. Qual é o modelo a usar para tornar uma fuga impossível?

Quando as forças armadas gastam 87% do seu orçamento com pessoal, como poderão enfrentar uma guerra cibernética e proteger as fronteiras contra as drogas? Como resolver?

Como demonstrado no meu livro *Enfrentando os tubarões*, quando apresentei o drama dos empresários ao iniciar o projeto dos seus sonhos, para sobreviver, precisam aprender como enfrentar os desafios representados pelos tubarões tanto nos mares como em Brasília. A figura do tubarão-baleia imenso, lento, burocrático, dispendioso, representa o maior adversário a enfrentar. Foi criado pelos políticos, desconhecedores do que seja gestão pública, que ampliam a quantidade dos órgãos de governo, com mais ministérios, mais sociedades de economia mistas, mais fundações, mais órgãos de controle e organizações não governamentais. As direções são cobiçadas pelos agentes políticos como moeda de troca para manter a governabilidade do sistema implantado. Como as estatísticas e as informações relatam, de 2001 a 2015, contrariando a boa gestão pública, os gastos do governo ultrapassam a inflação medida pelo IPCA de 166,9%, passando de 205 bilhões de reais por ano para 1.150,00 bilhões de reais por ano, e o aumento de funcionários públicos alcança 35%. No período, o acréscimo populacional do Brasil foi de 18,82%, o que demonstra a incoerência gerencial de Brasília, pois os custos, mesmo cobertos com aumento geral de impostos, que alcançam 33,75% do PIB em 2023, deixam pouco espaço para os investimentos, que caem de 5% em 1980 para 2,1% em 2023.

De todas as sangrias, essa é mais perigosa, pois a concentração de poder e dos tributos em Brasília quebra a unidade federalista consagrada na nossa Constituição. Por sinal, comemoramos em 2024 duzentos anos da nossa primeira Lei Maior de 1822, com D. Pedro I. Com o apoio do STF, que usurpa poderes, contrariando a nossa Carta Máxima, Brasília chantageia o Poder Legislativo em troca dos votos essenciais à aprovação dos seus projetos, nem sempre republicanos. A política pública de governo é de gastar cada vez mais, principalmente em despesas correntes, o que aumenta o déficit público, não deixando espaço para investimentos produtivos nem para pensar no pagamento dos juros da dívida. A dívida interna já ultrapassou o valor do trilhão de reais.

Com a futura lei tributária a ser implantada, podemos ter a maior carga tributária do mundo. O que fazer? Qual é a responsabilidade da sociedade civil, no momento atual e nos anos futuros? O Brasil ainda é uma nação viável?

As enchentes, o dilúvio que arrasa o Rio Grande no final de 2023 e no início de 2024, trazem muitas lições. Na hora, foi o povo pelo povo a solução para milhares de condenados à morte, pois os órgãos do governo mostram indecisão, falta de comando e atos burocráticos que atrasam a ação. A centralização de recursos em Brasília é um equívoco que precisa ser combatido, pois nossa Carta Magna, nos primeiros artigos, define ser o Brasil um Estado Federativo, com independência em assuntos internos, administração e finanças para os seus membros. A composição do Senado Federal mostra a primeira distorção, como dar a estados como Amapá, Roraima, Sergipe e Alagoas, com escassa população e participação pífia no PIB nacional, a mesma representação de estados como São Paulo, Paraná, Santa Catarina e Rio Grande do Sul. O Rio Grande do Sul contribui com 60 bilhões/ano em impostos federais e São Paulo envia 580 bilhões/ano, mas o retorno chega a menos de 20 e 10%, respectivamente. O que é feito dos recursos espoliados, pois empréstimos são concedidos por Brasília por conta dos valores arrecadados, numa contrapartida não republicana e sem a transparência adequada.

Muitos confundem Estado, entidade permanente, com governo, entidade provisória que pode ser substituída por eleições democráticas com total transparência e publicidade. Tudo depende de políticos; muitos consideram a atividade como meio de ganhar a vida, usando o poder recebido pelo voto como arma para formar patrimônio, algo para passar de pai para filho. A súmula de criar dificuldades para depois vender facilidade é um mantra que engloba outra veia aberta, a corrupção endêmica, com valores estimados em 200 bilhões de reais por ano. Como estancar a sangria?

Observando as estatísticas regionais brasileiras, as desigualdades cresceram nos últimos 40 anos, apesar das transfusões de recursos provindos dos estados do extremo sul para o norte e o nordeste. Nos índices mundiais, o Brasil ocupa as derradeiras posições. Vergonha em visualizar o IDH, o PIB regional, o índice da corrupção, o índice de extrema pobreza, os parâmetros de educação, índices que no norte e nordeste nos empurram para a rabeira mundial.

No nordeste, com 10 estados, incluindo o Pará, temos 33% da população brasileira, mas que produz menos de 15% do PIB nacional, pois a maioria da população local não dispõe de renda de trabalho; sem incentivos para criar o seu emprego, as pessoas vivem em lares em que a renda média não alcança metade do salário mínimo, ou seja, sobrevivem em extrema pobreza, conforme dados da ONU.

Algum ruído existe nessa transferência de recursos federais. O Maranhão, como exemplo de péssima gestão, recebendo 18 bilhões por ano como doação, como pode explicar que durante os últimos 40 anos a situação econômica do estado entrou em parafuso sem controle? Além de administração perdulária, todos os programas nacionais com bolsas de sobrevivência falham, o que deixa dúvidas quanto aos descaminhos institucionalizados no Maranhão.

Outra consideração é a representação dos estados no parlamento, comparando São Paulo, que tem 31,56% do PIB, com 21,16% da população, mas apenas 70 deputados federais, enquanto o nordeste, com o Pará, tem 168 representantes. Esse desequilíbrio parlamentar em favor do norte e nordeste não permite que ações corretivas sejam tomadas pelos nossos representantes na Câmara de Deputados e no Senado. O Maranhão é um exemplo típico de que o seu governo não cabe no orçamento subsidiado pelos demais estados, inclusive pelo Rio Grande do Sul, destruído por dilúvio que exige agora na veia reter os valores destinados a Brasília através dos impostos federais.

O gigantismo do setor público é comprovado pelos dados oficiais, pois em 2002 os gastos públicos representavam 13,35% do PIB, mas, em 2022, o valor passou de 14,66%, o que corresponde a 43,46% da carga tributária, com aumento real de 9,61%. Não podemos considerar os salários dos servidores públicos como investimento, pois, mesmo sem reajuste, a folha salarial cresce. São benefícios paralelos, como avanços, quinquênios, promoções, licenças-prêmio, greves remuneradas, licenças médicas para cuidar de dependentes, processos judiciais impetrados por bancas de advogados especializados em depenar a viúva, como afirmam os especialistas.

O tubarão-baleia dos anos 2000 atinge dimensões de dinossauros em 2023, continua crescendo e está cada vez mais faminto, o que assusta os contribuintes e aumenta o número de cartazes de "Venda" e "Aluga" que surgem nas avenidas do Brasil. O resultado depende da escolha dos políticos corretos e que pensem mais no Brasil, e não nas próximas eleições, mas o essencial é manter unida a tribo do povo para o povo, em que a rede de informática independente, sem censura, é a nossa arma para iniciar a longa marcha dos 100 anos. Mas com união fraterna, discursos coerentes e permanente engajamento de novos soldados, vamos dominar os tubarões.

O primeiro passo é a eleição para prefeitos e vereadores em 2024, e o segundo passo, em 2026, é a eleição para presidente, para 2/3 do Senado, para governadores, para deputados federais e estaduais. Momento de defenestrar políticos incompetentes, venais, obsoletos e que vivem na era analógica. A longa marcha dos cem anos começa. Entre no projeto e comece a treinar os novos recrutas. Nossos tataranetos vão festejar a vitória em 2122? Eles vão bater palmas e acender 300 velinhas?

*O melhor programa econômico do governo é não atrapalhar aqueles que produzem, investem, poupam, empregam, trabalham e consomem.*
Barão do Mauá

A Contrarrevolução de 1964 teve como o seu principal líder o contravertido General Olympio Mourão Filho. Falecido em 1972, não conhece os futuros presidentes do Brasil. Mas, ao que tudo indica, além do seu destemor pessoal, da sua capacidade de atuação, era um profeta. Basta ler o que o militar escreveu no início dos agitados anos 70.

*Ponha-se na presidência qualquer medíocre, louco, ou semianalfabeto, e vinte e quatro horas depois a horda de aduladores estará à sua volta, brandindo o elogio como arma, convencendo-o de que é um gênio e um grande homem, e de que tudo o que faz está certo. Em pouco tempo transforma-se um ignorante num sábio, um louco em um gênio equilibrado, um primário em um estadista. E um homem nessa posição, empunhando as rédeas de um poder praticamente sem limites, embriagado pela bajulação, transforma-se num monstro perigoso.*

Segundo Marco Túlio, no ano 55 a.C.:

*O Orçamento deve ser equilibrado, o Tesouro Público deve ser reposto, a dívida pública deve ser reduzida, a arrogância dos funcionários públicos deve ser moderada e controlada, e a ajuda a outros países deve ser eliminada, para que Roma não vá a falência. As pessoas devem novamente aprender a trabalhar, em vez de viver às custas do Estado\*\*.*

---

\*\* MARTINS, Ives Gandra da Silva; HANAN, Samuel. *Brasil, que país é este?*: Uma reflexão sobre como a nação desperdiça suas potencialidades. 1. ed. Manuas: Editora Valer, 2024. v. 1.